本书为"古文字与中华文明传承发展工程"资助项目"小屯南地甲骨文资料的重新整理"（项目编号：G1004）、中国博士后科学基金项目"西周太史寮官制研究"（项目编号：2021M693483）的阶段性研究成果。

真假铭文
——商周青铜器铭文辨伪

王沛姬 著

中国社会科学出版社

图书在版编目（CIP）数据

真假铭文：商周青铜器铭文辨伪 / 王沛姬著 . —北京：中国社会科学出版社，2022.10
ISBN 978 - 7 - 5227 - 0980 - 2

Ⅰ.①真… Ⅱ.①王… Ⅲ.①金文—研究—中国—商周时代 Ⅳ.①K877.34

中国版本图书馆 CIP 数据核字（2022）第 204909 号

出 版 人	赵剑英
责任编辑	郭　鹏
责任校对	杨　林
责任印制	李寡寡

出　　版	中国社会科学出版社
社　　址	北京鼓楼西大街甲 158 号
邮　　编	100720
网　　址	http://www.csspw.cn
发 行 部	010 - 84083685
门 市 部	010 - 84029450
经　　销	新华书店及其他书店
印　　刷	北京君升印刷有限公司
装　　订	廊坊市广阳区广增装订厂
版　　次	2022 年 10 月第 1 版
印　　次	2022 年 10 月第 1 次印刷
开　　本	787×1092　1/16
印　　张	24
字　　数	381 千字
定　　价	158.00 元

凡购买中国社会科学出版社图书，如有质量问题请与本社营销中心联系调换
电话：010 - 84083683
版权所有　侵权必究

序　　一

商周青铜器铭文之所以具有独特的价值，成为重建商周历史的直接史料，关键就在于其材料的真实性。孔子曾欲作夏史、商史，但因文献不足而作罢，他所说的文献就是指这类直出先民之手、未经后人整理或改篡的史料。很明显，重建商周信史的根本保证就是史料问题。然而自有宋以降，商周青铜彝器之伪器赝铭代不绝迹。尤其近四十年来，随着技术手段的进步，作伪风起，且其中之善者甚至达到了乱真的程度，凡器形、花纹、材料、锈色，几无破绽。唯涉及到铭文的制作，作伪者尚不能全面掌握其知识体系，时见纰漏。铭文是证经补史最重要的材料，直接决定着学术研究的是非曲直，具有重要的学术意义，因此对于非经科学发掘的具铭铜器而言，对铭文的辨伪已成为历史学、考古学和古文字学研究的首要工作。

王沛姬博士在随我攻读硕士学位期间，为能让她尽快熟悉金文的结构特征和书法特点，曾命其于重要的铭文资料反复摹写。而她对自己的要求非常严格，一篇铭文摹写数十遍是常有的事，直到自己满意为止，以致最终练就了一手金文好书法，其脱稿默写，结体端正，韵味十足，一挥而就。在与沛姬平时的讨论中，我发现她对青铜器铭文已经有了起码的敏感，对真伪问题形成了自己的理解和心得，于是我为她选择了商周青铜器铭文辨伪的题目，作为她的硕士学位论文。经过她的努力，一篇硕士论文竟写出了博士论文的水平，洋洋洒洒成三十万言，深得答辩委员的嘉许。

以铭文辨伪为题作为学位论文，最重要的当首推张光裕先生的《伪作先秦彝器铭文疏要》。此书完成于1970年代，未及其后出现的赝铭伪作。而近数十年来，新见之伪器不可胜数，作伪之手段更是花样翻新，对这些伪铭的考辨工作不仅必要，也非常迫切。沛姬的研究就是在这样的背景下展开的，其不仅是对前辈工作的继续，当然也应和了学术界的现实需要。

此书的重点放在了对近数十年新见赝铭伪刻的考辨，特别是对一些学者认定的真器问难质疑，提出了自己的独到思考和辨伪方法。其对作伪手段的分析细致入微，条分缕析，包括文字特征，遣词习惯，时代特点，制度背景等，据真铭总结规律，以真量伪，言之有据，提出了很多有说服力的见解。今天她将完善后的著作呈现给大家，以期能对相关问题的研究有所推动。

青铜器铭文的真伪鉴别，必须以对真铭的深入研究为基础，据真而识伪，而不能据伪而识伪，此为辨伪工作的不二法门。清人陈介祺考辨真伪堪称精湛，其经验概括为五法（《簠斋尺牍》册四）。容庚先生于铭文辨伪颇具心得，其见识也已总结为八法（《殷周青铜器通论》第九章）。这些方法的核心要义都是通过对真铭规律的总结归纳，以真标准比辨伪作品，只要辨伪者对真铭的规律了然于心，伪铭也就将无所遁形。

作伪者的作伪手段变化多端，或仿旧铭，或造新辞，或兼凑杂糅。新创铭文或兼凑杂糅对作伪者的学术素养都要求太高，不免破绽百出，一望可识，所以这类伪铭并不难审别。但仿造旧铭者则因有蓝本参考，点画错讹很少，风格失真不多，伪迹则不易辨察。容庚先生曾提出后人凡模仿宋人著录之器必伪的原则，于今仍然适用。因宋人所见之器多已为金人掠毁，故南渡后的金文著录与研究，因器形不易得见，学者只能被迫但摹铭文款识而已。近年出现的西周应侯簋，即是此类伪作的代表。此簋的器形和铭文曾著录于吕大临《考古图》和王黼《宣和博古图》，铭文则著录于薛尚功《历代钟鼎彝器款识法贴》和王俅《啸堂集古录》，《殷周金文集成》在整理诸种著作时，因《啸堂集古录》所录铭文最近原铭风格，故独取之，编号为03860.1和03860.2，分别属于盖铭和器铭。古之书法艺术，为求变化而颇重避复，不独后世之真隶行草，篆书亦然。故商周彝器铭文，凡盖器同铭或数器同铭者，其结体风格都不会完全一样，而必然表现出某些刻意求变的趋势。据对《啸堂集古录》所著应侯簋盖铭与器铭的分析，即知其表现的避复变化非常明显。但作伪者不明此理，加之未见《啸堂集古录》本已将盖铭与器铭明确区分的事实，而仅以《殷周金文集成》03860.1 著录的盖铭摹本，错误地将其摹录于伪作的器身，致盖器铭文错植。况且与宋人著录的器物图像对比，伪器的器形与纹样也与真器大不相同，故其作伪痕迹清晰可鉴，作伪心路昭然若揭。这个事例说明，铜器铭文的辨伪既不可忽略对铭文字体优劣高下的直观判断，又需要系统的知识储备，艰辛而复杂。

有作伪才会有辨伪，所以辨伪其实是在总结作伪的规律，这当然要求辨伪工作要对伪器伪铭作全面的考察。事实上，伪事一旦大白于天下，就不仅可以使不明真伪者清醒，也同样可以使作伪者清醒，这种魔道较量无疑考验着学者的智慧。作伪的手法在不断更新，这必将推动辨伪研究的不断深入。因此，辨伪的工作需要长期不懈地坚持下去，这对于纯净学术研究将大有裨益，对于纯洁祖国的传统文化也将大有裨益。

冯时

2022 年 10 月 12 日于尚朴堂

序 二

　　夏、商、周三代，上流社会铸鼎、簋、觚、爵、卣、盉、罍、壶、盘诸器，并将其纳入礼制系统，用于规范社会秩序。无论商周墓葬中大量以铜器随葬的事实，还是《左传·宣公三年》中楚子问鼎的记载，皆证明三代铜器中融入了丰富的精神内涵。由此造成后世对古铜器仰慕有加。汉画像石、画像砖中反复出现泗水捞鼎题材，汉武帝因获鼎改元，原因皆在于此。

　　商周以降，作器者不满足于器物形制和纹饰，逐渐将自己的作器缘由、诉求和愿景诉诸文字，于是出现了铜器铭文。先是祖先名号，随后内容越来越丰富，铸字也越来越多。戍嗣子鼎、邓其三卣、妇尊、子黄尊、小臣艅尊，均是商人表达心扉之作。西周以后，文字入器更为普遍。何尊、大盂鼎、大克鼎、虢季子白盘、散氏盘、史墙盘、逑盘等等皆为百字以上的铜器，篇篇都是古史研究的重要文献。

　　于后世之人而言，内涵越丰富，越受追捧和喜爱。铸有铭文的铜器成为历代文人收藏和研究青铜器最大兴奋点。凡有铭文，便把玩摩挲，爱不释手。有了需求，便有仿制。齐鲁相交，索要谗鼎，已开仿制铜器的先河。北宋时，为"追三代之遗风"而仿制古器成为时尚。仿品见于文庙、书院，甚至宫廷。《考古图》《宣和博古图》均可见纹饰与器形相背的"古器"。铭文既是铜器之内涵精华，自属仿制之列。饱学之士也难免不辨真伪。以伪为真或以真为伪者大有人在。清代名流端方、张之洞皆曾失手。整器造假、在真器上补铸铭文、增刻铭文、将不同铜器上的真铭拼凑成新的铭文，种种手法给收藏家和学术界带来鉴赏和研究的困难。铭文辨伪，逐渐成为铜器鉴别的重中之重。

宋、元、明、清日益增加的仿制铜器，让部分人真假不辨，但也练就了部分人的鹰眼。晚清藏家陈介祺便将器形、工艺均用于辨伪，终身收藏，从不失手。容庚在其《商周彝器通考》设"辨伪"一节，论及"鉴定文字真伪之法"并将自己的"辨伪之经验"分享给读者。张光裕的《伪作先秦彝器铭文疏要》也直陈铭文辨伪。不过就铜器辨伪成果而言，专注铭文的著述并不多。当代虽有许多学者关注铜器辨伪，但似乎更倾向于从铸造工艺角度入手。王沛姬的《真假铭文——商周青铜器铭文辨伪》，为铭文辨伪领域增添了一部系统性著作。值得祝贺。

沛姬的铭文辨伪工作始于她在中国社科院攻读研究生阶段。她师从考古学大家冯时先生，经数年历练写成同名论文。我有幸添列她答辩时的答辩小组，至今还清楚记得当年大家对她论文的高度评价。现在出版的著作，是她在当年论文基础上修订而成。

《真假铭文——商周青铜器铭文辨伪》系统梳理了战国以来铭文造假与辨伪的历史，归纳了不同时代的铭文造假规律，总结了不同时代铜器铸造、使用和铭文制作的特点，最后奉献出辨伪之法。全书聚焦铭文但并不局限于铭文，而是将铭文纳于三代铜器的整体背景来论述。作器者、受器者、作器缘由、铸造工艺甚至锈蚀特点等等都有讨论。由于严格写作，论述条理极为清晰。例如先陈述不同时空的字形变化，书写风格，文法特点，再以此为基础讨论作伪者手段。因果关系一目了然。尽管这一部分主要是依赖前人成果，但逻辑之清晰远超前人。

全书不冒进，不饰非。科技高度发达的今天，许多人相信科技万能。本书客观陈述了现代科技手段在辨伪工作中的意义，提到了显微观察、荧光分析、激光光谱、X射线等手段，但没有盲目拔高和夸大科技手段的辨伪能力。其实，技术手段的辨伪能力必须纳入铜器整体生产体系和应用体系才能客观评价。"金相分析"对于识别当代使用多种劣质金属"掺合料"（并非铜、铅、锡合金）的伪品很是有效，但对于真器伪铭一类的造假却难有作为。有学者认为从实体显微镜下观察其铜锈结构和铜锈分布即可断定其锈蚀产物是自然生长还是人工生长，实际并非如此简单。

有了客观的科研态度，便会有令人信服的创新。本书区别于其他论著的创新之一便是统计方法的应用。尽管书中采用的统计方法都很简单，但所统计的内容却经过了慎重选择。事件内容、举事时间、地点选择、甚至时间的表达方式、赏赐物品的偏好等都有时代特点。沛姬通过统计来观察这些变化。这是现代"大数据"思维在铭文辨伪工作中的应用。

书中创获还表现在细节上。传统的铭文鉴定，都认为真器铭文的字口一概是"上宽而下狭"。沛姬以花园庄 M54 及大司空村 M303 出土青铜器为例说明商周青铜器的字口未必全然"上宽而下狭"，也存在"上狭而下宽"的字口。这样的创获来自她对铜器的细致观察。记得我任殷墟考古队长时，沛姬来到安阳如饥似渴地观察青铜器。她的创见，正是从真器观摩中总结得来的。

辨伪没有止境。我相信若给沛姬时间，本书还能更加完美。书中对既有的作伪特点描述得很准确。经验告诉我们，假器的铭文和纹饰通常都模糊不清。这一点作为辨伪的经验总结已经足够，但若能从技术史角度说明纹饰和伪铭模糊不清的原因就更好了。说到底，纹饰和字口模糊的原因在于作伪者未能真正掌握商周时期的范土处理技术。研究表明，商周时期工匠铸器是以黄土为原料按范铸法获得铜器的。他们通常会将黄土中的粘土淘洗干净，然后以粉砂制范。如此方能获得清晰的纹饰和铭文。历代作伪者不识其中道理，即使采用"范铸法"，若不懂范土处理，同样做不出清晰的纹饰和铭文。当然这是几句多余的话。缺省对技术原因的追究，并不妨碍本书是青铜器研究领域中一部系统的、重要的著作。

是为序！

唐际根
2022 年 10 月 16 日于深圳南方科技大学

目 录

绪 言 ·· (1)

第一章 作伪技术的发展历程及各时期特点 ···················· (5)
 第一节 技术萌芽期（乾隆以前） ······························ (5)
  一 宋代以前 ·· (5)
  二 宋代的仿古及作伪 ··· (7)
  三 元代的仿古及作伪 ··· (12)
  四 明代的仿古 ··· (14)
  五 明末清初的作伪 ··· (15)
 第二节 经验积累期（乾隆至道光） ··························· (23)
  一 乾嘉时期 ·· (23)
  二 道光年间 ·· (26)
 第三节 技术成熟期（晚清民国） ······························ (30)
  一 陕西 ·· (30)
  二 潍县 ·· (30)
  三 苏州 ·· (34)
  四 北京 ·· (38)
 第四节 高新技术应用期（改革开放以来） ··················· (45)

第二章 辨伪之学的发展历程 ···································· (53)
 第一节 探索阶段（宋至清中期） ······························ (53)

第二节　形成发展阶段（晚清民国） …………… (58)
一　辨伪之学初步形成（晚清） …………… (58)
二　辨伪之学在争论中发展（民国） …………… (65)
第三节　总结创新阶段（改革开放以来） …………… (71)
一　理论研究 …………… (72)
二　资料整理 …………… (73)
三　科技手段的运用 …………… (73)

第三章　伪铭的类型及特点 …………… (77)
第一节　伪铭器的类型及特点 …………… (77)
一　伪器伪铭 …………… (77)
二　真器伪铭 …………… (84)
三　增刻铭文 …………… (88)
四　补刻铭文 …………… (90)
五　伪器真铭 …………… (90)
六　真器真铭拼凑而成 …………… (91)
第二节　伪铭的类型及特点 …………… (91)
一　照抄 …………… (91)
二　删改 …………… (96)
三　拼凑 …………… (98)
四　杜撰 …………… (100)

第四章　铭文辨伪的思路及方法（文字） …………… (103)
第一节　字形 …………… (103)
一　时代特色 …………… (103)
二　书写正误 …………… (125)
三　描摹 …………… (135)
四　草率 …………… (137)
第二节　章法 …………… (137)
一　书风 …………… (137)

二　避复 …………………………………………………………（153）
　　三　行款布局 ……………………………………………………（178）

第五章　铭文辨伪的思路及方法（文法）……………………………（180）
第一节　商周青铜器铭文文法分析 ………………………………（180）
　　一　时间地点 ……………………………………………………（180）
　　二　事件（作器原因）…………………………………………（225）
　　三　作器句 ………………………………………………………（278）
　　四　嘏辞 …………………………………………………………（312）
第二节　案例分析 …………………………………………………（316）

第六章　铭文辨伪的思路及方法（其他）……………………………（346）
第一节　工艺 ………………………………………………………（346）
　　一　字口 …………………………………………………………（346）
　　二　锈色 …………………………………………………………（365）
　　三　垫片 …………………………………………………………（368）
第二节　其他 ………………………………………………………（369）
　　一　钟铭位置及顺序 ……………………………………………（369）
　　二　大小比例关系 ………………………………………………（370）
　　结语 ………………………………………………………………（371）

后　记 ………………………………………………………………（372）

绪　　言

商周青铜器（尤其是具铭铜器）是上古重要的物质遗存，是研究商周社会文化的直接史料，历来受到学者的重视。对青铜器的研究曾被纳入金石之学的范围，至宋代达到高峰，对中国古代文化诸多领域的研究产生了深远影响。由于其具有重要的学术价值、艺术价值及文化价值，自古即受到学者及收藏者的重视。同时在巨大经济利益的驱使下，伪器伪铭层出不穷，为学术研究带来了很大困扰。如果对非考古出土器物一概弃之不用，势必会错过很多珍贵的史料，毕竟商周史料存世稀少，而且很大一部分并不是经科学发掘所得。所以对非考古出土的器物进行真伪鉴别便是学术研究的基础和前提。

青铜器的真伪辨别是一门综合性的学问，可以用现代科技方法对其进行成分分析，对其伴出物进行科学测年，但现在可用于铜器鉴定的科学方法十分有限，而作伪技术却在很多情况下可以骗过仪器。所以，科技方法鉴定在青铜器的鉴定工作中只能作为辅助的方法，而并不能成为主要的手段。传统的考古类型学在鉴定中一直发挥着重要的作用，以考古出土的器物为标准器，从器形、纹饰、铭文、工艺等多方面进行比对，从而辨别真伪，一直是辨伪的主要方法。这方面的论著也有不少，但大多都是从铸造工艺、器形、纹饰方面的研究，从铭文的角度对青铜器进行辨伪研究的目前还不多见，少数涉及这一问题的研究也都比较浅显，缺乏深入研究。然而对于具铭青铜器而言，据铭文而辨伪乃是最重要的工作。

对商周青铜器辨伪的研究古已有之，宋代赵希鹄的《洞天清录》、明代曹昭的《格古要论》和高濂的《遵生八笺》、清代梁同书的《古铜瓷器考》等著作，都有探讨铜器的作伪技术及辨伪方法，但失之空泛，主观臆测居多。晚清的陈介祺是造诣深湛的学者，其收藏殷富，眼光独到，从真正意义上提出了一些实际可操作的辨伪方法，算是铜器辨伪史上的第一人。铜器辨伪在民国时期达到了一个小高潮，先后有商承祚的《古代彝器伪字研究》（1933年）、《古代彝器伪字研究补篇》（1936年）、秦更年的《金文辨伪》（1933年）、徐中舒的《论古铜器之鉴别》（1935年）、翁世华的《论铜器的仿铸伪造》《铜器铭文辨伪新论》、郑师许的《吉金彝器之辨伪方法》、容庚的《晋侯平戎盘辨伪》《商周彝器通考·辨伪章》等论著发表，对伪器的发展历程、作伪技术、辨伪思路及方法进行了较深入的研究。王国维的《宋代金文著录表》《国朝金文著录表》（1914年）、容庚的《西清金文真伪存佚表》、罗福颐的《三代秦汉金文著录表》《内府藏器著录表》等对前人的著录进行了系统的真伪辨别。1949年以后，有张光裕的《伪作先秦彝器铭文疏要》，罗福颐的《商周秦汉青铜器辨伪录》，程长新、王文昶、程瑞秀的《铜器辨伪浅说》等论著发表，对之前容庚、商承祚的论著进行了补充。近些年随着经济的发展，社会上收藏铜器的风气日盛，为适应收藏的需要，有关铜器辨伪的书籍也多有出版，如贾文忠的《中国青铜器鉴定实例》、李震的《青铜器修复与鉴定》、丁孟的《中国青铜器真伪识别》等，但多从铸造工艺的角度分析探讨，于铭文的辨伪研究略感不足。故本书拟从铭文的角度，探讨建立青铜器铭文辨伪的方法和标准，为青铜器辨伪提供一个新的角度和思路。

铭文辨伪是一项基础性研究，是学术研究的前提，但目前这方面的研究却相对薄弱。究其原因，主要有以下几个：第一，伪器伪铭数量庞大，无法用穷尽的方法进行归纳式研究；第二，作伪核心技术难以了解；第三，作伪技术日新月异，辨伪方法不可能一成不变。针对以上问题，我们认为：

第一，虽然伪器伪铭的数量非常庞大，并且每天都有新的伪器伪铭产生，散布各处，很难集中，无法用穷尽的方法进行分析比较研究。但是，伪器没有办法穷尽也没有必要穷尽，万变不离其宗，作伪就是为了似真，只要对真器真铭深入分析研究，就不难找出伪器的破绽。通过一定数量伪器伪铭的积累和研究，就可以大致了解伪器伪铭的种类及特点。

第二，作伪的方法和技术虽然可以大致了解，但是真正的核心技术往往秘而不宣，外人很难真正了解，而且真正一线的作伪高手也很难接触到。其实作伪技术与铜器修复、复制技术是同一种技艺的不同说法，虽然作伪高手很难接触到，但是铜器修复、复制专家却是有机会接触的。笔者通过与博物馆修复专家的交流学习，对于作伪技术有了多一些了解。

第三，任何具体的辨伪方法都有其时代的局限性，作伪技术日新月异，有可能今天提出的方法明天就会被作伪者研究攻克而不再成为判断真伪的原则。辨伪的方法要与时俱进，但辨伪的思路却是可以一以贯之的，就是容庚在《殷周青铜器通论》中提出的"要之，鉴别的方法不一，不外多参考典籍，多经目验，注意器物的统一性和完整性。要以时间、地点、条件的关联性去考察其真伪，根据具体的条件深入分析其间的矛盾，发现问题，判断其缺点，鉴识眼力是可以力学而致的"。要做到这一点首先要对真器真铭有相当的了解，所以本书拟从真铭入手，通过对真铭的分析研究找到伪铭的破绽。

欲辨伪器伪铭，必须要了解真器真铭。本书从真器真铭入手，分析总结其规律和特点。

首先，从文字本身入手，深入研究文字的字形。古文字与今文字差异颇大，作伪者往往没有很好的古文字功底，并不了解文字的正确写法及意义，只是把青铜器上的铭文当作图画来描摹，所以经常会写错字。深入了解并准确把握古文字的结构特点，既知其然，更知其所以然，就可以很好地识别伪铭中的错字。此外，不同时代、不同地域其文字的书写方式有所不同，通过对铭文中常见文字的时代特色、地域特色的分析，总结其一般规律，可以识别出那些杂糅拼凑的铭文。

其次，将每篇铭文当作一篇完整的书法作品来研究。通过对笔画细微之处的变化、文字结体的穿插结构、通篇铭文的布局及节奏等的分析研究，可以从章法布局方面看出伪铭的破绽。

再次，把每篇铭文当作一篇文章来读。每个时代都有其独具特色的语言习惯，殷商和两周时期的铭文有其相对固定并不断发展的篇章及语法结构。将商周青铜器铭文分为时间地点、事件、做器句、嘏辞几个部分，对每一部分的字词句法结构做穷尽式研究和大数据统计（主要通过对史语所资料库的检索），可以了解商周时期铭文的遣词造句及习惯用法，了解不同时期、不同地区、不同器形在语法上的规律及特色，从而找出伪铭的语法错误。

复次，把每篇铭文当作历史书来读。通过对商周时期历史制度的研究，可以辨别出伪铭中那些不符合历史制度的错误。

最后，从铭文铸造方法研究。商周时期的青铜器都为陶范铸造，与现在常用的失蜡法铸造不同，了解商周青铜器铭文的铸造方法，可以找出伪铭中的"现代"痕迹。

辨别伪器伪铭，除了了解真器真铭之外，还要了解伪器伪铭，真伪参照对比是重要方法。首先本书对青铜器作伪的历史进行了系统的梳理，对各时期伪器的特点、作伪的技术方法及代表人物和流派做了较为详尽的介绍，可以了解伪器伪铭的发展历程及不同时期的通病。其次，本书还对伪器伪铭的类型和特点进行了系统性整理，可以对伪器伪铭有整体的把握。

有关商周青铜器辨伪的著作不少，但大多是从铸造工艺及器形纹饰的角度分析研究，本书的最大特色是从铭文的角度研究，从文字书写、章法布局、语法结构以及铭文的位置和铸造工艺等综合的角度入手，为商周青铜器辨伪提供一个新的方法和思路。

商周青铜器辨伪的论著大致有两类，学者的文章多是理论研究，鉴定专家的著作多是结合自身实践，较多案例分析。本书既有理论的分析研究，又有实际的案例分析，理论与实践相结合，有更强的实用性和可操作性。

第一章　作伪技术的发展历程及各时期特点

商周青铜器，尤其是具铭铜器，作为上古时代的物质文化遗存，具有无可比拟的历史价值、文化价值及艺术价值，历来受到收藏家们的青睐，为据为己有而不惜重金，甚至动用政治、武力等手段。但真正出土的器物毕竟稀少，不能满足庞大的市场需求，于是在巨大的经济利益诱惑下，伪器应运而生并充斥市场，作伪技术不断发展提高，让人真伪难辨。本章将系统梳理青铜器作伪技术的产生、发展及各时期的特点。

青铜器的仿古与作伪拥有悠久的历史，根据目前的材料至少可以追溯到东周时期，但真正开始大规模、大批量作伪并形成产业是在清乾嘉时期，而到晚清民国时期达到一个高峰。经过新中国成立初期的一段停滞，随着近些年的收藏热，又达到另一个高峰。本章将青铜器仿古作伪技术的发展分为技术萌芽期（乾隆以前）、经验积累期（乾隆至道光）、技术成熟期（晚清民国）、高新技术应用期（改革开放以来）四个时期并分别加以研讨。

第一节　技术萌芽期（乾隆以前）

一　宋代以前

青铜器作伪可以追溯到两千多年前的东周时期，在《韩非子·说林》中就记载了这样一个故事：

> 齐伐鲁，索谗鼎，鲁以其赝往。齐人曰："赝也。"鲁人曰："真

也。"齐曰:"使乐正子春来,吾将听子。"鲁君请乐正子春,乐正子春曰:"胡不以其真往也?"君曰:"我爱之。"答曰:"臣亦爱臣之信。"

虽然战国诸子的著作多寓言故事,但这个故事又见于《吕氏春秋》及刘向的《新序》,应有所本。这位鲁君在敌兵压境、国家存亡之际还弄此玄虚,也可以看出青铜器在当时人们心目中的重要地位。

唐代的《阙史·裴丞相古器》中曾记载了这样一个故事:

> 丞相(裴休)河东公尚古好奇,掌纶诰。日有亲表调授宰于曲阜者,耕人垦田得古铁器曰盎,腹容三斗,浅项痺足,规口矩耳,朴厚古丑,蠹蚀于土壤者,既洗涤之,复磨砻之,隐隐有古篆九字,带盎之腰,曲阜令不能辨。兖州有书生姓鲁,善八体书,子男召致于邑,出盎示之,曰:"此大篆也,非今之所行者,惟某颇尝学之,是九字曰:'齐桓公会于葵邱岁铸。'"邑宰大奇其说,及以篆验,则字势存焉。乃辇致河东公之门。公以为麟经时物,得以为古矣,宝之犹钟璞郜鼎也,视草之暇辄引亲友之分深者观之,以是京华声为至宝。公后以小宗伯掌文学柄得士之后,生徒有以盎宝为请者。裴公一日设食会门生,器出于庭,则离立环观,迭词以赞。独刘舍人蜕以为非当时之物,乃近世矫作也。公不悦,曰:"果有说乎?"紫微曰:"某幼专邱明之书,齐侯小白谥曰桓公,九合诸侯,取威定霸,葵邱之会是第八盟。齐桓公鲁庄九年即位,十六年会于幽,二十七年又会于幽,僖公三年会阳谷,四年会诸侯侵蔡,五年会首止,七年会甯母,八年会兆,九年会葵,十五年会庄丘。又按礼经,诸侯五月而葬,同盟至,既葬然后又虞,既虞然后卒哭,卒哭然后定谥。则葵邱会实在生前,不得以谥称之,此乃世矫作也。"裴公洗然始悟,立命击碎,然后举爵尽欢而罢。①

这个故事又见于《太平广记》,因为《阙史》《太平广记》均非正史,真实性无从考证,但也可看出当时社会上作伪之风气以及辨伪的思路和方法。

---

① (唐)高彦休撰:《阙史》卷上,明万历十六年谈长公抄本。

《洞天清禄集》云：

> 句容器非古物，盖自唐天宝间至南唐后主时，于升州句容县置官场以铸之，故其上多有监官花押。甚轻薄，漆黑，款细虽可爱，要非古器，岁久亦有微青色者。世所见天宝时大凤环瓶，此极品也。

这是现在能找到的最早的关于仿古器的著录，可惜其器罕传于今，当时的仿铸技术如何亦无从考证。

总之，在宋代以前，还没有青铜器的大规模著录及研究，关于作伪和辨伪的资料也很少，就仅有的资料可以追溯铜器作伪肇始于战国时期。但由于当时可做参考的出土器物较少，此时的伪器大多出于臆造。

二　宋代的仿古及作伪

在谈仿古与作伪之前，首先要对其概念做一个界定。所谓仿古，是指出于对古器物的喜爱而进行的仿制，其目的只是崇古而非欺世，一般仿制者都会铸上当时的年号或做器者的姓名，像宋还有明清内府就铸了很多这样的仿古铜器。当然，后人以此冒充三代古物而牟利那就另当别论了。而所谓作伪，则是出于经济利益或其他原因，刻意仿制古物，以假当真，从中牟利，或达到其不可告人的目的。这种伪器从古至今一直大量存在。仿古与作伪二者目的天差地别，我们必须要区别对待，但是就铸造工艺而言，却有很多相通之处，甚至在有些时候很有可能是同一批工匠所为。所以我们在研究作伪技术的时候可以把它们放在一起来进行研究。

有宋以来，崇古好古之风气日盛，上至天子，下至文人士大夫，皆雅好古玩，再加上皇祐以后多有商周铜器出土，于是出现了大量青铜器的专门著录，像《考古图》《宣和博古图》等，这一方面促进了金石学的发展，另一方面也促进了作伪技术的发展。

宋代铜器主要以宫廷仿古为主，徽宗好古，每得一古器，必令良工仿制，故当时所仿，无论花纹锈色，都是上上之选。政和年间，徽宗数获古器，命翟汝文撰文铸方泽礼器二十八器，传于今世仅得二十铭，① 如政和甂②（图1-1-1）、甲午甂（图1-1-2，《积古》7.14）、嘉礼壶尊③（图1-1-3）、嘉礼牺尊（图1-1-4，《西清》9.27）、宣和尊④（图1-1-5）等。后高宗及秦桧、贾似道、廖莹中诸人皆有祭器传世，如高宗所作绍兴洗⑤（图1-1-6）等。这些都是当时的仿古之作，并非伪作，铸造目的及用途有根本不同。但由此也可看出当时青铜器的铸造技术及铭文的书写风格。

图1-1-1　政和甂铭 　　　　　图1-1-2　甲午甂铭

这一时期仿铸的特点如下：

1. 多为仿古器，铸当时年号；

---

① 张光裕：《伪作先秦彝器铭文疏要》，香港书局1974年版，第24页。
② 容庚：《商周彝器通考》上册，中华书局2012年版，图二八四，第187页。
③ 罗福颐：《商周秦汉青铜器铭文辨伪录》，《古文字研究》第十一集，插图一。
④ 罗福颐：《商周秦汉青铜器铭文辨伪录》，《古文字研究》第十一集，插图二。
⑤ 容庚：《商周彝器通考》上册，中华书局2012年版，图二八五，第189页。

图 1-1-3　嘉礼壶尊铭

图 1-1-4　嘉礼牺尊铭

图 1-1-5　宣和尊铭

图 1-1-6　绍兴洗铭

2. 器物种类较多，以三代真器为模型，器形、纹饰仿得逼真，但神韵不足；①

3. 一般仿出范线、垫片；②

---

① 程长新、王文昶、程瑞秀：《铜器辨伪浅说》上，《文物》1989 年第 8 期。
② 程长新、王文昶、程瑞秀：《铜器辨伪浅说》上，《文物》1989 年第 8 期。

4. 器形厚重，铜质粗糙发暗，无亮地子；①
5. 纹饰的底纹较模糊；②
6. 开始用技术手段做锈、做旧伪造熟坑器；③
7. 铭文字口较浅，一般为翻砂或臆造铭文铸造，真器后刻字还未出现。④

这一时期的伪器虽已不存，但在宋人的著录中还可以找到一些踪迹。收录伪器最早的要算宋皇祐三馆古器图，之后的《考古图》（以下简称《考古》）、《宣和博古图》（以下简称《博古》）、《啸堂集古录》（以下简称《啸堂》）、《历代钟鼎彝器款识法帖》（以下简称《薛氏》）都有收录。从现存的宋人著录中所收的伪器，大致可看出当时伪铭的风貌。

从铭文内容看，伪铭或有所本删减截取真器铭文，如齐侯盘（图1-1-7，《啸堂》99.3）为仿真齐侯盘（图1-1-8，《博古》21.12.2，《啸堂》73.3，《薛氏》165.1-2）删减截取真铭而成。

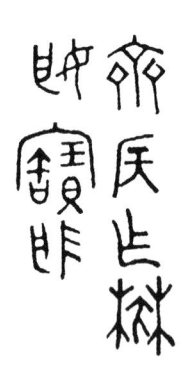

图1-1-7　齐侯盘伪铭

图1-1-8　齐侯盘真铭

又如齐侯匜（图1-1-9，《啸堂》99.4）为仿真齐侯匜（图1-1-

---

① 程长新、王文昶、程瑞秀：《铜器辨伪浅说》上，《文物》1989年第8期。
② 程长新、王文昶、程瑞秀：《铜器辨伪浅说》上，《文物》1989年第8期。
③ 程长新、王文昶、程瑞秀：《铜器辨伪浅说》上，《文物》1989年第8期。
④ 商承祚：《古代彝器伪字研究》，《金陵学报》第3卷第2期。

10,《薛氏》116.1）删减截取所得，不只删减了文字，连顺序也抄错了，完全读不通。

图1-1-9　齐侯匜伪铭

图1-1-10　齐侯匜真铭

又或凭空臆造铭文，但由于这一时期人们对古文字的认知水平有限，所以多文理不通，或不符合历史文化常识，如庚甗（图1-1-11，《考古》2.27，《薛氏》45.3）、比干墓铜盘（图1-1-12，《啸堂》69.1，《薛氏》163）。

图1-1-11　庚甗铭

图1-1-12　比干墓铜盘铭

真假铭文

当时的伪器虽然都已不存，但当时作的仿古器图像还是有很多保留了下来，如前文列举的政和甗、宣和尊、嘉礼尊、绍兴洗等，可以从中看出当时铭文书写的一些特征。首先，整体的书写风格缺乏古朴感，更倾向于小篆，甚至隶书、楷书的风格，有时更将各时期不同风格的字体杂糅在一起，像绍兴洗（图1-1-6）就很有小篆和缪篆的风格。其次，由于对文字的认知水平不高，有些字会书写错误，像"帝"字，一般写作 ![帝] （四祀邲其卣，《集成》5413）、![帝] （荣乍周公簋，《集成》4241）、![帝] （墙盘，《集成》10175），中间一横是直的，① 而政和甗写作 ![帝]，嘉礼壶尊写作 ![帝]，嘉礼牺尊写作 ![帝]，甲午甗写作 ![帝]，都写成了折形，其错字的风格与结构极其相似，或许都出于翟汝文之手；又如"隹"字，一般写作 ![隹] （利簋，《集成》4131）、![隹] （大盂鼎，《集成》2837）、![隹] （㝬簋，《集成》4317），像鸟形。《说文》："隹，鸟之短尾总名也。"而政和甗写作 ![隹]，甲午甗写作 ![隹]，非像鸟形的象形字，明显不对。再次，在语法上也会出现不合金文语法的现象，像绍兴洗文首的纪时语句为"绍兴癸酉"，不仅直书年号，而且完全不符合金文的纪时形式（金文的纪时形式将在第五章第一节具体讨论）。

总之，这一时期由于皇帝的喜好，推动了社会上的好古之风，从而使仿古铜器、伪作铜器大量出现，其中虽不乏制作精良之器，但在铭文的撰作方面还显幼稚，与商周古器差别较大。

三 元代的仿古及作伪

元代统治时间短暂，且战争频繁，社会生活动荡不安，对古器物的追

---

① 寡子卣写作折形，但这种写法极少见。

求和热爱自然不及宋代，这一时期主要以宫廷仿铸宗庙祭器为主。成宗时，曾设出蜡局为诸路府州邑县庙宇铸春秋祭器。现在北京和台北故宫博物院都藏有大量元仿商周祭器，如永泽书院祭器（图1-1-13），但大都模铸草率，去古甚远。

这一时期代表人物有杭州姜娘子、平江路王吉，他们以仿南唐后主句容器著称于时，姜铸古器花纹较粗，但仍胜于王。《格古要论》："元杭州姜娘子、平江路王吉铸铜器皆得名，花纹却粗。姜铸胜于王吉，俱不甚值钱。"① 《遵生八笺》："元时杭城姜娘子、平江王吉二家铸法名擅当时。其拨蜡亦精，其炼铜亦净，细巧锦地花纹亦可入目，或作鎏金或就本色。传之迄今，色如蜡茶，亦为黑色。人多喜之。因其制务法古，式样可观。但花纹细小，方胜龟纹居多。平江王家铸法亦可，炼铜莹净，拨蜡精细，但制度不佳，远不如姜。"②

图1-1-13 永泽书院祭器铭

这一时期仿铸特点如下：③

---

① （明）曹昭：《格古要论》卷六，中华书局2021年版。
② （明）高濂：《遵生八笺》卷十九，黄山书社2010年版。
③ 程长新、王文昶、程瑞秀：《铜器辨伪浅说》上，《文物》1989年第8期。

1. 多为仿古器，铸当时年号；
2. 成组仿三代器，作为祭器置于庙内；
3. 器形笨重，做工粗糙，铜质发黄，地子发乌，无光泽；
4. 纹饰模糊不清；
5. 铭文用缪篆，字体不工整，软弱无力。

四 明代的仿古

进入明代，仿古青铜器无论从数量还是质量上都远胜之前。尤其是宣德年间，皇帝好古，内府大规模仿铸古铜器，高手频出，吴邦佐[①]、李澄德都是当时的佼佼者。好古之风也促进了民间私铸的兴起及发展，见于记载的就有琴书吕[②]、胡文明[③]、甘文堂[④]、周文甫[⑤]、张鸣岐[⑥]、高氏、且闲主人、学道、施家、蔡家、徐守素[⑦]、王凤江[⑧]、周文富、汤子祥[⑨]等，都是名噪一时的高手，可见当时仿古风习之盛。但是除宣德年间的内府仿器之外，民间仿器及其他时间的内府仿器质量都比较粗糙，较易辨识，如潞王鼎（图1-1-14、图1-1-15）。

这一时期仿铸特点如下：[⑩]

[①] 明宣德年间工部尚书。
[②] 吴邦佐别名，私铸之器皆署名琴书吕。
[③] 松江人。《云间杂志》云："郡西有胡文明者，按古式制彝鼎尊卣之类，极精，价亦甚高。誓不传他姓。时礼贴称'胡炉'，后亦珍之。"
[④] 金陵人。
[⑤] 吴中人。《高士奇集·归田集卷十一》："明万历年间，吴门周文甫制文犀，为仙人乘槎，满贮花果，名载花船，容酒五六合，雕作精巧。"
[⑥] 嘉兴人，善铸铜炉。
[⑦] 苏州人。《遵生八笺》："近日吴中伪造细腰小觚、敞口大觚、方圆大尊、花素短觯、雪金点戟耳彝炉、细嵌金银碧瑱鼎炉、香奁牺尊、团螭镇纸、细嵌天鹿辟邪象礶水银青绿古镜、二寸高小汉壶方瓶、鎏金观音弥勒种种，色样规式可观，自多雅致，若出自徐守素者，精致无让。价与古值相半，其质料之精，摩弄之密，功夫所到继以岁月亦非常品。"
[⑧] 嘉兴人。
[⑨] 《雪桥诗话》："明末国初闲有周文富、汤子祥二家。汤善用补法，周则炉身耳底三什装就，宣庙时本然二家亦称好手。"
[⑩] 程长新、王文昶、程瑞秀：《铜器辨伪浅说》上，《文物》1989年第8期。

图 1-1-14　潞王鼎　　　　　图 1-1-15　潞王鼎铭

1. 数量种类增多，大小器皆有；
2. 仿器无铸痕和垫片；
3. 宫廷仿质量尚佳、民间仿粗糙；
4. 纹饰繁缛，常添枝加叶；
5. 分量过重，有压手感。

这一时期仿古的精品主要出自宣炉，但宣炉只仿器形，铭文一般都铸"大明宣德年"的年号及工匠的名字，字体一般也都用小篆或缪篆，并不按金文的章法书写。民间的工匠在利益的驱使下逐渐转向作伪，仿古器比较粗糙。

五　明末清初的作伪

宣德年间，内府大量仿古，使铸铜工艺有了很大提高，这无形中也培养了一批仿作高手。随着商品经济的发展，在巨大的经济利益诱惑下，这些人大多转向了作伪，于是在明代中后期形成了历史上作伪的高峰。出现了山东、陕西、河南、金陵等作伪中心。[①] 这一时期不止伪古器，还伪宣

---

① 高濂《遵生八笺》："近日山东、陕西、河南、金陵等伪造鼎、彝、壶、觚、尊、瓶之类，式皆法古，分寸不遗，而花纹款识悉从古器上翻砂，亦不甚差。"

器。① 有以施家、学道为代表的北铸与以蔡家、甘文堂为代表的南铸两大派别,② 还有北京打磨厂造,金鱼池义德成造等,③ 另外还有周文富、汤子祥④、刘贞父⑤等人见于记载。

这一时期作伪特点如下:

1. 多仿《考古》《博古》二书之图而作;⑥
2. 采用分铸法,有焊接痕迹,无范线垫片,有补痕。⑦

这一时期的伪器主要收在乾隆年间编的西清四鉴及阮元的《积古斋钟鼎彝器款识》(以下简称《积古》)中。整理所收伪器,总结这一时期伪铭特点如下。

首先,从文字的书写角度看,受宋人著作的影响,铭文字体多写作尖头篆书,容庚称之为仿宋伪(图1-1-16、图1-1-17、图1-1-18⑧)

图1-1-16 伪铭 　　图1-1-17 伪铭 　　图1-1-18 伪铭

---

① 项元汴天启年间《宣炉博论》:"宣朝官铸鼎彝及今所存,真者十一,赝者十九。"
② 《宣炉汇释》:"施家,万历天启间人,与学道(嘉靖时人)皆称北铸……蔡家,苏州人,称苏铸,与甘文堂(金陵人,万历末年以鼓铸名)同时,称南铸。"
③ 霍海俊、王五胜、李化元:《京派古铜器修复技术百年发展脉络概述》,《中国文物科学研究》2006年第4期。
④ 秦东田《宣炉说》:"明末国初间,有周文富、汤子祥二家……亦称好手。"
⑤ 《古董琐记》:"明人砀山刘贞父,善铸铜,清初尚存。"
⑥ 容庚:《商周彝器通考》上册,中华书局2012年版,第197页。
⑦ 程长新、王文昶、程瑞秀:《铜器辨伪浅说》上,《文物》1989年第8期。
⑧ 罗福颐:《商周秦汉青铜器铭文辨伪录》,《古文字研究》第十一集,插图四。

第一章　作伪技术的发展历程及各时期特点

其次，从铭文内容看，主要表现为以下几点。

第一，照抄宋人的著录。如文王鼎，相同铭文在西清四鉴里就收了十几件（图1-1-19《西清》2.1，图1-1-20《宁寿》1.12，图1-1-21《西甲》1.5，图1-1-22《西乙》1.5等），都是照抄宋人著录的周公作文王方鼎（图1-1-23《集成》2268、《博古》2.3、《薛氏》81、《啸堂》7.2）；又如友史鼎，四鉴中也著录多件（图1-1-24《西清》3.20，图1-1-25《西甲》1.13，图1-1-26《西乙》1.10），都是照抄宋人著录的父乙鼎（图1-1-27《集成》2710、《博古》1.7、《薛氏》13.1、《啸堂》1）；再如仲偁父鼎（图1-1-28《西乙》1.17）是照抄宋人著录的仲偁父鼎（图1-1-29《集成》2734、《博古》3.16、《薛氏》87.1、《复斋》15、《啸堂》15）；另有晋姜鼎、伯姬鼎、仲驹父簋等。由于当时工匠的文字水平不高，很多字都抄写错误，只要仔细观察，很容易分辨。

图1-1-19　伪铭　　图1-1-20　伪铭　　图1-1-21　伪铭

图1-1-22　伪铭　　图1-1-23　真铭

— 17 —

图 1-1-24 伪铭 　　　图 1-1-25 伪铭 　　　图 1-1-26 伪铭

图 1-1-27 真铭 　　　图 1-1-28 伪铭 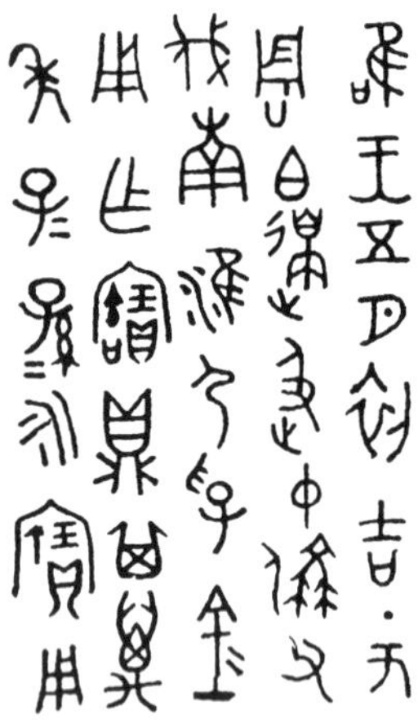　　　图 1-1-29 真铭

第二，删减截取宋人的著录。如伯克尊（图 1-1-30《西甲》5.8）为删减伯克壶（图 1-1-31《集成》9725、《考古》4.4、《博古》6.32、《薛氏》103、《啸堂》25.3）所成；叔孙簋（图 1-1-32《西甲》12.33）为删减叔孙父簋（图 1-1-33《集成》4108、《博古》17.18、《薛氏》128、《啸堂》55）所成；奡簋（图 1-1-34《西甲》12.31）为

删减甗簋（图1-1-35《集成》4153、《考古》3.7、《博古》17.14、《啸堂》51、《薛氏》127）所成等。这类铭文由于直接删减截取铭文的某一部分，大多文理不通，不合金文的表述方式。

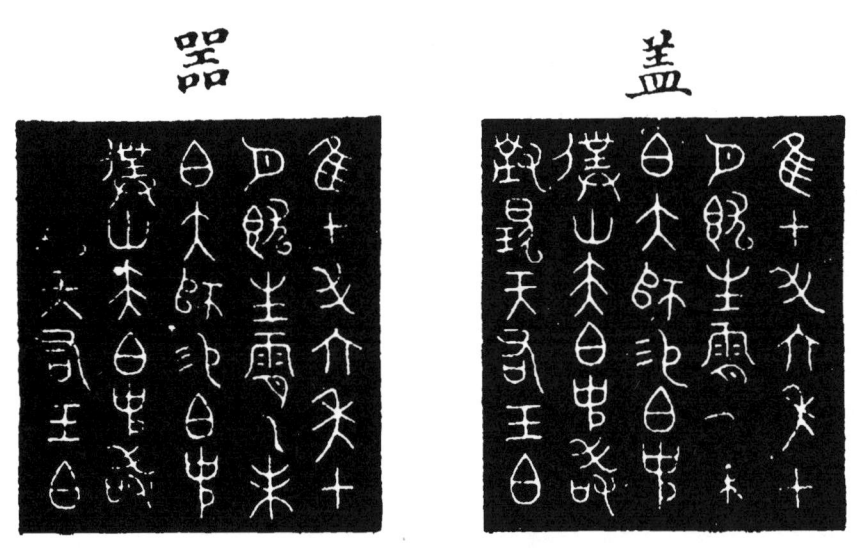

图1-1-30　伯克尊伪铭

图1-1-31　伯克壶真铭

真假铭文

图 1-1-32　叔孙簋伪铭

图 1-1-33　叔孙父簋真铭

图 1-1-34　㚸簋伪铭

图 1-1-35　㚸簋真铭

第三，增加铭文。如乙公鼎（图 1-1-36《宁寿》1.14）为对宋人著录乙公鼎（图 1-1-37《集成》2376、《博古》3.22、《薛氏》83、《啸堂》16.2）增加所成。这一类大多文理不通，容易辨识。

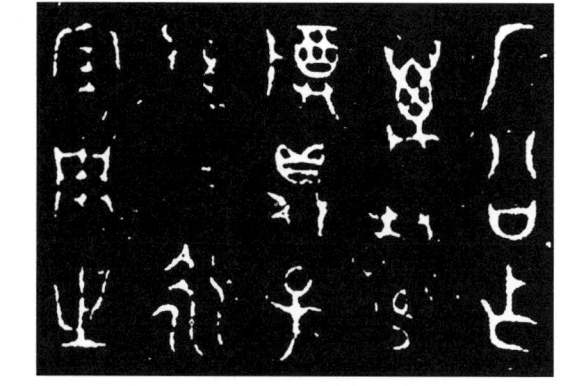

图 1-1-36　乙公鼎伪铭　　　　图 1-1-37　乙公鼎真铭

第四，把此类器物的铭文移至彼类器物。如仲驹父簋（图 1-1-38《集成》3937、《博古》16.30、《薛氏》124.1-2、《啸堂》54.1-2），直接把铭文移到尊（图 1-1-39《西清》9.12）、壶（图 1-1-40《宁寿》8.6）、匜（图 1-1-41《宁寿》12.53）上等。

图 1-1-38　仲驹父簋真铭　　　　图 1-1-39　仲驹父尊伪铭

又或者如伯和父簋（图 1-1-42《集成》4311、《博古》16.27、《薛氏》138、《啸堂》53），经过删减后移于鼎（图 1-1-43《西乙》1.19）、尊（图 1-1-44《宁寿》3.25）、卣（图 1-1-45《西清》15.15）上等。

:::::: 真假铭文

图 1-1-40　仲驹父壶伪铭

图 1-1-41　仲驹父匜伪铭

图 1-1-42　伯和父簋真铭

图 1-1-43　伯和父鼎伪铭

这类器物一般会出现自铭与器形不相符的现象，像仲驹父尊、壶、匜等都自铭为簋，这些明显的错误比较容易辨识。

图 1-1-44　伯和父尊伪铭　　　　　图 1-1-45　伯和父卣伪铭

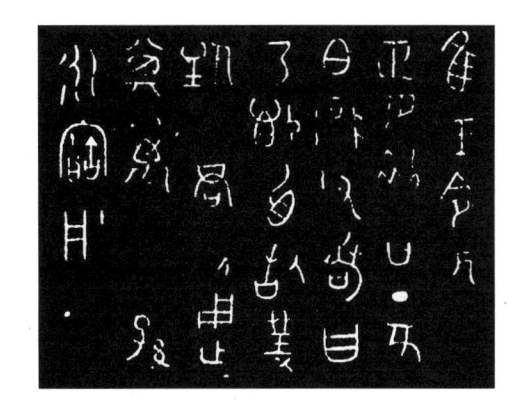

明末清初这一时期，由宫廷仿古开始转向民间作伪，伪器大量充斥市场，数量和质量都有所提高，作伪的技术有所发展，但就铭文的撰写水平来看还是比较幼稚，与真器相去甚远。

综上，第一阶段属于技术萌芽期，基本以宫廷仿古为主，民间作伪技术比较落后，无论器形、纹饰、铭文都与真器有很大差别。明中叶以后，民间作伪开始兴起，器形、纹饰方面也出现了一些精品，但受当时古文字认知水平所限，铭文的字体书写恶劣，错字很多，文理不通，不合金文语法，与商周真器相去甚远，极易辨识。

第二节　经验积累期（乾隆至道光）

一　乾嘉时期

乾隆皇帝甚好古物，于是也就推动了社会上的崇古之风，加之乾嘉学派的兴起，考古考据之风大盛，一时间上至皇帝，下至文人士大夫，对古物都竞相追捧，四处搜罗，客观上推动了作伪技术的发展，在铭文撰写方面使这一时期比之前有了很大的提高。

乾隆中后期出现了一件晋侯平戎盘（图 1-2-1），铭文多达五百五十个字，是目前所见最长的一篇伪铭。铭文的书写风格模仿散盘（图 1-2-2），比之前的两头尖的"仿宋伪"已经进步很多，文字的书写也规范

真假铭文

了很多,没有之前那种低级的错误,但刀法还不成熟,字体比较呆板,与商周真铭有明显差距。铭文的遣词造句模仿《尚书》,全篇五百多字除个别地方不合金文的语法和历史常识外,基本词能达意,文意比较通顺,比之前那些不知所谓的臆造铭文要好很多,即便是在技术水平高度发展的今天,要写出一篇这样的文章来也不是一件容易的事,可见作伪者一定有很深厚的古文功底。曾有人推测此盘出自陈诠之手,① 是否属实,现已无从考证。

图 1-2-1 晋侯平戎盘铭

---

① 秦更年《金文辨伪》中说:"有陈诠者曾为巴予籍监造都承盘,书法模仿散盘,颇有古意,意其人必有仿造之品。"

第一章 作伪技术的发展历程及各时期特点

图 1-2-2　散盘铭

嘉庆年间，铭文的书写水平又有所提高，如图 1-2-3[①]。

图 1-2-3　伪铭

---

① 罗福颐：《商周秦汉青铜器铭文辨伪录》，《古文字研究》第十一集，插图四。

二 道光年间

陕西是周秦故地，经常有铜器出土，尤其是宝鸡、周原附近，至今仍经常有大批铜器出土，但大部分都没有铭文，有铭文的只占很小一部分，当然也就越发珍贵。道光年间，刘喜海官陕，遍求古铜，以文字论价，字多者价高，而无铭文者却一件不收。这让当时的古玩商看到了巨大的商机，为投其所好，于是就在没有铭文的青铜器上伪刻铭文，在铭文少的青铜器上加刻铭文，以期获取高额利润。这样，在真器上伪刻铭文之风便在西安兴盛起来，也催生了晚清民国时期一个重要的作伪流派——陕刻——的产生及发展，并且出现了第一批专门伪刻铭文的高手——苏亿年（苏六）、苏兆年（苏七）、张三铭（凤眼张）。

这一时期的伪器，叶志诜收藏最多，后来多被朱为弼编入《敬吾心室彝器款识》（以下简称《敬吾心》）中。分析整理这些伪器，可以从中看出陕刻的一些特色。

第一，在铭文少的青铜器上加刻铭文。如遂肇諆鼎（图 1-2-4，《敬吾心》上 32）。这是作伪史上非常出名的一件东西，据说是二苏与凤眼张合作的作品，全篇一百三十余字，其中仅九个字（第六行前五个字和第七行前四个字）为真铭，其余都是加刻的。杂抄了多篇铭文拼凑而成，其中摘抄虢季子白盘比较多，像"壮武于戎工"，"经维四方"，"薄伐玁狁"，"于洛之阳"，"是以先行"等，虽然拼凑水平较之前有所提高，但依然文理不通；字体书写也主要是仿虢盘，但虢盘为西周宣王时器，铭文书写风格为西周晚期风格，该器九字真铭为西周中期偏早的风格，此器将早晚期的字杂糅在一起，时代风格不统一，有个别字（像佳、即等）书写也不正确。

又如冉彝（图 1-2-5，《敬吾心》下 33），其中只有"冉"字为真铭，其余皆为后刻。尹父丁尊（图 1-2-6，《敬吾心》上 45），其中只有"尹父丁"三个字为真铭，其余都是后刻。文理不通，字体恶劣。

图 1-2-4 遂肇諆鼎铭

图 1-2-5 冉彝铭

图 1-2-6 尹父丁尊铭

真假铭文

第二，在没有铭文的青铜器上伪刻铭文。如潘仲吴生鼎（图1-2-7，《敬吾心》上40），这个算得上伪铭中刻得比较好的；① 兽面纹盂（图1-2-8 现藏故宫）；丮簋（图1-2-9，《敬吾心》上59）为仿禽簋（图1-2-10，《集成》4041）而作，但是把禽字拆成了两个字；又有册父乙鼎（图1-2-11，《两罍》1.1）、叔向尊（图1-2-12）等。这些笔法都很相似，如出一人之手，或许都是凤眼张的手笔。

这一时期作伪的特点如下：

1. 在无字之器上伪刻铭文，或字少之器上加刻铭文；
2. 作伪者金文水平比之前有所提高，多仿散盘、虢季子白盘的文辞和字体，刻字水平有所提高，不像之前那么生硬，但拼凑的字句多不合语法，字体时代风格不统一，有些字书写不准确，与真铭对比比较容易辨识。

图1-2-7 潘仲吴生鼎铭　　　　图1-2-8 兽面纹盂铭

---

① 容庚：《商周彝器通考》上册，中华书局2012年版，第210页。

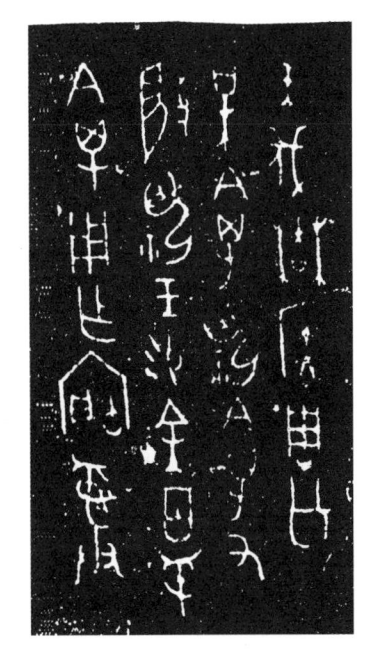

第一章 作伪技术的发展历程及各时期特点

图 1-2-9 孔簋铭

图 1-2-10 禽簋铭

图 1-2-11 册父乙鼎铭

图 1-2-12 叔向尊铭

第三节　技术成熟期（晚清民国）

晚清民国时期是青铜器作伪的一个高峰，究其原因，一是大量外国人来华，大肆收购中国古董，推高了古物的价格，使古玩行业迅速兴盛起来，出土之物不能满足巨大的市场需求，于是作伪之风日盛，作伪作坊遍布全国；二是这一时期学者们注重对器物的整理和著录，再加上西方照相技术的引进，使古器物的材料空前积累，为作伪者提供了丰富的参考资料。加之社会动荡，盗墓猖獗，很多军阀，像党玉昆之流专事盗墓，使大批古物流入市场，也为作伪者提供了很多实物标本。

这一时期由于西方科技手段的引入，化学试剂的运用，使作伪技术有了很大的提升；在利益的驱使下，更多人投入到作伪中来，一时间"良工"频现，"人才"辈出，形成了陕西、潍县、苏州、北京等几大著名的作伪中心。

一　陕西

陕西是作伪比较早的地区，主要以在真器上伪刻铭文为主，这与其处于周秦故地、多有素器出土的地理条件有关。其代表人物主要有苏亿年、苏兆年、凤眼张，他们的作品前面已经介绍，这里不再赘述。

二　潍县

山东潍县已经有四百多年青铜器仿古作伪的历史，乾嘉时期就已颇具规模，到晚清民国成为重要的作伪中心，产品数量庞大，但整体看来水平不高。其作伪特点主要如下：

  1. 早期多仿西清四鉴。但由于西清四鉴本身就收录很多伪器，而且铭文都是摹写，并非原拓，有些失真，所以根据西清四鉴做出来的东西，从器形、纹饰到铭文与真器相去甚远；

  2. 后期多仿簠斋藏品。陈介祺是晚清最重要的金石学家之一，其藏品之丰富、眼光之锐利受到后来很多研究者的推崇。他丰富的藏品为潍县工匠提供了可以借鉴模仿的对象，他对金石学的研究也无形中推动了家乡潍县作伪技术的提高；

3. 为了便于成型，器物一般采用分铸法，器物各部分分别铸成后采用铅锡将其焊接成型，留有焊接痕迹；

4. 以翻砂铸造为主，失蜡法为辅，所伪造器物一般器壁厚重，器物表面砂眼较多，略粗糙。

代表人物主要有范寿轩、展书堂、赵允中、王荩臣、王海、李玉彬、李玉堂、胡延贞、潘承霖、李懋修等。[①]

《潍坊市志》记载，到清代道光年间，李海颜、胡庭祯、刘学涛等艺人的手艺在前人的基础上经过不断实践、钻研，伪造铜器的工艺水平逐渐提高，伪造的钟鼎彝器质量日臻。伪造青铜器的名声开始在坊间传播，潍县仿古铜的从业者开始逐渐增多。[②]《潍县志稿》卷二十四《特种手工业》中记载："仿古铜器。仿古铜始于东关李姓，所仿三代秦汉彝器，佳者可以乱真。"又陈国帆《潍县手工业调查·仿古铜器业（特产）》中写道："缘光绪四年，县东关有李汝颜君，具模仿之才，经数年之苦心，制作三代前之铜器与古逼真，于是声传中外。"[③] 据学者考证，李海颜、李汝颜、东关李当为一人。[④] 据商承祚《古代彝器伪字研究》统计，清末民初，潍县的作伪高手主要有范寿轩、展书堂、赵允中、王荩臣、王海、李玉彬、李玉堂、胡延贞、潘承霖、李懋修等。[⑤] 商承祚笔下的胡延贞与《潍坊市志》（上卷）中的胡庭祯应为同一人。孙敬明先生在1989年7月13日约访潍县老人李惠林先生时，李先生回忆："潍县仿古铜，最早发明的是潍县姓胡的，后来发展到十余家……再即'邃古斋'在小十字路口，主人潘承霖是胡某的徒弟。潘能在古器上刻字，几乎能乱真。"潘承霖为胡延贞（胡庭祯）的徒弟，新中国成立后调入山东省博物馆工作。曾参与修复司母戊大方鼎。商承祚笔下的李懋修是东关李的女婿兼徒弟，是东关李的第

---

① 商承祚：《古代彝器伪字研究》，《金陵学报》第3卷第2期。
② 潍坊市地方志编纂委员会：《潍坊市志·上》，中央文献出版社1995年版，第407页。
③ 陈国帆：《潍县手工业调查》，《实业统计》1935年第5期。
④ 马瑞文："潍县造"及潍坊仿古铜工艺的研究与保护》，硕士学位论文，山东大学，2016年。
⑤ 商承祚：《古代彝器伪字研究》，《金陵学报》第3卷第2期。

二代传人。第三代传人玄祖基是李懋修夫妇的徒弟,据其自述,由于师傅年纪较大,主要跟从师母学艺。新中国成立后调入潍坊市工艺美术研究所工作,仿制了马踏飞燕、长信宫灯等重要文物,并培养了下一代接班人。

在潍县众多艺人中,据传,王荩臣、王海的水平较高。

王荩臣喜欢刻细笔道的字,据说王子申簠(图1-3-1)就是他的作品,应该是仿春秋王子申盏(图1-3-2,《集成》4643)而做,笔画刻得还可以,但删减不当,文理不通。王海是王荩臣的儿子,作伪水平超过其父。故宫现藏有半片方鼎,内有铭文51字(图1-3-3)据说就是王海仿西周克鼎(图1-3-4,《集成》2796)删减而刻。虽然字刻得还可以,但与真器对比,可以看出字体呆板,笔画粗而臃肿,并且因为删减不当而文理不通。

另外,还有潍县工匠做的仲驹父簠①(图1-3-5);樂鼎②(图1-3-6)与真樂鼎(图1-3-7《集成》2419)相比,笔法软弱,字体呆板;史颂簋(图1-3-8《小校》8.52)与真器(图1-3-9《集成》4232-1)相比,还是很容易辨别的。

图1-3-1 王子申簠伪铭　　　图1-3-2 王子申盏真铭

① 孙敬明:《潍县仿古铜器见闻录》,《中国文物报》2003年3月26日第7版。
② 孙敬明:《潍县仿古铜器见闻录》,《中国文物报》2003年3月26日第7版。

图 1-3-3　王海仿克鼎伪铭

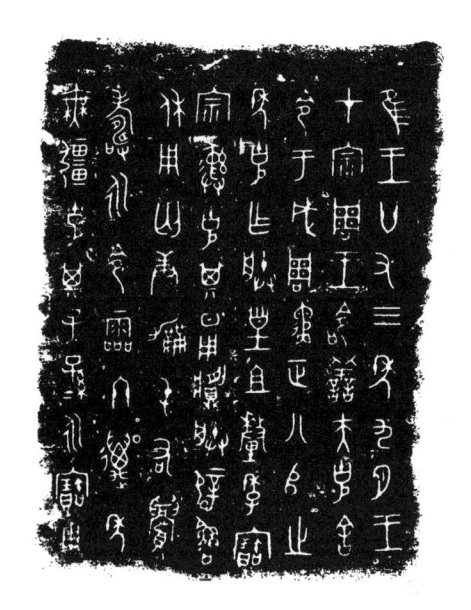

图 1-3-4　克鼎真铭

图 1-3-5　潍县仿仲驹父簋（器铭俱伪）

另外，山东还有济南的胡麻子、胡世昌、胡世宽父子三人，刻得不算坏，但不识古文字，只能摹刻，而以做假锈出名。①

---

① 商承祚：《古代彝器伪字研究补篇》，《考古学社刊》第 5 期。

真假铭文

图 1-3-6 潍县仿樂鼎（器铭俱伪）　　图 1-3-7 樂鼎真铭

图 1-3-8 潍县仿史颂簋铭　　图 1-3-9 史颂簋真铭

三　苏州

苏州是一个人文气氛非常浓厚的地方，历来都不缺乏良工，是近代铜器仿古作伪的重要基地之一。主要做高仿的青铜器，以器形和纹饰取胜，很多都销往了国外,现在很多国外的博物馆都收有当年"苏州造"的铜器。"苏州造"铜器不同于"潍县造",多使用失蜡法,制造精细,其主要特点如下:

1. 多仿河南安阳殷墟出土的铜器,制作精致、逼真;
2. 合金成分特殊,冶炼时一般加入银圆,生成地子亮,闪白;
3. 铜质好,纹饰流畅、利落;
4. 铭文錾刻较深,规整,字的边缘棱角硬;
5. 仿熟坑器最好(周梅谷)。[1]

主要代表人物,早期有顾湘舟,民国时期有周梅谷、刘俊卿[2]、蒋圣宝、骆奇月、金云松、苏氏、沈永康、宋铜匠等,其中佼佼者应属周梅谷。

周梅谷(1882—1951年),原名周容,别号百甸室主人。16岁学刻碑,25岁师从吴昌硕学习书画刻印,后能书善画,博览金石。民国十年(1921年,一说自1920年至1931年),周梅谷开办作坊,礼聘能工巧匠,聚集了擅浇铸的陶善甫,擅掌火候的朱金海,翻砂铸模的陈善甫、朱金海,精刻铜的李汉亭,工剥蜡的唐发玉、刘有富,善接色的金润生、金满生、蒋圣宝,专木范的黄桂伦、配红木座的吴麐昆,雕刻花板的王宝桂等高手二十余人专做仿古青铜器。[3] 他们从仿铸宣德炉入手,每道工序各人专司其职,进而仿制鼎、彝、卣、盘、觥五大古器。周梅谷虽不谙冶铸仿古铜器,但精于雕刻,长于图像,深通金石。他与黄桂伦、陶英甫、李汉亭、蒋实善等通力合作,各献所长,所铸铜器从成分含量、形制、铭文、纹饰都历历有据,甚至对皮色锈斑朽蚀处都讲究自然逼真,无丝毫雕琢之痕。又能精制包金、鎏金、嵌金银等工艺,所仿制春秋时的鎏金银铜器和战国时的鎏金铜兽,精美绝伦,名噪一时,连精于鉴赏的专家也难辨真

---

[1] 程长新、王文昶、程瑞秀:《铜器辨伪浅说》上,《文物》1989年第8期。
[2] 北京派古铜张的徒弟。
[3] 吴琴、陶启匀:《苏州文物》,苏州大学出版社2000年版,第248—249页。

◆◆◆◆ 真假铭文

假。吴启周、卢芹斋经营的"吴卢公司"争相罗致所作,远销欧美。一件周梅谷作坊制作的"车马猎纹方口壶"(图1-3-10)被美国芝加哥艺术博物馆收藏,曾收入容庚、张维持著的《殷周青铜器通论》的图录,被发现后又特意插页说明,足见周氏仿制青铜器水平之高。[①] 另外,据"苏州派"第三代传人、南京博物院王金潮先生说,收于《中国青铜器全集·商3》的第一三五"兽面纹方卣"(图1-3-11),现藏于日本白鹤美术馆,也是出自周氏作坊。

图1-3-10 车马猎纹方口壶

图1-3-11 兽面纹方卣

金云松,为周梅谷的远亲。一方面精于修补及浇铸铜器,另一方面其修复、仿制的商代青铜器精致、逼真,特别是铭文錾刻和锈层修饰的技法,皆有独到之处。他的两个儿子金润生、金满生在继承其手艺的同时,进入周梅谷作坊专事仿古青铜器的修整、接色、装潢等精加工过程,更是

---

① 潜伟、何伟俊、梁宏刚:《"苏州派"青铜文物保护修复传统技术的调查研究》,《中国文物科学研究》2008年第2期。

青出于蓝而胜于蓝,成为"苏州派"的代表人物。他们不仅对切、割、铆、焊、锉、钻、錾、刮等修复手艺十分精道,而且对历代青铜器的成分、造型、纹饰、风格都熟烂于心。① 金氏是现在国内公认的"苏州派"创始人。

其他同时代的青铜器作伪名家,如蒋圣宝、骆奇月等长于铸造,与周梅谷齐名的刘俊卿,为北京派"古铜张"张泰恩的得意弟子,被上海古玩商请到苏州开了家古铜作坊,按殷墟新出土的青铜器仿造,然后卖到国外。另外,还有苏氏,善于伪刻,曾在一素钟上摹刻《复斋》中收录的楚公夜雨钟铭文并为罗振玉买走,能骗过罗振玉的法眼,也足见其摹刻水平之精。

金润生在进入周梅谷作坊后不久,即被周梅谷相中,成为其大女婿。抗战胜利后,金润生在苏州怡园旁的周梅谷家祖宅,即现临苏州人民路(原护龙街)的铺面开了家专营古铜器的镛宝斋,同时兼修复古铜器,1948年因战事纷乱而关闭。

当时苏州护龙街为经营古玩的中心。护龙街上与镛宝斋经营业务相似的,还有其对面由孙家三兄弟(孙伯渊、孙仲渊、孙季渊)经营的"集宝斋"(现陆家饭店所在地)。镛宝斋南面有夏品山开的夏家古玩店,该店被当时的苏州古玩界戏称为"新假破店"。附近还有陈佩如开的著名古铜器店"柯娄",陈佩如曾一次托金满生购入古铜器三十件,可见其经营规模。后陈佩如所收藏的器物大部分归入现苏州市博物馆。这些古铜器店基本都不从事古铜器的修复,有需求时大都委托金氏二兄弟。

金满生因古铜器修复的手艺高超,于1938年被上海大收藏家单福宝请去修复古代青铜器。在沪期间,金满生与叶淑从、张四君等大收藏家也有相关业务往来。单福宝要求他修复后做旧必须看不出,水银沁等也必须仿得惟妙惟肖。他把那些残破相当严重的青铜器修补复原完好,使修补复原之部位与原件原部位浑然一体,天衣无缝,极难分辨出补配复原的地方,一时在上海收藏界声名鹊起。金满生虽收入颇丰,但有吸食大烟的嗜

---

① 潜伟、何伟俊、梁宏刚:《"苏州派"青铜文物保护修复传统技术的调查研究》,《中国文物科学研究》2008年第2期。

好，经济状况也颇为拮据。后来，金满生痛下决心回苏州戒大烟，新中国成立后与其兄一起进入苏州博物馆，从事青铜器的保护与修复工作。

四　北京

北京是近代铜器仿古作伪的重要基地，因为是京师重地，达官显贵云集，买家的喜好与苏州的偏文人气不同，更崇尚奢华和大气，为迎合市场需求，所以多仿鎏金器及商周重器。如果说"苏州造"的特点是精致的话，那么"北京造"的特点就是华丽。北京造铜器的主要特点为：

  1. 多仿三代重器及鎏金器；
  2. 制作华丽精巧；
  3. 善于做锈，生坑、熟坑都仿得很好。

"北京造"的主要代表人物与别的地方不同，他们都是同一派系，彼此之间有师承关系，人物关系见表1-3-10。

"京派"第一代代表人物是光绪年间一于姓工匠外号叫"歪嘴于"，一种说法是清宫造办处的工匠，另一种说法是清宫的太监（经查阅清宫内务府造办处的人事档案，在光绪年间内务府造办处有关铜作中并无一位于姓工匠或太监）。他住在北京前门内前府胡同（现人民大会堂东门附近）庙内，开了个"万龙合"古铜作坊，以修理古铜器为业。传说他经常给宫里修理铜器，晚年（1894—1911年）前后收了7个徒弟，其中有两个徒弟做活最好，一个叫郭树根，俗称"破郭"，在慈云寺庙修古铜，后人称"古铜郭"。另一个叫张泰恩（图1-3-12[①]），它是于师傅最小的徒弟。[②]

第二代主要代表人物为张泰恩。其1880年农历十月初七生于河北冀县良心庄，13岁到京拜"歪嘴于"为师。张泰恩在家排行老七，在于师

[①] 曹子玉主编：《贾氏文物修复之家》，人民日报出版社1998年版，第160页。
[②] 霍海俊、王五胜、李化元：《京派古铜器修复技术百年发展脉络概述》，《中国文物科学研究》2006年第4期。

第一章　作伪技术的发展历程及各时期特点

傅门下也排行第七，因此人称"张七"。大约在辛亥革命前后，"歪嘴于"过世，张泰恩继承他的衣钵成为第二代的代表，并将"万龙合"更名为"万隆合"，人称"古铜张"。大约在五四运动前后，"万隆合"从前府胡同迁址崇文门外东晓市大街路北第四家店铺营业，其家也搬到崇文门外法华寺南营房四条13号。在这期间，他主要为琉璃厂古玩商修复青铜器。他既能刻字，又能做锈和翻砂，技术全面且精湛。从五四运动到抗日战争20多年间，"万隆合"共收了十一位徒弟，其中四位学业不成另谋职业，其余七位在京派古铜修复业中成为第三代中坚。他们分别是张文普、贡茂林、王德山（图1-3-13[①]）、张子英、张书林、赵同仁、刘俊卿。其中张文普、贡茂林、王德山于30年代先后出师自立。由于张泰恩发了财不再干活，其徒弟们先后离去。万隆合被迫于1936年停业。后张以变卖家产度日。新中国成立后他曾摆地摊、看门，于1960年病逝。

图1-3-12　张泰恩　　　　图1-3-13　王德山

第三代主要代表人物为张文普（人称"小古铜张"）和王德山。

[①] 曹子玉主编：《贾氏文物修复之家》，人民日报出版社1998年版，第164页。

真假铭文

张文普是古铜张的侄子,号济卿,1902年生于河北冀县,13岁到京拜张泰恩为师,学习修古铜,20年代末张泰恩已发了财,不做活,万隆合实际上由张文普掌管。对于那些破烂铜器,补配和焊接得天衣无缝的技术都已得到解决,最关键的环节就是"做锈"。张文普成天一个人在小楼上做活,主要是做颜色,即做假锈,对人保密。1930年张文普离开万隆合,在前门外草场二条自立门户。由于其善于钻研,心灵手巧,为琉璃厂古玩铺修过很多古代青铜器,与大古玩商岳彬、倪玉书交往甚密,很多古玩商都找他做活。炭儿胡同东头路北大泉山房古玩铺掌柜高少木1930年从洛阳买来一件铜镶铜古铜瓶(实际是尊),鼓腹、侈口、高圈足,高约40厘米,腰部镶嵌纹饰脱落成了凹形花纹,请张济卿重新镶嵌做旧。张知道高要他做商代嵌活是要蒙洋鬼子,就反复强调活难,并要5000元修理费,经多次讨价还价,高给了4000元现大洋。后此尊以30000元卖给了美国人。张文普不仅自己钻研,还广聚人才。赵振茂先生曾讲过:"我们铺子行当最全,什么活都能接,我学徒时有好几位做新铜活的师傅(有的是佛作师傅),能铸造、会打胎(锻打铜活),雕錾鎏金。做新铜活的专錾活,有个山西人专门拨蜡搬砂(铸造)。"由于生意红火,张文普陆续收了七个徒弟,他们是:张兰会、高英、赵振茂、李会生、冀永奎、贡聚会和侯振刚。可惜的是张文普30年代后期迷信一贯道,不务正业,拖欠工钱。赵振茂回家向他预支两块钱他都不给。因日军侵华,时局紧张,古玩业大受影响,而张文普又常年不干活,古玩商自是不放心把价值连城的古玩交给几个小孩子干(当时几个徒弟都20岁左右),因此生意逐渐停顿。1937年前后众徒弟陆续离开各奔前程。新中国成立后,张文普因从事反动会道门活动,于1965年死在东北狱中。[①]

王德山,1911年生于河北衡水县小巨鹿。因其从小跛足,人称"王瘸子"。13岁到京拜张泰恩为师,30年代初出号自立,在崇文门外草场八条30号家中开业。其手艺非一般人可比,技术全面,能修会塑,铸造、錾花样样精通。在琉璃厂古玩行中颇负盛名。在30年代,外国人对铜器

[①] 霍海俊、王五胜、李化元:《京派古铜器修复技术百年发展脉络概述》,《中国文物科学研究》2006年第4期。

第一章 作伪技术的发展历程及各时期特点

的要求是：特殊的器形、精致的花纹、漂亮的地子、美观的锈色。能够具备这四种条件的铜器为上品。在这种形势下，王德山研究发明了做假地子和假锈色的新方法："漆地磨光"和"点土喷锈"两种技术，使残破铜器的假地子和假锈色更为逼真。现在这种技术仍一直是做地子和做锈的基本方法。王德山虽然没什么文化，但他聪敏好学，不满足于现状，不仅用漆调色做锈，还大胆实践用化学方法做色。王喜瑞说："我学徒时（30年代末），我们柜上用阿莫尼亚（氨水）咬黑。"由于其手艺精湛，很多古铜商都找其修活。故宫藏有一件子蝠觯（图1-3-14），据说就是王德山仿

图1-3-14 子蝠觯

真假铭文

安阳出土的商觯伪做的,是伪器中的精品。① 王德山从1937年始先后培养了刘增堃、毛冠臣、杨政填、王喜瑞、贾玉波、王荣达、王长清、杨德清等徒弟。他的铺子中分工明确,有塑形的、錾活的和专门做锈的,颇具现代管理模式。王长清就是经人介绍从东晓市恒兴得铜佛作坊到王家专门刻花的。40年代几位徒弟也先后出师自立。新中国成立前夕,古玩行业萧条,他迫于生计在广安门外以铸水龙头为生,新中国成立后重操旧业。郑振铎先生鼓励他和几个徒弟:"你们要扩大生产,为新中国换取外汇。"1954年,在东琉璃厂震寰阁成立北京特艺公司文物加工部,后归并北京市文物商店。1959年北京市文化局又将其并入北京市美术公司,为国家换取了大量外汇,为博物馆修复、复制了众多的文物及仿制品。他古稀之年仍不懈努力培养新人。于1990年去世,终年80岁。

另外,张书林、贡茂林等都是一时高手,据说王伯姜鬲(图1-3-15)就是他们中的某位做的。②

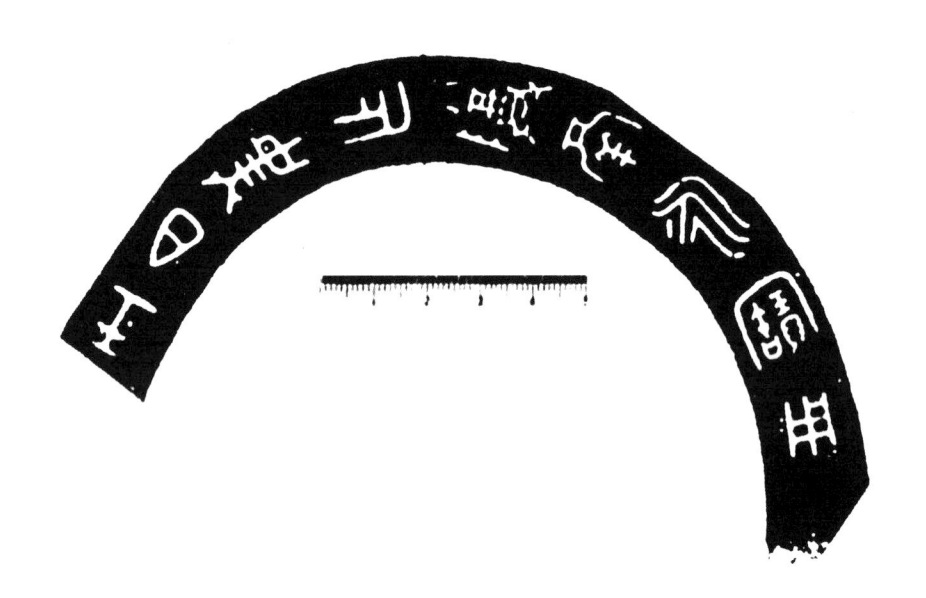

图1-3-15 王伯姜鬲铭

---

① 程长新、王文昶、程瑞秀:《铜器辨伪浅说》中,《文物》1989年第11期。
② 商承祚:《古代彝器伪字研究补篇》,《考古学社刊》第5期。

表 1-3-1　　　　　　　　　**京派铜器修复技术传承表**

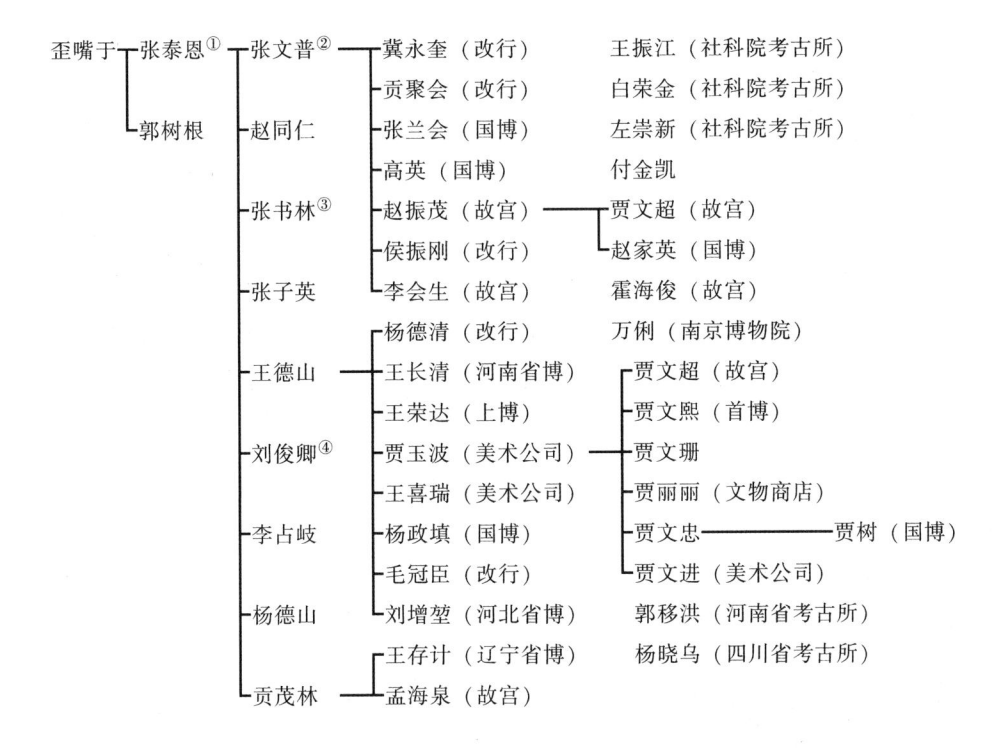

```
歪嘴于 ┬ 张泰恩① ┬ 张文普② ┬ 冀永奎（改行）    王振江（社科院考古所）
       │         │         ├ 贡聚会（改行）    白荣金（社科院考古所）
       │         │         ├ 张兰会（国博）    左崇新（社科院考古所）
       │         │         ├ 高英（国博）      付金凯
       │         ├ 赵同仁   ├ 赵振茂（故宫）─┬ 贾文超（故宫）
       │         │         │                 └ 赵家英（国博）
       │         ├ 张书林③  ├ 侯振刚（改行）
       │         │         ├ 李会生（故宫）    霍海俊（故宫）
       │         ├ 张子英   ├ 杨德清（改行）    万俐（南京博物院）
       │         │         ├ 王长清（河南省博）┬ 贾文超（故宫）
       │         ├ 王德山   ├ 王荣达（上博）    ├ 贾文熙（首博）
       │         │         ├ 贾玉波（美术公司）├ 贾文珊
       │         ├ 刘俊卿④  ├ 王喜瑞（美术公司）├ 贾丽丽（文物商店）
       │         │         ├ 杨政填（国博）    ├ 贾文忠 ──── 贾树（国博）
       │         ├ 李占岐   ├ 毛冠臣（改行）    └ 贾文进（美术公司）
       │         │         ├ 刘增堃（河北省博） 郭移洪（河南省考古所）
       │         ├ 杨德山   ├ 王存计（辽宁省博） 杨晓邬（四川省考古所）
       └ 郭树根   └ 贡茂林   └ 孟海泉（故宫）
```

这一时期的伪器除了收在《善斋》《小校》《梦坡》等著录里之外，在国外的博物馆、私人藏家处也有不少。

这一时期伪铭的特点：

1. 书法方面，大多数是方笔；
2. 常用字的结构有其独特的风格（见图 1-3-16）；
3. 取材的蓝本，多偏重于有数的几篇铭文，如虢季子白盘等。⑤

---

① 人称"古铜张"。
② 也作张济卿，人称"小古铜张"。
③ 也作张树麟。
④ 也作刘俊声，后来去南方发展。
⑤ 张光裕：《伪作先秦彝器铭文疏要》，第 436—438 页。

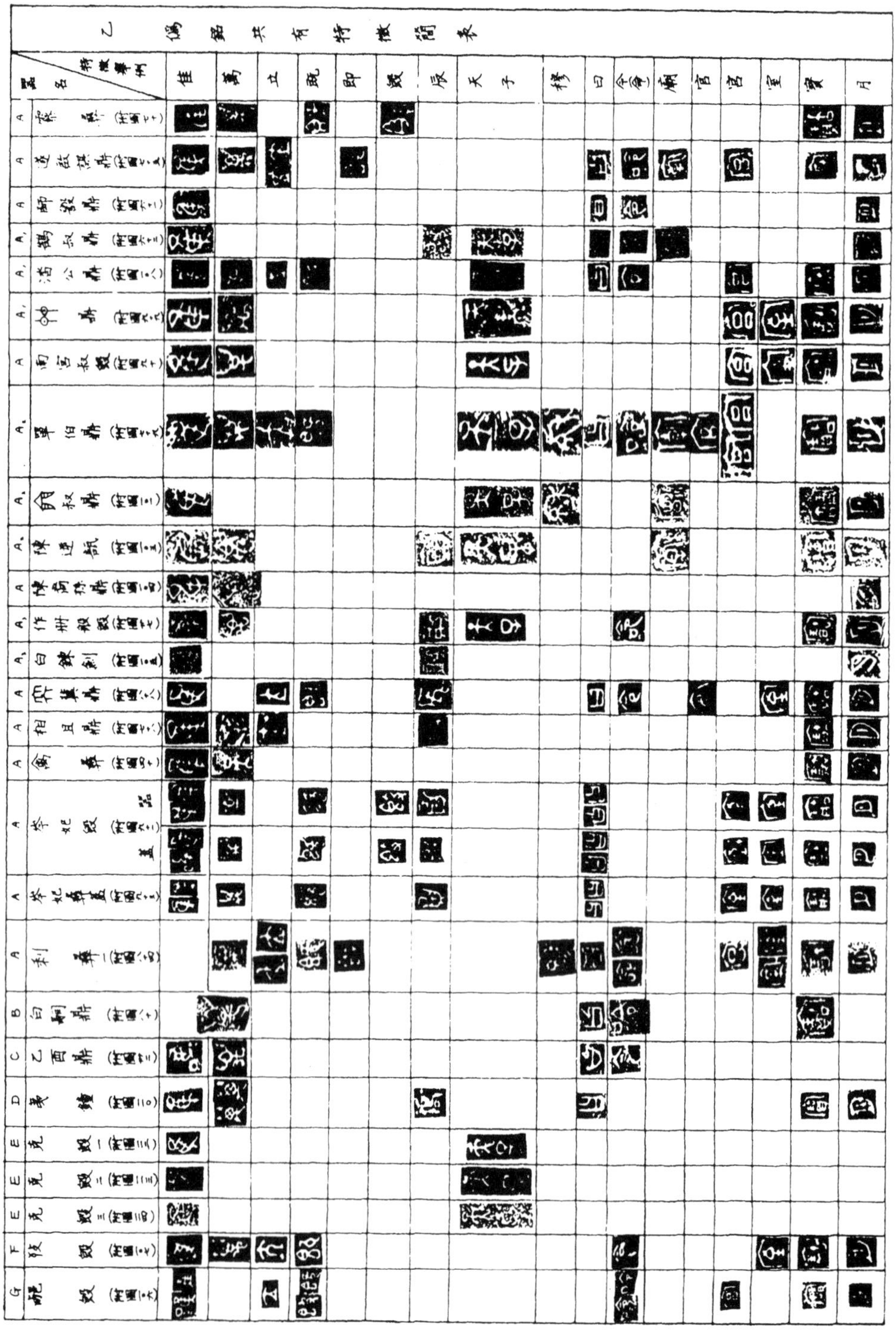

真假铭文

图 1-3-16 常见伪铭字形图

第四节　高新技术应用期（改革开放以来）

新中国成立初期由于社会政治经济原因，青铜器作伪产生了一个短暂的停滞时期。改革开放以后，经济飞速发展，作伪又重新复苏。近十几年来，收藏品市场大热，艺术品价格连番上涨，更吸引了大量境内外资本的涌入，进入了一个全民收藏的时代，作伪也进入一个高度发展繁盛的时代。

民国时期各大作伪中心进入新中国后大多都已衰落。潍县现在依然还有人在做仿古铜器，但水平不高。陕刻已经没有传人，现在做高仿的是另一拨人，与当年的陕刻无关。

北方的古铜张一派还有传承，在本章第三节"京派"传承表中可以看到主要有张文普（小古铜张）、王德山和贡茂林几个支派。他们的传人基本上都在博物馆（故宫、国博、首博）做文物复制和修复工作。第四代代表人物主要有高英、赵振茂、贾玉波等。

高英，1916年3月生于北京朝阳门外。其父在同益恒古玩铺张彬卿家当厨子。1930年张彬卿、萧延卿介绍他到前门外草场二条张文普古铜铺学徒。因其念过八年私塾，有点文化且又聪明能干，深得张文普赏识。刚干三年就替张文普管账、接活。后因张文普迷信一贯道，生意不景气，于1938年出师自立。新中国成立前在同益恒古玩铺、上海禹贡古玩铺修理铜器。1951年3月经王世襄、王振铎介绍到中国科学院考古研究所工作，修理铜器。1961年3月调到中国历史博物馆。1976—1982年，他先后在北京钢铁学院（现北京科技大学）、河南省博物院、湖北省博物馆举办文物修复培训班，讲授古代青铜器的修复技术。1986年受聘于文化部国家文物鉴定委员会。1992年被评为文化部优秀专家并享受政府特殊津贴。半个多世纪以来，他修复了数千件珍贵文物，主持或参加了河南辉县、安阳、洛阳、河北唐山、湖南长沙等多处重大考古发掘项目，有商周、春秋、战国及两汉不同时代的遗址。同时，他将多年丰富经验、高超技艺进行总结，发表了多篇论文或专著。1956年冬，他在考古研究所举办的见习员训练班上讲授青铜器修复技术，随后整理成文，于1958年出版的《考古学基础》

上发表《铜器修整》一章。这是第一篇较系统论述古铜器传统修复工艺技法的文章。他不仅长于传统修复，更善于学习钻研，接受新事物。首创了在青铜器上刻花的专用錾子，恢复鎏银的传统工艺，采用化学方法去锈。这些宝贵的经验、论述和专著至今仍在指导我们进行古铜器传统的修复工作。[①]

赵振茂，1916年1月出生于河北深县赵家庄。1931年经本乡木工陈四介绍到前门外草场二条张文普古铜铺学徒。1938年，张兰会、高英先后出号自立门户，古铜铺的一些业务就落在赵振茂等徒弟身上。然而其师傅张文普迷信一贯道，叫徒弟们整天伺候来人，烧香拜佛，生意越来越差。赵便与师弟李会生也出号，在前门北孝顺胡同8号租房给古玩商修古物。后来同乡赵同仁也加入，成立了"三合公"古铜铺，转年春天搬到崇文门外河伯厂三条19号，1940年又搬到崇文门外阎王庙后街1号。其间他曾收过两个徒弟。新中国成立前夕生意不好，回原籍老家。后因户口在京，当地不分田，于1950年返京，先在崇文门外后章大院31号重操旧业，后搬到崇文门外东晓市大街50号。1952年11月经李会生介绍到故宫保管部修整组修复铜器。后成立故宫修复厂并在铜器组任组长。他不仅修复青铜器技艺高超，更努力钻研技术，从事陶瓷器、甲骨、玉器、铁器、壁画等多种门类的文物修复，以适应故宫的文物保护事业，造诣颇深。几十年来经他亲手修复、保护的文物数以千计。他在实践中积累了丰富经验，不仅全面精通本专业技术，而且具有深厚的青铜器辨伪功底，深受文博界的赞誉。晚年撰写了《青铜器修复技术》一书，成为第一部全面系统总结青铜器传统修复的专著。他的专著和论文为后人留下了宝贵的技术资料。由于他工作业绩卓著，先后被聘为故宫博物院研究员、国家文物鉴定委员会委员，享受国务院颁发的优秀专家政府特殊津贴。[②]

---

① 霍海俊、王五胜、李化元：《京派古铜器修复技术百年发展脉络概述》，《中国文物科学研究》2006年第4期。

② 霍海俊、王五胜、李化元：《京派古铜器修复技术百年发展脉络概述》，《中国文物科学研究》2006年第4期。

贾玉波（图1-4-1①），河北束鹿人，1938年到北平在王德山门下学徒。20世纪40年代出师后一直在琉璃厂的古玩铺修理青铜器。1947年参加革命，在琉璃厂以修复古铜器为掩护，为北平南城地下党做情报工作，中华人民共和国成立后被派到粮食局任干部。50年代末又重操旧业，做文物修复工作。先后参加了中国历史博物馆通史陈列的青铜器修复工作，河北满城汉墓的部分文物修复工作，河南安阳殷墟妇好墓的文物修复工作，还为大葆台汉墓博物馆、中国农业博物馆、陕西省博物馆、安徽省博物馆等修复和复制了大量文物和陈列品。此外，还为山西、陕西、湖北、江苏、安徽、山东等省市培训了近20名文物修复专业人员。②

贾玉波先生的重大成就还在于他培养了5个儿子（图1-4-2③），使他们成为现在青铜器修复行业的中坚力量，也是古铜张第五代传人的主要代表。

图1-4-1 贾玉波在修复妇好墓出土铜甗　　图1-4-2 贾氏文物修复之家

长子贾文超任职故宫博物院，专事青铜器修复。"文革"时，他义务在父亲单位打下手，学习石膏翻模及铜器锡焊、粘接等技术。多年来，他

---

① 曹子玉主编：《贾氏文物修复之家》，人民日报出版社1998年版，第11页。
② 曹子玉主编：《贾氏文物修复之家》，人民日报出版社1998年版，第12页。
③ 李震、贾文忠主编：《青铜器修复与鉴定》，文物出版社2012年版，第222页。

> 真假铭文

修复的重要文物一、二级品上百件，如铜方炉、司母辛方鼎、鹰形金冠饰等，三级以下文物达四五百件。1980年，他到山东淄博修复并复制了全国罕见的特大长方形夔龙纹多钮西汉铜镜，复制的铜镜在日本展出时得到了极高评价。列为1989年全国"十大考古新发现"的江西新干大洋洲商墓，出土了大批大型精美的商代青铜器，贾文超与多位专家一起采用现代技术与传统修复方法，使青铜卧虎柱足大方鼎等十多件商代大型珍贵文物重放光彩。

次子贾文熙，在西安市文物保护考古所从事考古发掘和文物修复。近年参与列为1990年、1991年、1996年"十大考古新发现"的河南三门峡西周虢国墓地、平顶山应国墓地出土文物的修复工作，修复了著名的柞伯簋和应侯壶、鼎、盘等。他给河南灵宝黄帝陵设计了"天地人"三个青铜大鼎，鼎高2.5米，重1000千克，堪称"鼎王"。他为上海博物馆陈列的一套原大秦始皇铜车马做旧，为西安中国书法艺术博物馆复制了有中国第一文物之称的"石鼓"和青铜何尊、秦砖汉瓦等。

三子贾文珊虽未任职文博单位，仍醉心于文物修复和复制。他继承了父亲的技法，特别精于焊接和钣金技术，有些文物缺梁、缺扳就是由他补配的。北京大葆台西汉墓博物馆陈列的相当于原物五分之一大小的秦一、二号铜车马的模型就出自他之手。

四子贾文忠先后在北京市文物局、首都博物馆、中国农业博物馆从事文物修复、征集、鉴定等工作。他酷爱金石，在书画篆刻方面有较深的造诣。他敢于打破陈规，勇于探索新材料、新方法，开辟了青铜器修复的新天地。如将袋装高分子材料应用到文物修复上，既加强了文物的强度，又避免了传统修复方法带入危害文物本体的物质。1990年，贾文忠参加江西新干出土文物的修复。这批罕见的瑰宝精美细腻，结构复杂，有的破损严重，要把这样极难修复的器物完美地展现在世人面前，需要高超的技术。有件青铜鼎已碎成多块，但头发般细的花纹却清晰可见，把这些无规则的碎块拼对、整形、焊接成器物原来的形态与外观，不能有丝毫的差错。经贾文忠之手，这堆杂乱无章的碎铜片神奇般地变成了珍宝。贾文忠还曾担任国家重大考古新发现——河南三门峡西周虢国墓地出土文物修复主持人之一，修复品中被定为一级品的青铜器达数十件。

五子贾文进在北京市美术公司工作，主要从事青铜文物修复和复制工作，精于青铜器做旧、金银镶嵌，其复制的大批文物已走向国际市场，赢得广泛的好评。

除贾氏兄弟之外，古铜张第五代主要传承人还有王振江（社科院考古所）、白荣金（社科院考古所）（图1-4-3①）、付金凯、赵家英（国博）、霍海俊（故宫）、万俐（南京博物院）、郭移洪（河南省考古所）、杨晓邬（四川省考古所）等，② 是目前青铜器修复鉴定行业的中坚力量。第六代、第七代也都已活跃在青铜器修复鉴定的行业中。

图1-4-3　1965年7月摄于考古所
前排右起：贾玉波、王德山、祝茂群、高英、刘增堃、钟少林
后排右起：王振江、白荣金、冯秉刚、左崇新、马宪印

---

① 曹子玉主编：《贾氏文物修复之家》，人民日报出版社1998年版，第17页。
② 李震、贾文忠主编：《青铜器修复与鉴定》，文物出版社2012年版，第222页。

南方的周梅谷一派也有传承。其传人主要在南方的博物馆（安徽省博、南京博物院）做文物修复工作。

中华人民共和国成立后，金润生、金满生兄弟一起进入苏州博物馆，从事青铜器的保护修复工作。1955年，安徽寿县西门内发现了蔡昭侯墓，出土了大量青铜器。金满生、金润生应安徽省博物馆邀请，对该批青铜器进行保护修复。1958—1959年，在安徽淮南市蔡家岗赵家孤堆又发现了蔡声侯和元侯墓，出土了数量众多的青铜器。此后，金润生被安徽省博物馆留用，并修复了著名国宝重器楚国大鼎。金满生则应江苏省的强烈要求返回了苏州，后随编制改编进入南京博物院。

金润生之子金学刚子承父业，任职于安徽省博物馆，于2003年退休后返聘，从事青铜器修复六十余年，被称为"复活国宝的能手"；次子金春刚是安徽省博物院拓片工艺技师。金学刚不仅在安徽省博物馆有徒弟两名：靳鹏、曹心阳，并且受国家文物局委托，于1985—1987年在安徽省博物馆连续举办三期"青铜器修复技术培训班"，每期5个月，共为全国27个省市博物馆、纪念馆培养40多名青铜器修复技术人员，目前已是各博物馆修复技术骨干。金学刚之子金鑫也进入安徽省博物馆，从事青铜器保护修复工作（图1-4-4[①]）。

金满生之妻秦文英曾替夫打下手，火烙铁和着色手艺甚好。金满生之子金伯声没有子承父业，成了著名的苏州评话家。金满生曾收江阴人李永和为徒，但后来李永和因故离开了南京博物院，开了一家五金加工店，已经脱离了青铜器的保护修复行业。金满生还有一个徒弟王金潮（图1-4-5[②]），现任职于南京博物院，为国内知名青铜文物修复专家，在青铜器粘接技术方面有所建树。王金潮在南京博物院曾有七位年轻同志跟随其学习，分别是：于伟、李军、黄河、田建花（女）等。

[①] 潜伟、何伟俊、梁宏刚：《"苏州派"青铜文物保护修复传统技术的调查研究》，《中国文物科学研究》2008年第2期。

[②] 潜伟、何伟俊、梁宏刚：《"苏州派"青铜文物保护修复传统技术的调查研究》，《中国文物科学研究》2008年第2期。

第一章 作伪技术的发展历程及各时期特点

图1-4-4 安徽省博"苏州派"传承人
左起：金鑫、金春刚、金学刚、靳鹏、曹心阳

图1-4-5 南京博物院"苏州派"传承人王金潮

"苏州派"主要发展谱系见表1-4-1

表1-4-1　　　　　苏州派铜器修复技术传承表

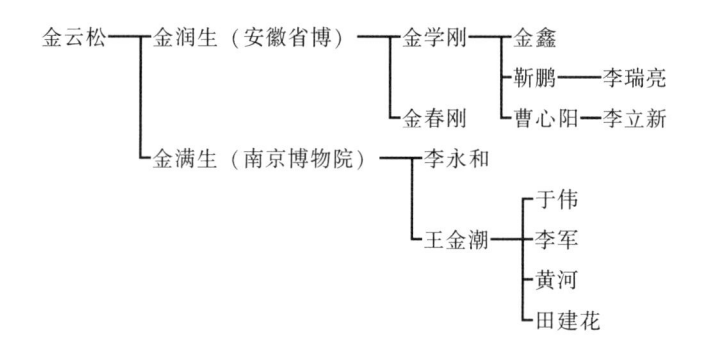

```
金云松─┬─金润生（安徽省博）─┬─金学刚─┬─金鑫
       │                    │        ├─靳鹏──李瑞亮
       │                    │        └─曹心阳──李立新
       │                    └─金春刚
       └─金满生（南京博物院）─┬─李永和
                              └─王金潮─┬─于伟
                                      ├─李军
                                      ├─黄河
                                      └─田建花
```

传统铜器仿古作伪流派的传人在新中国成立后都进入国家文博机构从事铜器修复鉴定工作。现在作伪的情况比较复杂，基本上全国各地都有，

— 51 —

水平参差不齐。像洛阳伊川，整个村子都在做仿古铜器，但水平不高。据说平顶山和郑州有做得好的高手，但这些人都比较低调，笔者无缘结识，至于他们的水平究竟如何也不好判断。就笔者所知，做得好的，湖北鄂州有一批人善作战国兵器，笔者见过他们做的越王勾践剑，与湖北省博的那柄不相上下。另外，宝鸡有一批人，之前在安徽，这两年新迁到宝鸡的，善做汉代铜镜及商周器，几可乱真。

现在伪器的特点表现为两极分化，大部分在市场上见到的伪器制作水平都相当低下，尤其是铭文的撰写错字连篇，文理不通，这类伪器数量庞大，只要是稍具备古文字功底，就可以比较容易辨别出来，所以这类器物对于学术研究不会产生太大影响，大多都是流入民间收藏市场。另外，有一部分高仿品，制作精良，几可乱真。这类高仿品的出现有赖于现代科技的进步，作伪技术的提高。比如，之前做锈都是用胶粘的，可以比较容易抠下来，但现在都用电镀，跟真锈一样结实；再比如之前铭文都是摹写的，如果古文字水平不高，很容易写错字，也比较容易看出摹写的痕迹，但现在应用3D打印技术，和真铭一模一样，就不太容易辨别了。这类器物危害比较大，如果用它们进行学术研究，就会让研究走上歧途，所以对这类器物的真伪辨别将是本书研究的重点。

第二章　辨伪之学的发展历程

作伪与辨伪就像是一对孪生兄弟，从作伪之器产生之初，人们就开始研究如何辨别真伪。就像本书第一章提到的东周馋鼎的故事、唐代裴休的故事，我们之所以知道那是伪器，就是因为有人辨别出了真伪。就辨伪之学的学术发展来看，它的产生、发展及成熟要略晚于作伪之术。这也很容易理解，当然是先产生了伪器，才会有人研究如何辨别。而辨伪之学的发展又反过来促进了作伪技术的发展，于是二者相互促进、共同发展。本章将系统梳理辨伪之学的发展历程及各阶段取得的成果。

第一节　探索阶段（宋至清中期）

早在作伪之器产生之初，就已经有人开始研究如何辨伪，但真正对辨伪方法进行研究讨论要始于宋代，这当然与宋人醉心于金石之学的社会风气和学术氛围有关。

北宋是金石学的开创时期，这一时期有很多人著录研究金石文字，同时对铜器辨伪也有所涉及。赵希鹄著的《洞天清录》就是这一时期的代表，其中第三章为钟鼎彝器辨，共十八条，谈了夏商周之器的分别；古铜器的颜色；古铜器有土气，新铜器有铜腥气；各时期的款识及阴阳文；有铭无铭的原委；古器铸造方法的传说；伪铜器的仿锈。其中很多观点在今天看来明显错误，如：

> 三代之制，夏尚忠，商尚质，周尚文，其制器亦然。商器质素无

真假铭文

文,周器雕篆细密,此固一定不易之论,而夏器独不然。余尝见夏琱戈,于铜上镶嵌以金,其细如发。夏器大抵皆然。岁久金脱,则成阴窍,以其刻画处成凹也。相嵌,今俗讹为商嵌,诗曰:"追琢其章,金玉其相。"

夏用鸟迹篆,商用虫鱼篆,周用虫鱼大篆,秦用大小篆,汉用小篆、隶书,三国用隶书,晋宋以来用楷书,唐用楷隶。三代用阴识,谓之偃囊字,其字凹入也。汉以来或用阳识,其字凸,间有凹者,或用刀刻如镌碑。盖阴识难铸,阳识易成,阳识决非三代物也。

款居外而凸,识居内而凹,夏周器有款有识,商器多无款有识。

但也并非全无可取之处,如其对铜器锈蚀及气味的判断就有些道理:

铜器入土千年,纯青如铺翠。其色子后稍淡,午后乘阴气,翠润欲滴。间有上蚀处,或穿或剥,并如蜗篆自然。或有斧凿痕,则伪也。铜器坠水千年,则纯绿色而莹如玉,未及千年绿而不莹。其蚀处如前。今人皆以此二品体轻者为古,不知器大而厚者,铜性卒未尽,其重止能减三分之一,或减半;器小而薄者,铜性为水土蒸淘易尽,至有锄击破处,并不见铜色,惟翠绿彻骨。或其中有一线红色如丹,然尚有铜声。传世古器则不曾入水土,惟流传人间,色紫褐,而有朱砂班,甚者其班凸,起如上等辰砂,入釜以沸汤煮之,良久班愈见。伪者以漆调硃为之,易辨也。

三代古铜并无腥气,惟上古新出土尚带土气,久则否。若伪作者,热摩手心以擦之,铜腥触鼻可畏。

又如其对铭文笔法的认识,就当时人们的认识水平来说,也算不错的了:

古人作事必精致。工人预四民之列,非若后世贱丈夫之事。故古器款必细如发,而匀整分晓,无纤毫模糊。识文笔画宛宛如仰瓦,而不深峻,大小深浅如一,亦明净分晓,无纤毫模糊。此盖用铜之精者,并无砂颗,一也;良工精妙,二也;不吝工夫,非一朝夕所为,三也。今设有古器款识，稍或模糊，必是伪作，其体质颜色臭味亦自不同。

还有其对作伪方法的介绍，为我们今天的研究提供了一些资料：

> 其法以水银杂锡汞，即今磨镜药是也。先上在新铜器上，令匀，然后以酽醋调细硇砂末，笔蘸匀上，候如蜡茶之色，急入新汲水浸之，即成蜡茶色。候如漆色，急入新汲水浸，即成漆色。浸稍缓，则变色矣。若不入水，则成纯翠色。三者并以新布擦，令光莹。其铜腥为水银所匿，并不发露。然古铜声微而清，新铜声洪而浊，不能逃识者之鉴。

总的来说，其书博而不约，文字空洞的多。[①] 之后几百年，明清人关于辨伪的论著大多都是从这里抄录的。

明代宣德内府的仿古为民间培养了大批作伪高手，再加上资本主义经济萌芽，商品经济发展，使铜器作伪产业化，大量伪器充斥市场，辨伪之作也就应运而生。曹昭《格古要论》中的《古铜论》，从颜色、纹饰、款识、铸造等方面介绍了古铜器，多是照抄《洞天清录》，此外，对作伪工匠有所介绍："宋句容县及台州铸者，多是小雷纹花儿，元杭州姜娘子、平江王吉铸铜器，皆得名花纹，姜铸胜于王，俱不甚直钱。"高濂《遵生八笺》中的《论古铜色》对前人的说法提出质疑，他认为：

> 凡三代之器，入土年远，近山冈者多青，山气湿，蒸郁而成青；近河源者多绿，水气卤，浸润而成绿。
>
> 铜质清莹不杂者，多发青；质之浑杂者，多发绿。
>
> 他如古墓中近尸者，作水银色。
>
> 又如无青绿而纯紫褐色者，曹明仲以为人间流传之色，非也……此等器皿，出自高阜古冢，砖宫石室，燥地秘藏，又无水土侵剥，又

[①] 罗福颐：《商周秦汉青铜器铭文辨伪录》，《古文字研究》第十一辑。

无尸气染惹,列之石案间,惟地气蒸润,且原制精美光莹,变为褐色,纯一不杂。故鼎彝居多,而小物并秦汉物,褐色绝少。

《论新旧铜器辨正》对铭文辨伪有进一步的论证:

> 古铸,工匠精细,拨蜡清楚,纹内地子光滑,即转角方圆深窍,有如刀锤雕刻,花地爽朗,周身如一,并无砂眼欠缺、分地不匀之病。夫款为制度规式,识为纪功铭篆,故三代钟鼎阴识字,有百十之多。即薛尚功刻钟鼎篆二十卷,其篆文可考。若汉唐以下,即阳识矣,而铭亦不古。间有阴识,亦非钟鼎古文篆法。盖阳识刻印印蜡,为之甚易,阴识以蜡剔起字画,翻砂成阴,为之甚难,少有不到,字画泯灭,其精神摩弄,后迥不及。

《论新铸伪造》谈了当时伪造古铜器的地点及作伪方法:

> 近日山东、陕西、河南、金陵等处,伪造鼎彝壶觚尊瓶之类,式皆法古,分寸不遗,而花纹款识,悉从古器上翻砂,亦不甚差,但以古器相形,则迥然别矣。虽云摩弄取滑,而入手自粗;虽妆点美观,而气质自恶。其伪制法:铸出,剔摩光净,或以刀刻纹理缺处,方用井花水调泥矾浸一伏时,取起烘热,再浸再烘,三度为止,名作脚色。候干,以硇砂、胆矾、寒水石、硼砂、金丝矾各为末,以青盐水化净,笔蘸刷三两度,候一二日洗去,干又洗之。全在调停颜色、水洗功夫,须三五度方定。次掘一地坑,以炭火烧红令遍,将酽醋泼下坑中,放铜器入内,仍以醋糟罨之,加土覆实,窨藏三日取看,即生各色古斑,用蜡擦之。要色深者,用竹叶烧烟熏之。其点缀颜色,有寒温二法,均用明乳香,令人口嚼涩味去尽,方配白蜡熔和。其色青,以石青投入蜡内。绿用四支绿,红用朱砂。温用蜡多,寒则乳蜡相半。以此调成,作点缀凸起颜色。其堆栈用卤锈针砂,其水银色以水银砂锡涂抹鼎彝边角上,以法蜡颜色罩盖,隐露些少,以愚隶家。用手指摩,则香腥触鼻,洗不可脱。或做成,入卤咸地内埋藏一二年

者，似有古意。又若三代秦汉时物，或落一足，或堕一耳，或伤器体一孔一缺者，此非伪造。近能作冷冲，热冲，冷焊，软铜冲法，古色不变。惟热冲者色较他处少黑。若用铅补并冷焊者，悉以法蜡填饰器内，以山黄泥调稠遮掩，作出土状态。此实古器，惟少周全，较之伪物远甚。又等以旧器破败者，件件皆古，惟做手乃新，谓之改锹。余在京师，见有二物，一子父鼎，小而可用，花纹制度，人莫不爱。其伪法，以古壶盖作肚，以古墓碎器飞龙脚焊上，以旧鼎耳作耳，造成一炉，非真正物也。一方亚虎父鼎，内外水银，无一痕纹片，初议价值百金，制在五寸，适用可玩，人争售之。余玩再三，识其因古水银方镜破碎，截为方片，四面冷焊，以古炉耳脚，制成工巧，可谓精绝。余一识破，众以为然，后竟不知何去。若此做手，技妙入神。元时杭城姜娘子、平江王吉二家铸法，名擅当时。其拨蜡亦精，其炼铜亦净，细巧锦地花纹，亦可入目。或作鏒金，或就本色，传之迄今，色如蜡茶，亦为黑色，人多喜之。因其制务法古，式样可观。但花纹细小，方胜、龟纹、回纹居多。平江王家铸法亦可，炼铜莹净，拨蜡精细，但制度不佳，远不如姜。近日淮安铸法古鎏金器皿，有小鼎炉，香鸭等物，做旧颇通，人不易识。入手腻滑，摩弄之功，亦非时日计也。外此有大香猊、香鹤铜人、烛台、香球、酒炉、投壶、百斤兽盖香炉、花瓶、火盆等物，此可补古所无，亦为我朝铸造名地。

虽然仍有多处承袭旧说，但还是提出了一些超越前人的见解，《论新铸伪造》中记载的当时伪造古铜器的工匠、地点及作伪方法为今天研究作伪历史提供了丰富的资料。

清代是金石学发展的又一个高峰，这时有梁同书的《古铜瓷器考》。其书首辨古铜色，次审色样，再审款识，还记唐宋元铸器的名家以及伪古铜的方法，书末附清秘藏论古铜器六则。这本书多抄袭前人，与《格古要论》中十同八九，可能是梁氏手抄杂记，并非其著述。

总的来说，这一时期由于材料有限、认识有限，辨伪方面的论著大多泛泛而论，并没有形成铜器辨伪的理论和方法。

真假铭文

第二节　形成发展阶段（晚清民国）

金石学自北宋肇始，元明衰微，至清代复兴。清初顾炎武等开启学术的复古思想，乾嘉时承清初余绪，学术界关注的方向和治学方法进一步转变，以经学为中坚的朴学迅速发展并广泛普及，训诂考据成为研究学问的不二法门。而古代彝器铭文作为重要的资料来源和最为可信的依据，引起学者们的极大关注。乾嘉以来，清人已不仅仅将金石文字看作考证经史的材料，更进一步深入研究古代器物的名义、形式、制度、沿革及风格演变，其影响也愈加广泛，所谓"海内士夫闻风承流，相与购致古器，蒐集拓本"①。乾隆以后，由于青铜器出土日益增多，不但引起了金石学家们的高度重视，一些达官贵人附庸风雅，也不惜重金购求，从而刺激了当时的古董商人与一些能工巧匠联手作伪，以牟取横财。正如陈介祺所言："好者日多，直（值）所以日昂，为者获利日厚，所以效尤者日众。"② 当时形成西安、苏州、潍县、北京等作伪中心，也出现了一些作伪高手（本书第一章第三节有具体介绍），作伪手段越来越高，许多金石名家也往往难辨真伪，不仅使许多人蒙受经济损失，而且也给金石学的学术研究带来了混乱，鉴定辨伪成为金石学中极为重要的问题。

一　辨伪之学初步形成（晚清）

陈介祺应该算是青铜器辨伪史上最重要的人物之一，他以传古为志，提出"传古首在别伪"，他把自己的观点和体会不断地函告金石之友，虽非专著鸿篇，但这些散见于尺牍中的言论，体现了他的鉴古思想和对辨伪的独到见解，奠定了青铜器辨伪的学术基础。商承祚先生在《古代彝器伪字研究》一文中开篇即说："提起笔来写这篇文章之先，我就想到一位老先生，是我平生最佩服的；恐怕不仅是我，凡着研究古文字的人都是一致的；何以呢！因为他的眼光太好了。他一生收藏的铜器等，不下几千件，

---

① 王国维：《国朝金文著录表序》，《观堂集林》卷六，中华书局1959年版。
② 陈介祺：《簠斋尺牍》，同治十二年十二月致鲍康，商务印书馆1912年版。

没有一件是假的。他的论调同批评，不但高出当时同辈一等，简直可以说'前无古人，后无来者'。这人是谁？就是山东潍县陈介祺字寿卿号簠斋他老先生。"容庚、张维持《殷周青铜器通论》中说："辨伪最严的莫如陈介祺。"这些考古学与古文字学界权威人士都对陈氏给予了极高的评价，足见其在学术史上之地位。

陈氏的辨伪主要有以下几个出发点。

第一，多看真器，注重实践。他认为，鉴定古器、释古文字"以多见为第一"，"不识字之铜贩，多见出土器即能辨其真伪，学士大夫乃不能辨之耶。""要之见得真，看得细，尤在心稳得定，是皆出于读书游艺之余。"① "真者固多见而知其美，伪者亦多见而知其恶。"② 多看，多摩挲真器，增加感性认识是辨伪的基础，陈氏高超的眼力很大程度上得益于他丰富的藏品以及朝夕之摩挲。

第二，注重对作伪技术的研究。陈氏对各地作伪工匠、作伪方法、伪器的特点都非常熟悉，在他与友人的信中多有提及：

> 伪器旧系铸字，今年陕中始以无字古器伪刻。南中则顾湘舟所伪者不少。都门伪刻又添一种，以拓本字摹成。③
>
> 近日关中又别出一种通文理人伪作，终是无力，无法度，苏七或不知，或知未可定，不可不慎也。④
>
> 京师伪字即刻铜墨者，然否？前与伯寅言，奇而无理，工而无力，则必伪似已道尽，其理与力，则用心于古文字，多见而识之自喻，不能口舌争也。⑤
>
> 子静之钟，制既非钟，而似钲，字即陕刻。⑥
>
> 近日友人所贻拓本多半伪刻，与遂肇祺鼎字形相类，略带方体，

---

① 陈介祺：《簠斋尺牍》，同治十三年五月十日致王懿荣，商务印书馆1912年版。
② 陈介祺：《簠斋尺牍》，同治十三年九月二日致鲍康，商务印书馆1912年版。
③ 陈介祺：《簠斋尺牍》，同治十二年九月致吴云，商务印书馆1912年版。
④ 陈介祺：《簠斋尺牍》，同治十三年九月致鲍康，商务印书馆1912年版。
⑤ 陈介祺：《簠斋尺牍》，同治十三年十一月致王懿荣，商务印书馆1912年版。
⑥ 陈介祺：《簠斋尺牍》，光绪元年七月致鲍康，商务印书馆1912年版。

真假铭文

想系张姓所刻居多。又有一种笔画甚粗,字口起线,却系铸范而后刻,觚字在足者,往往有之,此等最难辨别。①

第三,注重相关学问的深入研究。陈氏认为古人制器皆有取义,皆寓其理,"圣人之学,先王之政,固有以贯乎一事之中者也"②。要探知古人,只有求助于学问。其言:

> 知圣人之心,然后可以知圣人所作之字,所言之文,而非可以浅尝圣人,如蒙童之自矜,有所见则谨而识之,而无可以自是也。博学而又笃志,切问近思之,则所进自未可量,所见自当别矣。所好所知,止是求一个真,止是要学不厌……今日而欲求秦以前古圣人文字之真,敬进一解曰:通真古器文字,非多读古人书,而深研对圣人所反求天地自然之理,有得于圣人义理之心不可。人虽作不到,而理自不可易也。后人所不知圣人之事有二,古文字其一,道理其一也。③

这是陈氏辨伪之学的核心,一个好的鉴赏家,同时也应该具备古文字学家、语言学家、历史学家、文学家、书法家等多方面的素养,要"博学而又笃志",要"重在于学"。在某些工艺上要仿得惟妙惟肖,骗过鉴定仪器,只要用心钻研,再加上现代高科技手段的运用,并不是很难。但是要写出一篇毫无破绽的铭文,从字形到笔法到遣词造句再到与整件器物的和谐,却不是一件容易的事。毕竟工匠不是历史学家,不是文字学家,没有那么高深的学问,总会露出破绽,我们看不出是因为我们的学问不够。辨伪不是一门专学,需要博经通史,需要精通小学,需要具备多方面的知识,这是现代人很难做到的。专门研究辨伪往往很难达到预期的目的,深入研究其他相关学科,却可以提高辨伪能力。

陈氏具体辨伪的思路及方法主要有以下几点。

---

① 吴大澂:《吴愙斋尺牍》,光绪元年八月二十九致陈介祺,谢国桢编《近代中国史料丛刊》第72集,台北文海出版社。
② 陈介祺:《簠斋尺牍》,同治十三年五月二十一日致王懿荣,商务印书馆1912年版。
③ 陈介祺:《簠斋尺牍》,同治十三年七月二十五日致王懿荣,商务印书馆1912年版。

第二章 辨伪之学的发展历程

第一，从器形纹饰入手。陈氏认为"器形本以所用为别而作，既尚象，又有取义之设"，而作伪之器矛盾百出，故能别之。

> 圣人制器尚象，皆有取义。云雷取其发动而成文也，又取施不穷，回文者是。牺首、羊首、米粟，取其养也，乳形者同。饕餮取戒贪也。龙取其变，虎取威仪。虎文尤多，重威仪也。蜩取其洁，熊取其猛，纲目取其有经纬也，未可以殚述也。古玉则尤多虎文，盖威仪尤见于佩服也。后人制器，舍其规矩则不方圆，瓷器佳者，必似铜制乃为雅赏也。古金古玉之文，拓而图之，亦可传世，惜无及之者。非今人所能为，而非文字所可比也。后人形制花文皆不如古，只是处处无学问耳。同一三代之器，文与制皆可别其先后，多见自能知之，相形自别。①
>
> 器形本以所用为别而作，既尚其象，又有取义之设。如今传簋下有方坐者，又有四耳者，蒙皆谓为盛羹之器，四耳取其二人共持，方坐取其下重不荡，皆至敬之意，味以太羹为始，和羹为美，故特重之。与朱子所谓析之有以极其精而不乱，斯合之有以尽其大而无余，乃一贯之旨。凡事盖莫不体用之全，不能即形即意即事即声而有所造如此也……养器有字，自是不乱，某人之用，则尊卑明，某事之用，则事物皆有条而不紊，易知易能而有礼者，此物此志也。器形既不同、文字又分别。食器，黏者则椭圆，取易拭，或圆，不黏者则方，鱼鼎禽鼎凫鼎则长方，如今鱼鸭池之类，他可以比类推之。古人用心无大小皆用其极，小者只是其心用熟，自然能如此，非如后人止专在小处搜求也。父之养器，子自不敢用，自当以之祭。有国有位，得自作器以祭父、大夫，子、士自是用其父、大夫之养器祭，士不敢造器以祭也。不敢造器，自是不敢作款识，今传世无字之器，当是无位者与市鬻之器也。乞考正之。常人之器以形别，有国有位之器以文别。②

以今天的角度来看，陈氏的说法不免有些主观，那时候还没有考古类

---

① 陈介祺：《簠斋尺牍》，同治十二年闰六月六日致潘祖荫附笺，商务印书馆1912年版。
② 陈介祺：《簠斋尺牍》，同治十三年七月二十五日致王懿荣，商务印书馆1912年版。

型学，没有办法用科学的方法排出青铜器器形纹饰的发展序列，但就当时人的认识水平来看，已经大大超越前人。

第二，从工艺入手。

> 伪刻必有斧凿之痕，以铜丝刷去之，则又有刷痕，而字锋又失。且旧物手摸即可知，（铜玉等皆然，古物皆然）伪者必不浑融。伪者斑下无字，斑中更不能见字。古器过朽，铜质无存，则字不可剔而可见。真者字底有铜汗积灰，必不能伪。铸字刻字必可辨，铸字佳者，每上狭而下宽……疑之过者，非其时代晚，即其字不精也。宋元仿而入土者，字与制作不能不逊，色泽即有极佳者，亦其用古铜铸者也。古人模范之精，今多不能思议。以土为范，范上以刀画之成格，格上漆书字，字上再以土堆成阳字，铸成即成阴款，（铜每极薄，耳足中又有土范）岂今所能为！蒙臆古书有刀有杵，聿即从又午，古文字似有此两种也。内外范合，而质甚薄，何以不少误？铜不细，剂不良，不能无少缺。铸范留气孔，不合法则气在内而金不凝。花文与字有拨腊之说，而今不传。汉器及印中均有土质，法尚未尽亡，瓷器大行而古法荡矣。①

> 古器之铜皆铸，铸款入土数千年，土润溽暑，则款内积汗。且款多外狭见宽，凡夫常见每能识之。赝鼎多系凿刀，转折不圆，行款不浑，赤绿皆浮而无青色，坚者则系烧成，又复不成文理，多习见文，习见不奇之字，或饤钉杂缀，以为新异。鉴者而收伪器，是谓不能以铜定之。

> 关中土厚而无斥卤，所出每佳。金色是铜良，汉器无斑是鍊细，青绿是铜质所洩，斑多是剂不精。生坑至雅，见蜡则俗，煮刷难去，唯去土以棕帚拂之即可，金色者不可拂矣……古人制器，至精极细之文藏于凸而粗者之下，则精者不能伤，所以能久。②

这些方法在当时看来行之有效，为金石界所认同，并一直运用在辨伪的实践中。有一些在今天看来已经过时，像"斧凿之痕"，那只是作伪技

---

① 陈介祺：《簠斋尺牍》，同治十三年五月三、四日致王懿荣，商务印书馆1912年版。
② 陈介祺：《簠斋尺牍》，同治十三年四月致吴大澂，商务印书馆1912年版。

术还不成熟时的特点，现在工艺已经变了，也就不适用了；"斑下无字"和"斑中无字"的情况，现在做锈的技术提高，也已经完全可以做到了；"铜汗积灰"是指铜器使用过的痕迹，这应该只针对熟坑器和曾经使用过然后被埋葬的器物，而没有使用过，只是作为明器直接埋葬的器物是不会有"铜汗积灰"的；铭文字口的"上狭而下宽"一直以来都作为铜器辨伪的很重要的一条，多次被写入教科书，马承源还对这一现象的原因做了进一步的阐释："由于范土的铭文是阳线条，因此铭文范上阳文在刻完后，乘湿嵌入主体范中，字口厚度要避免与外范接触就需修正，可能要微做按捺，与主体范修正，这样阳文字的上口就大，而铸成的铭文往往有底部大字口小的感觉。"[①] 诚然，现在的作伪技术还做不到字口的"上狭而下宽"，这是可以成为辨伪的一个标准，但不是"上狭而下宽"的就一定不对吗？笔者曾在安阳工作站摩挲过上百件出土器物，也仔细地观察对比过，发现并不是所有的字口都是"上狭而下宽"的。比如花园庄54号墓出的爵（图2-2-1）和戈（图2-2-2），还有大司空303号墓出的卣（图2-2-3），很明显就是"上宽而下狭"。所以"上狭而下宽"这一条件只是辨别真伪的充分但不必要条件。

图2-2-1 亚长爵（局部）　　图2-2-2 亚长戈（局部）　　图2-2-3 马危卣（局部）

---

① 马承源：《中国青铜器》，上海古籍出版社2003年版，第533页。

真假铭文

与其说这些方法已经过时,不如说他们有其自身的适用范围,它们依然还在发挥着作用。今天的作伪者总是想方设法攻克这些难题,而今天的辨伪技术也从这些方法中得到启发而继续深入研究。

第三,从铭文入手。

> 古文字一篇中之气,一字中之气,一画中之气,岂今人所能伪哉?古人力足气足,有真精神贯其中而充于颠末。法即在此,须以此求之。①

> 古字有古人笔法,有古人力量,有古人自然行款,书者真能用心得乎,亦即必能辨古器之字,是谓以字定之。

> 古文字浑厚者,其中之真精神至坚至足至朴至藏。其清刚者,其中之真精神至奇至矫至变,不弱不纤。我之用心用力聚精会神不似古人,何能不为伪所欺。而并时人之心思才力亦不能知,而乃自聘自诩乎。②

> 古人之字只是有力,今人只是无力。古人笔笔到,笔笔起,皆立得住,贯得足,今人如何能及。不知,只是未向此中追求。好古必以文字为主也……见拓本即定者,以文字知也。疑之过者,非其时代晚,即其字不精也。③

> 书自有时代,相较可知,书亦有工拙,书亦有王朝与各国之不同,文义亦有定例,多见类推,自可知也。④

> 吉金各国自有书,以王朝书为佳。吉金惟楚书气胜于法,余则以字大者为佳,多见自可知之,不识字多见每可通。(楚书奇而不及王朝)⑤

陈氏的上述观点涉及笔法、结体、行款、气韵及时代与地域书风的差

---

① 陈介祺:《簠斋尺牍》,同治十三年六月八日致潘祖荫,商务印书馆1912年版。
② 陈介祺:《簠斋尺牍》,光绪元年乙亥七月二十五日致王懿荣,商务印书馆1912年版。
③ 陈介祺:《簠斋尺牍》,同治十三年五月三、四日致王懿荣,商务印书馆1912年版。
④ 陈介祺:《簠斋尺牍》,同治十三年五月三、四日致王懿荣,商务印书馆1912年版。
⑤ 陈介祺:《簠斋尺牍》,光绪元年左右(无年月款)致鲍康,商务印书馆1912年版。

异等诸方面，仔细品味，俱为真知灼见。古人做事精专，又对制器怀有神圣之感，加之铭文的书范、锲刻都是有相当文化修养、水平较高且技艺熟练的人为之，所以铭文从字形结构、线条点画的质感到内在的精神意蕴，悬隔几千年的后人是难以企及的。明乎此理，用心揣摩，伪作之铭文自能辨别。陈氏即能达此之境。尤其是其在古文字研究的初始阶段，即能阐幽发微，敏锐地观察到先秦文字书体风格的不同特征和地域区别，是颇具前瞻性的。

总之，陈介祺在青铜器辨伪学史上有着划时代的意义，在学术形成初期产生了很大的影响。后来的研究者对他都推崇备至。

二 辨伪之学在争论中发展（民国）

民国时期是辨伪之学大发展的时期。一方面，学者对铜器辨伪的方法进一步深入探讨，提出了一些具有启发性的意见；另一方面，对前人著录的器物进行系统的整理，辨别真伪，为后人的研究提供了很大的便利。

（一）对辨伪方法的思考和讨论

这一时期先后发表的关于辨伪的文章和论著有：商承祚的《古代彝器伪字研究》（1933年）、《古代彝器伪字研究补篇》（1936年）；秦更年的《金文辨伪》（1933年）；徐中舒的《论古铜器之鉴别》（1935年）；翁世华的《论铜器的仿铸伪造》《铜器铭文辨伪新论》；郑师许的《吉金彝器之辨伪方法》；容庚的《晋侯平戎盘辨伪》《商周彝器通考·辨伪章》等。其中多为泛泛之谈，甚至有很多错误（像秦更年的《金文辨伪》中所说令方彝、沈子它簋为伪器等），但也不乏真知灼见者，对后来的学术发展产生很大影响。

1. 商承祚：《古代彝器伪字研究》

商氏应该是第一位专门对伪铭进行研究的学者，他在《古代彝器伪字研究》中不止对伪铭的特点进行了分析和研究，还对当时作伪的工匠做了比较详细的介绍，使我们能够对当时作伪的情况有更深入的了解，是辨伪之作中有独到之处的著作。他在研究了许多伪铭后，总结归纳了几条当时

真假铭文

伪铭的特点。①

    （1）字体受宋人书体的影响

    （2）拼凑字句

    （3）删节文字

    （4）临写铭语

    （5）摹刻文字

现在看来，除了第1条仅限于明清和民国初期的伪刻，有时代局限性之外，其他几条现在依然适用，只是随着作伪者水平的提高，当时那种比较低级的错误已经不太会犯，拼凑的水平越来越高，已经不太容易找到伪铭的出处了。

2. 徐中舒：《论古铜器之鉴别》

在商承祚的《古代彝器伪字研究》发表后不久，徐中舒就发表了《论古铜器之鉴别》，对商氏的文章提出了补充意见。②

    （1）铜器著录的年代（即两书出版的年代）相差过远，其后见著录者伪者居多。

    （2）非同一人一时或同一地域之器，而其作风相似者（尤其特殊之作风），则此类器除一二器或可视为原本（即他器照此仿制者）外，其余大率皆可视为伪作。

    （3）凡器铭在器上的地位，各种器都有一定的所在，其不合者，大概都是伪作。

    （4）器铭形制与花纹三者，每一时代都应有其不同的作风，这三者中时代早晚皆须一致，早则俱早，晚则俱晚，其早晚相参错者，如非全伪，则铭文必伪。

---

① 商承祚：《古代彝器伪字研究》，《金陵学报》第3卷第2期。
② 徐中舒：《论古铜器之鉴别》，《考古社刊》第4期。

其中，除了第3条他列举的钟铭的位置及顺序（这一条会在辨伪方法章节详细讨论）的例子之外，其他虽然出发点是对的，但结论未免过于主观。像第1条所说，作伪者一般会在前人的著录中寻找模仿对象，所以很多伪器都是可以找到出处的，但说与前人著录相同就是伪器未免就有点武断。比如上海博物馆藏的厚趠方鼎（图2-2-4、图2-2-5），为陈介祺的旧藏，与宋代《续考古图》中著录的一件大同而小异（图2-2-6）（上博的这件鼎身有飞棱，而宋人著录的那件没有，两件的纹饰以及鼎足的形制也不同，应该不是同一件）。难道上海博物馆藏的这一件就是假的吗？再者，上博这件的鼎铭中 字，过去未见，后见于晋侯稣钟，作伪者不可能首先造出这个字，故为真。可明徐氏的观点不确。

图2-2-4　厚趠方鼎　　　　图2-2-5　厚趠方鼎铭

第2条他注意到了器物的地域风格和个人风格，这的确是辨伪的一个出发点，但他的结论却太想当然了，忽略了馈赠、战争掠夺等因素。比如燕侯的器物大多出自房山琉璃河燕国故地，但是山西大河口也出了一套燕侯的器物，应该是当年两国联姻，燕国公主带过去的嫁妆。所以，同样风格的东西是有可能在不同时间出现在不同的地方的，正因为如此，才更弥足珍贵，为研究历史、研究当时的诸国关系提供了很好的史料。

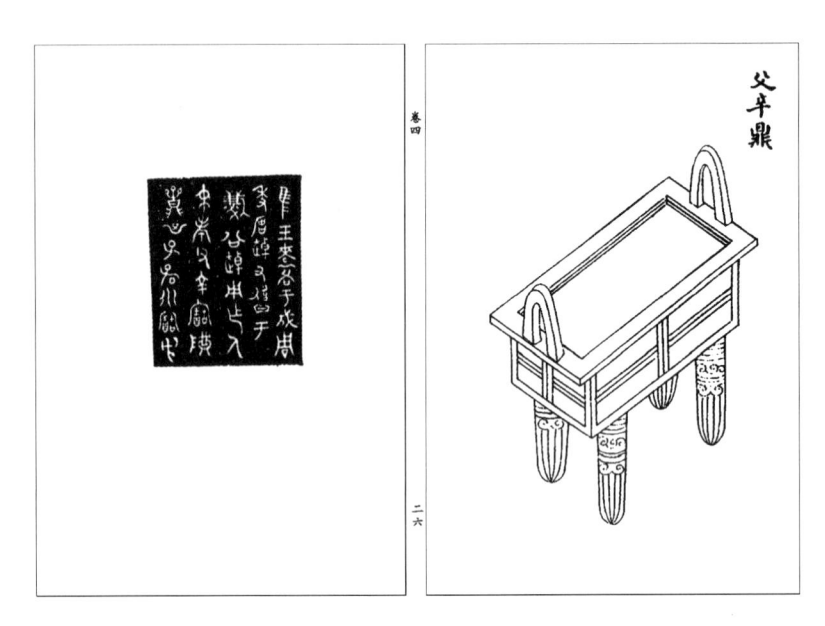

图 2-2-6　宋人著录厚趠方鼎

第 3 条谈铭文的位置，除了钟铭之外，其他的则不尽然。铭文规范化是在西周早期的后半段以后（大概与周公制礼有关），在殷商和西周初年，铭文在器物上并没有固定的位置，尤其是商代的青铜器，铸在哪儿的都有，比如安阳殷墟花园庄 54 号墓出土的亚长方尊，铭文就没有像通常那样铸在内壁而是铸在了外壁（图 2-2-7、图 2-2-8）。

第 4 条谈到了器形、纹饰、铭文三者时代风格的统一，这也是铭文辨伪的一个重要思路，但徐氏列举的例子就很成问题了，大概当时对铜器的认识还很有限，对于不同时期的时代风格所知还甚少。

徐氏这篇文章虽然结论有些问题，但他思考问题的角度和出发点还是值得借鉴的。

3. 容庚：《商周彝器通考·辨伪章》

容庚编的《商周彝器通考》是第一部专门研究青铜器的专著，其中辨伪章节吸收了部分商氏之说，对于铜器作伪进行了系统分期，并在之后与张维持合著的《殷周青铜器通论》中对不同时期的特点做了进一步完善。

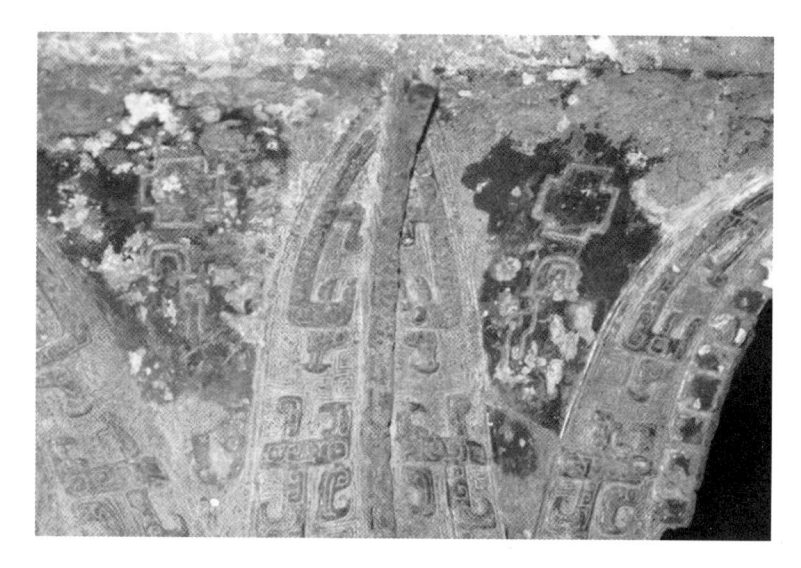

图 2-2-7 亚长尊（局部）

图 2-2-8 亚长尊

第一期：乾隆以前，伪铭者器亦伪，大多从《博古》翻砂，伪器多收在西清四鉴中。

第二期：道光至清末，于无字之器伪刻铭文，字少之器加刻铭文，但文义荒谬，字体恶劣，真伪易辨，有增刻铭文、伪造铭文、拼凑铭文、摹刻铭文，伪器多见《敬吾心》中。

第三期：民国以来，有加刻伪铭于真器之上者，有铭器俱伪者，其作伪技巧视前更精，而辨真伪也愈难，有摹写铭文、蚀刻铭文、镶补铭文、伪造全器。

后来很多人也对铜器作伪做过分期，大致相同。

另外，容氏还对具体的辨伪方法提出了自己的见解。《商周彝器通考》针对西清四鉴的辨伪工作提出：

(1) 凡铭文与宋代著录之器相同者，除商器之常见铭辞如"史""戈""冉"之类间有真者外，其余多字之器或铭文同而形状花纹异之器皆伪。

(2) 凡增减改易宋代著录之铭辞皆伪。

(3) 凡宋代著录之铭辞，由此类器移于彼类器，或加以删改者皆伪。

(4) 凡文句不合于铭辞体例者皆伪。

(5) 凡形制与铭辞时代不相合者皆伪。

(6) 凡铭辞仅云"乍宝彝"者皆伪。

有一些观点未免有点武断，比如第 1 条，与徐中舒提出的第 1 条就非常相似，然而事实并非如此，前文已有论述；再比如第 6 条，很多考古资料证实，仅铭"乍宝彝"或"乍尊彝"的器物是非常多的（这涉及金文的篇章结构，在后面辨伪方法章节会具体论述），这并不能成为辨伪的依据。容氏这些观点只是针对西清四鉴，对于现在的辨伪工作并不完全适用，比如第 2 条、第 3 条，只是早期技术不成熟的表现，现在已经不会再犯那种低级的错误。但是他提出的器形、纹饰、铭文时代的统一，铭文遣词造句要合金文体例还是很有启发性的。

20世纪60年代他又在《殷周青铜器通论》中对之前提出的辨伪方法做了总结和引申，指出伪造之器纵然精巧也会存在破绽，可能存在形制上的矛盾、器形和铭辞的矛盾、器制和时代花纹的矛盾等，并总结说："要之，鉴别的方法不一，不外多参考典籍，多经目验，注意器物的统一性和完整性。要以时间、地点、条件的关联性去考察其真伪，根据具体的条件深入分析其间的矛盾，发现问题，判断其缺点，鉴识眼力是可以力学而致的。"这段话说得特别好，任何具体的辨伪方法都是有时代局限性的，随着作伪技术的进步，很快也就不再适用了，在纷繁表象背后有一个一以贯之的本质就是容氏所提的"器物的统一性和完整性"，只有把器物放到他所处的历史背景中，综合各方面去考察他的统一性和完整性，才能真正做到得鱼忘筌。

(二) 对前人著录器物真伪辨别整理

从宋代开始著录青铜器以来，到民国时期已经有了大量的积累，但这些著录真伪杂糅，对于学术研究造成了很大的困扰，于是这一时期学者开始着手整理前人的著录，对器物进行真伪辨别。首先有王国维作的《宋代金文著录表》和《国朝金文著录表》（1914年）；之后容庚于1928年对王国维的《宋表》逐器加以审定，重编了《宋代金文著录表》，又于1929年对乾隆年间编的西清四鉴著录的器物逐一审定，编成《西清金文真伪存佚表》；在王国维《国朝表》成书17年后（1931年），罗振玉命其子罗福颐增补修订该表，于1933年编成《三代秦汉金文著录表》，其后，罗福颐又整理清宫藏器，编了《内府藏器著录表》对西清四鉴进行了初步的整理。这些整理工作为后人的研究提供了很大的便利。

第三节 总结创新阶段（改革开放以来）

中华人民共和国成立后，不管是辨伪还是作伪，都有一个短暂的停滞期。改革开放以来，社会经济飞速发展，学术研究也蓬勃发展起来，尤其是近些年，很多境内外资本的涌入使得收藏品市场异常火爆，从而使文物鉴定成为一门时髦的学问迅速普及开来。

这一时期在理论研究上并没有什么发展，大多因袭前人，但是在资料整理及技术手段的运用方面却突飞猛进，大放异彩。

一 理论研究

铜器辨伪理论的研究在这一时期有一个很有意思的现象：一方面辨伪作为青铜器研究中比较入门级的形而下学问，专业学者不屑于研究，而是更多地把精力放在历史文化艺术等形而上的学问上，所以这一时期发表的论文大都因袭前人之说，建树不多。

这一时期主要论著有：张光裕的《伪作先秦彝器铭文疏要》（对前人的论著做了系统的整理和全面的总结）；罗福颐的《商周秦汉青铜器辨伪录》（丰富了容庚的论著，补充了一些例子，补充了对战国铜器的辨伪）；马承源《中国青铜器》中的辨伪章节（从器形、纹饰、铭文、铸造、做锈等方面对铜器辨伪做了简单的介绍）；陈佩芬的《青铜器辨伪》（以上海博物馆藏品为基础对马承源的论著进行了补充和举例）；朱凤瀚的《中国青铜器综论》的辨伪章节（对现在的新技术做了一些介绍）；程长新、王文昶、程瑞秀的《铜器辨伪浅说》（梳理了作伪的历史，并从工艺角度谈了辨伪的方法）；张懋镕等的《文物鉴定秘要》中的青铜器篇（总结归纳程长新等人的论著）。

而另一方面，由于近年来民间收藏热，各种青铜器鉴定的论著层出不穷，有：王文昶的《铜卣辨伪》《故宫博物院藏部分青铜器辨伪》《青铜器辨伪三百例》；杜乃松的《青铜器辨伪琐谈》《漫谈青铜器辨伪》；李先登的《伪作青铜器简述》《青铜器辨伪》；赵振茂的《略谈古代铜器的真伪鉴定》；王荣达的《从修复角度谈商周青铜器的真伪鉴定问题》；贾文熙的《矿化铜器辨伪》《历代铜器鉴定与辨伪》；贾文超的《铜器辨识琐录》；贾文忠的《中国青铜器鉴定实例》；李震的《青铜器修复与鉴定》；丁孟的《中国青铜器真伪识别》；等等。这些论著或泛泛而谈，或因袭前人，有些深入研究的也只是研究铸造工艺，随着技术的发展，这些方法基本都已过时。

这一时期虽然对辨伪方法的理论研究比较匮乏，但是对于辨伪学学术史的梳理还是做了很多工作。张光裕的《伪作先秦彝器铭文疏要》；罗福颐的《商周秦汉青铜器辨伪录》；程长新、王文昶、程瑞秀的《铜器辨伪浅说》都对学术史进行了梳理，对之前容庚、商承祚的论著进行了补充。

二 资料整理

与理论研究的不尽如人意相比，这一时期的资料整理工作却可圈可点。孙稚雏继承其师容庚校订《三代秦汉金文著录表》的工作，编成《金文著录简目》；周法高对《三代吉金文存》系统整理编成《三代吉金文存著录表》；张亚初整理宋代资料编成《宋代所见商周金文著录表》；刘雨整理清宫旧藏编成《乾隆四鉴综理表》，之后又编有《商周金文总著录表》；社科院考古所在综合整理多种著录之后编成《殷周金文集成》（以下简称《集成》），为金文著录集大成者；吴镇烽历时十余年编成《商周青铜器铭文暨图像集成》以及《续编》和《三编》（这是目前收录最多的一部书，但是对器物的甄别差强人意，收入了不少伪器，后面辨伪章节所列举的伪器多半出自这套书）。

三 科技手段的运用

这一时期最大的特点就是科技手段的运用，主要论著有：姚青芳的《金相分析鉴定青铜文物》；张世贤的《西周铜鼎的元素分析》《从商周铜器的内部特征试论毛公鼎的真伪问题》；黄海勇等的《几件古代中华青铜器的中子活化法分析》；雷聪勇的《青铜器锈色辨析》；孙晓强的《带锈青铜器真伪的鉴别》；顾雯的《锡同位素测量在青铜器鉴伪中的应用》；马清林的《现代分析测试技术与几件青铜器真伪辨别》《中国文物分析鉴别与科学保护》等。

一般而言，从实体显微镜下观察其铜锈结构和铜锈分布即可断定其锈蚀产物是自然生长还是人工生长；用有机溶剂浸泡可以使除环氧树脂、聚酰胺树脂之外的多数现代高分子黏合剂溶解，使做旧层脱落。进一步可以运用现代分析测试技术对铜器外层及内部的元素进行分析，从而辨别真伪，常用的方法有以下几种。

:::::: 真假铭文

(一) X 射线透视

X 射线又称 X 光,是一种波长很短的不可见电磁辐射。当被检测器物受到 X 射线照射时,由于物体内部各部分对 X 射线吸收程度不同,底片上对应部位会产生不同的感光程度,经显影处理后显示出明暗不同的 X 射线照片,通过照片,可以看到器物内部的结构,[①] 如有无拼补、焊接,垫片的数量及分布等。故宫藏有一件父丁盘(图 2-3-1),此盘原本无铭,作伪者在盘底锯下一块,在其锈底上硬刻铭文,这样做避免了刀痕,但在 X 光的照射下就完全暴露了出来(图 2-3-2),不只有修补焊接的痕迹,"宝"字还刻在了垫片上。[②]

图 2-3-1　故宫藏父丁盘　　　　图 2-3-2　父丁盘伪铭

台北故宫曾经运用 X 射线透视技术对馆藏大量铜器进行观察,总结出不同时期铜器内垫片的数量及分布规律的不同特点:[③] 商代器物腹底垫片数量一般不超过三个,大部分呈三角形排列,放置在模、范之间距离最小的地方(如图 2-3-3),器壁上一般没有垫片;西周时期垫片数量和排列方式发生很大变化,尤其是鼎形器,除了底部呈三角形排列外,在每个

[①] 马清林:《中国文物分析鉴别与科学保护》,科学出版社 2001 年版,第 132 页。
[②] 程长新、王文昶、程瑞秀:《铜器辨伪浅说》下,《文物》1989 年第 12 期。
[③] 张世贤:《从商周铜器的内部特征试论毛公鼎的真伪问题》,《故宫季刊》第 16 卷第 4 期。

足旁边又各有一个或两个对称排列（如图 2-3-4），在器壁纹路上每一个较薄而较宽的点上，都放置一个垫片，呈多圈对称排列，数量甚多；春秋战国时期的圆形器器盖及腹底的垫片也多做有规则或环状的排列，方形器则呈不规则排列，器壁上垫片极多。并对毛公鼎进行透视分析，结果符合西周铜鼎的内部特征，从而认定其为真器。这就是 X 光技术运用于铜器辨伪中的一个很好的案例。

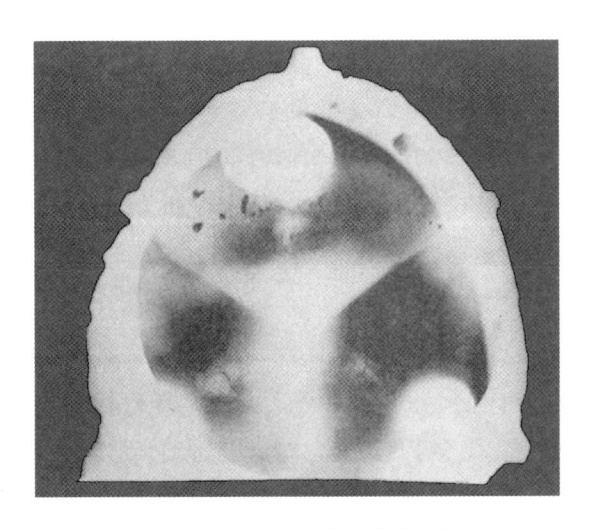

图 2-3-3　商代垫片排列　　　　图 2-3-4　西周垫片排列

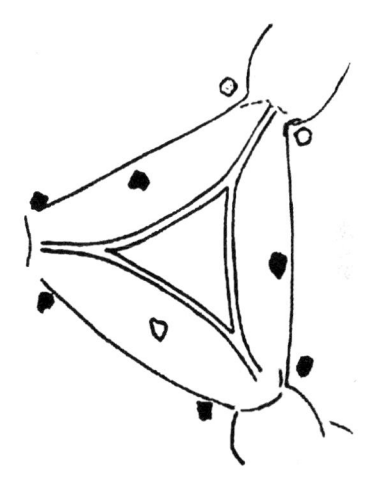

（二）金相分析（光学金相和电子金相）

金相学是研究金属内部组织结构及其在不同的铸造、加工和热处理条件下金属组织的形成和转变规律的学科。它可以提供金属文物在古代制作时曾经遭受过的冷热处理信息。[1] 通过对铜器内部金属结构及变化的观察，可以对铜器的铸造年代做出判断。简单说来，青铜器都是铜锡铅的合金，合金内部处于一种不平衡的状态，具有向平衡状态转变的趋势，但是铜锡二元合金的结晶间隔很大，锡在铜中的扩散速度极慢，所以要完成这种转变就需要很长的时间。商周青铜器保存至今都已有几千年的时间，为锡的转变提供了足够的有效时间，观察其内部结构就可以对年代进行判断。但

---

[1]　马清林：《中国文物分析鉴别与科学保护》，科学出版社 2001 年版，第 132 页。

同时他也指出，能观察到这种变化的肯定是唐以前的器物，伪器是观察不到这种变化的，但是观察不到这种变化的不一定就是伪器，有的真器也观察不到这种变化，具体原因还有待进一步的研究。这种方法虽然现在看来还不成熟，但总算是为辨伪提供了一种新的思路和方法。

（三）X射线衍射分析及红外光谱分析

此二种技术可用来分辨铜锈的矿相组成及化合物类型，[1] 从而了解铜锈为自然生成还是人工合成。

天津历史博物馆曾运用X射线粉晶衍射结构分析仪对馆藏几件青铜器进行检测分析。发现几件器物铜锈的主要成分为重晶石（$BaSO_4$），这是一种矿物颜料，而出土青铜器的锈主要成分为氧化亚铜、氧化铜、硫化铜、碱式碳酸铜、氯化铜、氯化亚铜和碱式氯化铜等，从而判断其为伪器。[2]

（四）扫描电镜分析

X射线粉晶衍射及红外光谱分析的结果只显示了金属合金腐蚀后的最终产物在表面上的分布，对于合金体内部元素分布情况则给出的信息很少。而通过扫描电镜能谱成分分析可以观察到青铜器内部化学组成以及工艺制造情况等。[3]

甘肃省博物馆曾运用此法对一件青铜戈进行鉴别，发现其中锌含量高达35%，Al的含量高达2.2%，其合金成分与现代国家标准GB1176—87中的ZCuZn31A12合金成分非常相似，从而判断此件器物是现代所铸无疑。[4]

（五）铅同位素分析

用质谱分析仪测量青铜器中铅的同位素组成，从而得到四种同位素之间的比例，以此推测出矿料的产地，不过此种方法需要进一步完善铜料产地数据库。

---

[1] 马清林：《中国文物分析鉴别与科学保护》，科学出版社2001年版，第132页。
[2] 孙晓强：《带锈青铜器的真伪鉴别》，《东南文化》2001年第9期。
[3] 马清林：《中国文物分析鉴别与科学保护》，科学出版社2001年版，第132页。
[4] 马清林：《现代分析测试技术与几件青铜器真伪鉴别》，《文物》1997年第5期。

第三章 伪铭的类型及特点

伪铭的种类有很多，就器物而言，有伪器伪铭、真器伪铭、增刻、补刻铭文、伪器真铭等多种类型；就铭文本身而言，有照抄真铭、删改拼凑真铭、完全杜撰等类型。本章就伪铭的种类及各种类型的特点作系统的整理和分析，从而对伪铭有较全面的了解。

第一节 伪铭器的类型及特点

伪铭器大致是器真与器伪、铭真与铭伪、全伪与部分伪几种类型的组合。有的类型只集中出现于比较特殊的时期，如真器伪铭、增刻补刻铭文等，主要出现在民国时期；有的则从始至终大量存在，如伪器伪铭。了解各种伪铭器的出现时间及特点，有助于我们辨别真伪以及判断伪铭的制作时间。

一 伪器伪铭

顾名思义，伪器伪铭就是指器物和铭文都是伪作的。这类器物在伪器中所占比例最大，存在时间也最长。从伪作之器出现到现在，这类伪器一直都占大宗，制作水平参差不齐。

这类伪器基本都有所本。一种情况是完全参照某件真器而作，早期多是参照宋人的著录，其仿造水平不高，极易辨识，[①] 如《西清》2.6（图3-1-1、图3-1-2），就是仿《博古》1.19（图3-1-3）而作。

[①] 《考古》《博古》中所著录的器物多毁于战乱，后世所出完全相同之器物一般较为可疑。

真假铭文

图 3 - 1 - 1　伪铭

图 3 - 1 - 2　伪器

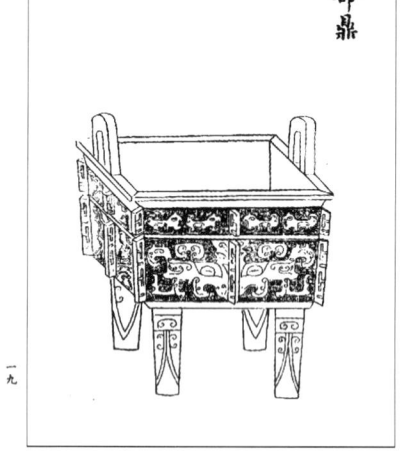

图 3 - 1 - 3　真铭真器

民国以来，作伪技术提高，伪器多直接从真器上翻砂（以潍县的仿品居多），与真器相比大多比较粗糙，如善夫克盨（图 3 - 1 - 4，真铭，《集成》4465；图 3 - 1 - 5 腐蚀法伪，《周金文存》3.24；图 3 - 1 - 6，錾刻法伪，现藏故宫）。但也有不少做得好的，比如《小校》9.83 现藏日本书道博物馆的兮甲盘（图 3-1-7）就是仿陈介祺旧藏所做（图 3-1-8）①，这类器物只要与真器仔细对比，还是可以辨别的（现藏日本的这件兮甲盘为器铭具伪，如果不与真铭对比，很难发现其伪，另外还有一件兮甲盘现藏香港中文大学，为器真铭伪，下文会提及，其伪铭的制作水平比日本这件要差很多，比较容易辨别）。

图 3-1-4 善夫克盨真铭

---

① 罗福颐：《商周秦汉青铜器铭文辨伪录》，《古文字研究》第十一辑，插图十七、十八。

真假铭文

图 3-1-5　腐蚀法伪善夫克簋铭

图 3-1-6　錾刻法伪善夫克簋铭

图 3-1-7　现藏日本的伪兮甲盘

图 3-1-8　兮甲盘真器

现在全息摄影、3D 扫描、3D 打印等高新技术在作伪中的运用，使伪器可以造得跟真品一模一样，这类器物只看照片恐怕不太容易辨认，必须要过手，综合各方面知识来判断，但是只要有真器可以比对，还是可以辨别的。

另外，还有一种也是现在最常见的，就是参考几件器物综合而成。早期只是器形、纹饰、铭文参考不同的器物拼合，像《西清》2.13 晋姜鼎（图 3-1-9、图 3-1-10）为仿宋《博古》2.6（图 3-1-11）器形纹饰改变而成，很明显时代风格不统一，器形早而铭文晚[1]，所以很容易辨认。

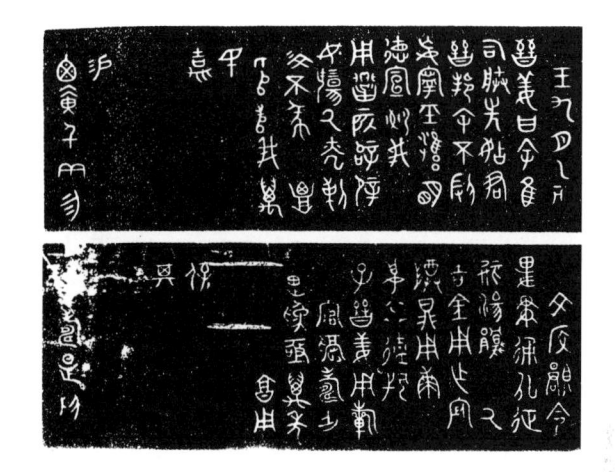

图 3-1-9　《西清》仿晋姜鼎　　　　图 3-1-10　《西清》仿晋姜鼎铭文

随着对青铜器认识的提高，这种显而易见的错误现在基本不会再犯，一般都模仿得不着痕迹，很难具体说是仿哪一件器物，如仲太师鼎（图 3-1-12，《铭图》2196），伯上父鼎（图 3-1-13，《铭图》2211），雎鼎（图 3-1-14，《铭图》2367）等，这类器物就要综合其他方法进行辨别了（后文辨伪部分详细讨论）。

---

[1] 方鼎的主要流行时代一般为商到西周早期，西周中期之后很少见，而这篇铭文从内容看应为春秋时期，器铭时代矛盾。

真假铭文

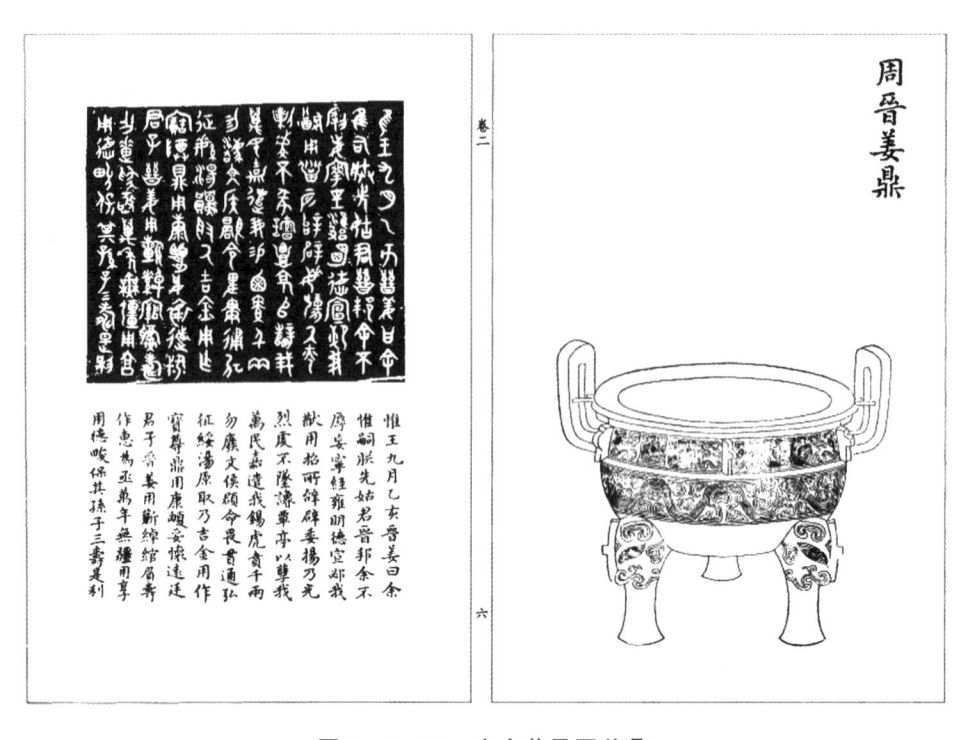

图 3-1-11　宋人著录晋姜鼎

图 3-1-12　仲太师鼎

第三章 伪铭的类型及特点

图 3-1-13 伯上父鼎

图 3-1-14 雔鼎

— 83 —

::::: 真假铭文

完全臆造的器物比较少见，一般器形和纹饰都有一定之规，作伪的目的就是要让人家相信是真的，所以一般不会创造一种新的东西出来让人怀疑。不过铭文倒是有可能杜撰，后面伪铭章节我们再具体讨论。

总之，器铭全伪的器物大概能占到所有伪器的80%—90%，这类器物由于制作者对青铜器的认识水平不同，制作水平也不同。粗制滥造的很容易辨别，比较精致的由于不是用范铸法铸的，因此也比较容易在铸造工艺方面找出问题，但有一些高仿做得很好，工艺方面找不出问题，那就要从铭文下手，如果是照抄某件器物，只要跟原物对比就可以，如果不是，多数也可以从遣词造句、历史常识等方面找出问题，后面辨伪方法章节再具体讨论。

二 真器伪铭

真器伪铭就是在无字之器上用錾刻或腐蚀的方法伪造铭文。这种类型出现于清末，盛行于民国。北方主要是錾刻，以陕刻为代表（本书第一章已作详细介绍），潍县、河南都有；南方主要是蚀刻，以吴中为代表。这类器物的出现具有时代性，主要集中在民国时期，这与当时社会动荡、盗墓活动猖獗、多有无字器出土有关。

这一时期的文簋[①]（图3-1-15、图3-1-16真；图3-1-17、图3-1-18真器伪铭），亚雨鼎[②]（图3-1-19真；图3-1-20、图3-1-21器真铭伪），兮甲盘[③]（图3-1-22、图3-1-23，现藏香港中文大学，此盘看铭文字口应为腐蚀法所制，仿制水平略逊于日本书道博物院所藏那件仿制品，图3-1-7），做得都相当好，不与真器对比，几乎看不出是伪铭。

[①] 罗福颐：《商周秦汉青铜器铭文辨伪录》，《古文字研究》第十一辑，插图十一。
[②] 罗福颐：《商周秦汉青铜器铭文辨伪录》，《古文字研究》第十一辑，插图十二。
[③] 王仁聪：《中文大学馆藏"兮甲盘"及相关问题研究》，《古玺印与古文字论集》图11。

第三章 伪铭的类型及特点

图3-1-15 文簋真器　　图3-1-16 文簋真铭

图3-1-17 伪文簋（某无字真器）　　图3-1-18 伪文簋铭

图3-1-19 亚雨鼎真器真铭　　图3-1-20 伪亚雨鼎（某无字真器）　　图3-1-21 伪亚雨鼎铭

:::::: 真假铭文

图 3 – 1 – 22　香港中文大学所藏伪兮甲盘（某无字真器）

图 3 – 1 – 23　香港中文大学所藏兮甲盘伪铭

还有一种，器盖有铭文而器身没有，或者器身有而器盖没有，于是作伪者就将器身之铭文移刻于器盖，或将器盖之铭文移刻于器身。这是一种比较愚蠢的做法，真伪直接放在一起，很容易看出哪个是伪刻的，如《小校》5.31.3 – 4 乍父丁尊（图 3 – 1 – 24 盖铭真，图 3 – 1 – 25 器铭伪）。

图 3-1-24　盖铭真　　　　图 3-1-25　器铭伪

又如《小校》7.48 免簋（图 3-1-26 盖铭伪，图 3-1-27 器铭真）。

图 3-1-26　盖铭伪　　　　图 3-1-27　器铭真

后来作伪者稍微聪明了一点，不直接移刻自身的铭文，这样容易露出

破绽，而是拼凑一篇相关的铭文，如近年新出的何簋（《铭图》5137，图3-1-28盖铭伪①，图3-1-29器铭真）②。

这类伪器主要流行于民国时期，现代也有，但数量很少，不是伪器的主流。这类器物由于铭文为后刻，因此比较容易从工艺角度看出破绽，再加上民国时期文字水平有限，一般较易辨别。

图3-1-28　盖铭伪　　　　　图3-1-29　器铭真

三　增刻铭文

增刻铭文是指在铭文少的青铜器上增刻文字。这类器物比较少，基本都是民国时期陕西人的手笔，像第二章列举过的遂肇諆鼎、尹父丁尊就属于这一类。后期也有，例如上海博物馆藏成钟（图3-1-30）③，只有后三行"其万年子孙永宝用享"是真铭，钲间两行和鼓左第一行都是后刻，字体比之前有进步，文理也基本通顺，但"王亲赐此钟"的说法还是有点问题，器物名称前一般不用指示代词"此"。

又如英国牛津大学亚士莫兰博物馆收藏的一件方鼎（图3-1-31），只有左侧"亚𡧍"二字为真铭，右侧"□父辛"三字为后人伪刻。

---

① "隹"字的写法不对（具体论证见第四章辨伪章节）；××月××年不符合周人的纪时形式（具体论证见第五章辨伪章节）；第二行第一个字应为赐字误写；"为何室，用兹簋"不通；"扬公休"的"扬"字下面多了个"衣"字。
② 近年新出何簋两件，另一件《铭图》5136，器盖同铭，皆伪。
③ 陈佩芬：《夏商周青铜器研究》429，上海古籍出版社2010年版。

第三章　伪铭的类型及特点

图 3-1-30　成钟

此钟钲间及鼓左第一行为后人增刻

图 3-1-31　亚寰鼎

— 89 —

其实这是一种非常愚蠢的做法，金文书法功底再好的人也很难写得跟器物本身的铭文一模一样，毕竟时移世易，书写习惯和思维模式都不一样了，更何况作伪者的金文水平并不高，真伪放在一起，不辨自明。

四　补刻铭文

补刻铭文是说真器本来有铭文，但不知什么原因缺失了，就有人画蛇添足给它补上，如图 3-1-32，现存法国，铭四行，出土时破了一个洞，残了二三四行头上五个字，[①] 就有人给补上了。这也是民国初年的杰作，现在估计不会有人这么做了。

图 3-1-32　补刻铭文

这种器物属于个别现象，存世量极少。

五　伪器真铭

伪器真铭是指在伪器上嵌入真铭。这通常是因为原器已经残损，只剩下铭文部分，于是作伪者就将这部分嵌入伪器内，如※觚（图 3-1-33 真铭，图 3-1-34 原器残存的纹饰，图 3-1-35 伪器的纹饰），现藏故

[①] 商承祚：《古代彝器伪字研究》，《金陵学报》第 3 卷第 2 期。

宫，原器只残存一半圈足，其外壁铸一完整兽面纹，内壁有铭文✸，民国时作伪者将它修配完整。

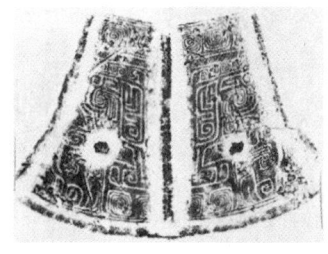

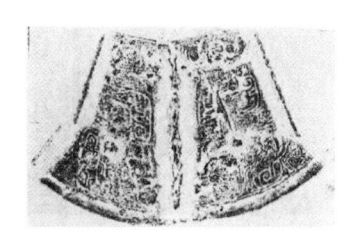

图 3-1-33　真铭　　　图 3-1-34　原器残存纹饰　　　图 3-1-35　伪器纹饰

六　真器真铭拼凑而成

这种类型极为罕见，容庚《商周彝器通考》中曾提到，《善斋》9.9 的录尊铭文，原是卣内的铭文，因器残破，作伪者改嵌入尊内而成。容氏曾见过原物，应该不虚。

第二节　伪铭的类型及特点

伪铭的发展经历了照抄、删改、拼凑、杜撰等几个阶段，表现的其实就是作伪者金文水平不断提高的过程。本节将就不同类型的伪铭的产生、发展及特点做分析归纳并举例说明，就不同类型的伪铭如何辨别做进一步分析。

一　照抄

这种类型最简单，不需要具备古文字功底，只要比着抄即可，所以产生最早，影响也最长远，直到现在依然有很多人这么做。抄的水平根据作伪者水平的不同，表现出的差异很大，但是总的来说，水平是不断提高的。

早期没有太多实物可做参考，基本都是抄前人的著录，但早期的著录都不是拓本，而是摹本，所以明清时期的伪器多受宋人书写风格的影响，

▸▸▸▸ 真假铭文

如图3-2-1①就是仿《啸堂》55（图3-2-2，《集成》4108）而作伪，这是仿得不好的例子，错字连篇，应该是清晚期陕西人的作品。

图3-2-1　晚清伪铭　　　　　　图3-2-2　宋人著录真铭

也有仿得稍微好点的，如《首阳吉金》中著录的一件应侯簋，器铭就是仿宋人著录的应侯簋而伪（图3-2-3）。这件器物在《啸堂》（图3-2-4）、《考古》（图3-2-5）、《博古》（图3-2-6）中都有著录，但是铭文字体的写法及书写风格不同。《啸堂》中目前保留的宋淳熙三年以前刻本，写得最好看，所以《集成》收录的正是《啸堂》的这一版本，但并未注明器、盖，仅以1、2标出（图3-2-7），而作伪者误将盖铭植入器内。② 其实所谓仿宋伪的字体，基本上都是仿的《啸堂》和《薛氏》③，因为它们比较清晰，当然也写得好看，尤其是《啸堂》，所以后人在整理宋人著录时，多半都收二者的版本，比如这件器物《集成》就收的《啸堂》的版本。就这篇铭文而言，仔细对比会发现，其实《啸堂》的字体是与真实的金文字体差别最大的，比如铭文中的"母"字和"年"字，都

---

① 商承祚：《古代彝器伪字研究》，《金陵学报》第3卷第2期，第二铭。
② 具体论证见黄益飞《应侯簋流传及相关问题》，《华夏考古》2012年第4期。
③ 以崇祯六年朱谋垔刻本为佳。

极具书者的个人风格,而非金文的书写风格。这也是仿宋伪的字极易辨认的原因,《啸堂》和《薛氏》的字实在是特点太鲜明了。

图3-2-3 伪应侯簋器铭

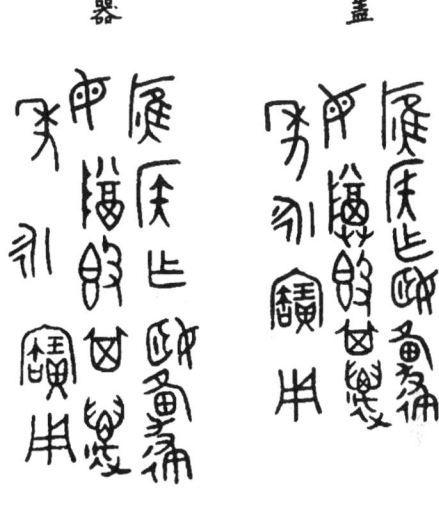

图3-2-4 《啸堂》著录应侯簋铭

图3-2-5 《考古》著录应侯簋铭

图3-2-6 《博古》著录应侯簋铭

真假铭文

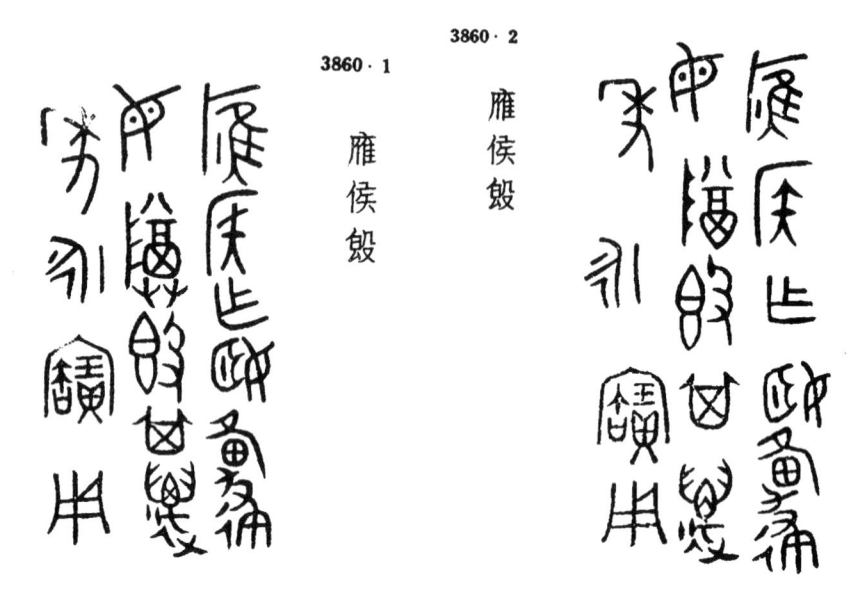

图 3-2-7 《集成》著录应侯簋铭

随着出土器物的增多，照相技术的运用，作伪者开始从真器上翻砂或摹刻，水平有所提高，如伯鱼簋（图3-2-8）为清末潍县匠人仿陈介祺旧藏（图3-2-9）①，又如卿簋（图3-2-10伪，图3-2-11真）②，再如宗周钟（图3-2-12③）为仿故宫的旧藏（图3-2-13，《集成》260）而伪。这是仿得比较差的，刻工还不成熟，字口崩茬比较明显。民国时期也有仿得好的，例如本章第一节所列举的文簋、分甲盘等。

现在随着高新技术的运用，这类铭文可以和真铭做得一模一样，也正因为如此，反倒容易辨别了，因为不会有两件一模一样的东西。即便是西周的列鼎或宗彝一肆之类的成套器物，铭文内容一样，但字的写法还是有细微差别的，不会完全一样，毕竟古代范铸法都是一模一范一器，每一件都是孤品，如果有件一模一样的，甚至连锈蚀都一样，那就很值得怀疑了。

---

① 罗福颐：《商周秦汉青铜器铭文辨伪录》，《古文字研究》第十一集，插图十九。
② 商承祚：《古代彝器伪字研究》，《金陵学报》第3卷第2期，第六铭。
③ 张光裕：《伪作先秦彝器铭文疏要》，图六十三，香港书局1974年版。

第三章　伪铭的类型及特点

图 3-2-8　潍县匠人伪伯鱼簋铭　　　图 3-2-9　陈介祺旧藏伯鱼簋铭

图 3-2-10　伪卿簋铭　　　图 3-2-11　卿簋真铭

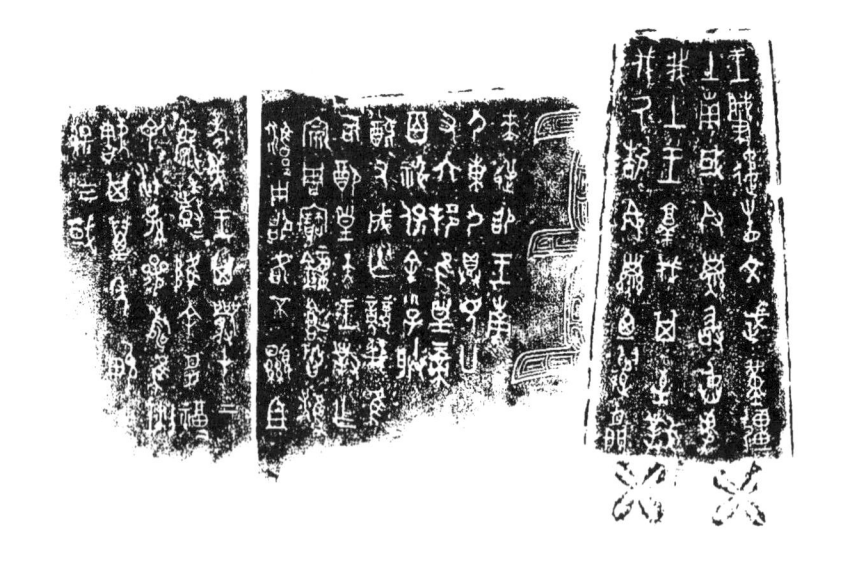

图 3 - 2 - 12　伪宗周钟铭

图 3 - 2 - 13　宗周钟真铭

二　删改

完全照抄很容易找到出处，作伪者有时会参照某篇铭文增加、删减或改动一部分字句，形成一篇伪铭。如太师鼎（图 3 - 2 - 14《西乙》1.8）就是删减师望簋（图 3 - 2 - 15《集成》3682）而伪。这也是出现较早的一类伪铭，在宋代著录里就已经有了，如本书第一章所举齐侯盘。在西清四鉴里就更多了，如本书第一章所举伯克尊、叔孙簋、伯和父簋、王子申簋、乙公鼎等。可见，这种删改真铭的伪铭应该与照抄的差不多同时或稍晚一点出现。

图 3-2-14　太师鼎铭为删减师望簋铭而伪　　图 3-2-15　师望簋铭

这类伪铭比完全照抄有了一点进步，但早期由于作伪者金文水平不高，经常因为删减增加不得当而弄巧成拙，不合金文语法，就像西清四鉴里的那些例子。

清末作伪者金文水平有所提高，铭文删改得稍好一点，如岑妃簋（图 3-2-16①）就是删改縣妃簋（图 3-2-17，《集成》4269）而伪。但是字写得太坏，而且很多字抄错，如第一行的"辰"、第四行的"敏""扬"等。

至民国时期，作伪者金文水平有了很大提高，出现了删改得比较通顺的伪铭，如图 3-2-18②就是删改过伯簋（图 3-2-19）而成。文理比较通顺，字写得也有很大进步，但与真铭对比还是显得比较呆滞。

---

① 张光裕：《伪作先秦彝器铭文疏要》，图九十一，香港书局1974年版。
② 罗福颐：《商周秦汉青铜器铭文辨伪录》，《古文字研究》第十一集，插图十。

图 3-2-16　岑妃簋铭为删改緜妃簋铭而伪　　图 3-2-17　緜妃簋铭

图 3-2-18　删改过伯簋铭　　图 3-2-19　过伯簋铭

三　拼凑

简单删改比较容易找到出处，于是作伪者就从几篇铭文中摘抄一些字句，再杜撰一部分，连缀成一篇铭文。这类伪铭较之前又有了一点进步，至少没那么容易找到出处。大概最早出现在清末，如单伯鼎（图3-2-20[①]）就是以害簋、衷鼎、鄀簋伪摹本拼凑而成。又如南宫叔簋（图3-2-21[②]）为拼凑大盂鼎、免簋、虢季子白盘等而成。这类伪铭

---

① 张光裕：《伪作先秦彝器铭文疏要》，图七十九，香港书局1974年版。
② 张光裕：《伪作先秦彝器铭文疏要》，图九十，香港书局1974年版。

图 3-2-20　单伯鼎铭

图 3-2-21　南宫叔簋铭

其实对作伪者的金文水平要求很高，要拼凑出一篇通顺的、没有语法错误的伪铭不是那么容易，很显然当时的作伪者还达不到这种水平。如南宫叔簋第二到第四行"南宫叔入门，迺召夹死司戎"完全不通；又如单伯鼎第二行"王在周卲宫穆宫"，"卲宫"是昭王庙，"穆宫"是穆王庙，是两个不同的地方，王不可能同时既在"卲宫"又在"穆宫"，可以看出作伪者对西周的宫庙制度并不了解，才会犯这样的错误，而且通篇字写得很差，这应该是清末的作品。

后来随着作伪者金文水平的提高，拼凑的水平也有所提高，如图3-2-22[①]为拼凑鄘簋、格伯簋、椃父辛角而成；又如师田簋盖（图3-2-23[②]）为拼凑师田父尊、追簋、录伯𢦏簋而成。虽然比之前文理通顺了很多，但字写得太差，描摹痕迹明显。

图 3-2-22 伪铭 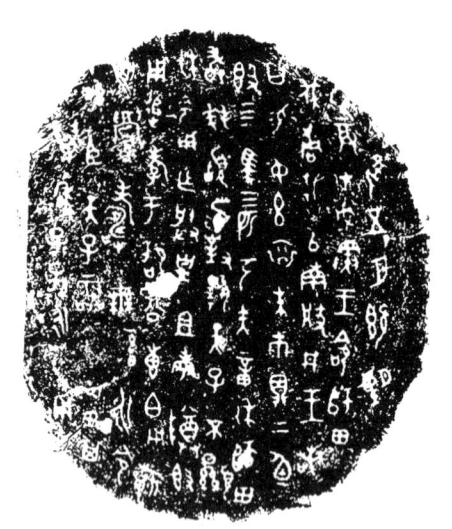　　　　　图 3-2-23 伪铭

四　杜撰

随着作伪者金文水平的进一步提高，伪铭进入全新的创造时期。当然，由于水平所限，不免会犯这样或那样的错误，如果一点错误都不犯，我们也无从辨别了。

[①] 张光裕：《伪作先秦彝器铭文疏要》，图一〇六。
[②] 张光裕：《伪作先秦彝器铭文疏要》，图一三六。

第三章　伪铭的类型及特点

　　这类伪铭中的开山之作应该就是那件大名鼎鼎的晋侯平戎盘，铭文完全杜撰，有些语法错误，也有些历史错误（具体可参看容庚的《晋侯平戎盘辨伪》），但总的来说，一篇这么长的铭文能写成这样还是不错的，只可惜字刻得太差了。其他还有伯太师鼎（图3-2-24，《铭图》2027）、古鼎（图3-2-25，《铭图》2453）、绅鼎（图3-2-26，《铭图》2441）等，这类伪铭很难说是具体参照哪一件或哪几件而作伪，一般不容易找到出处。

图 3-2-24　伯太师鼎铭　　　　　图 3-2-25　古鼎铭

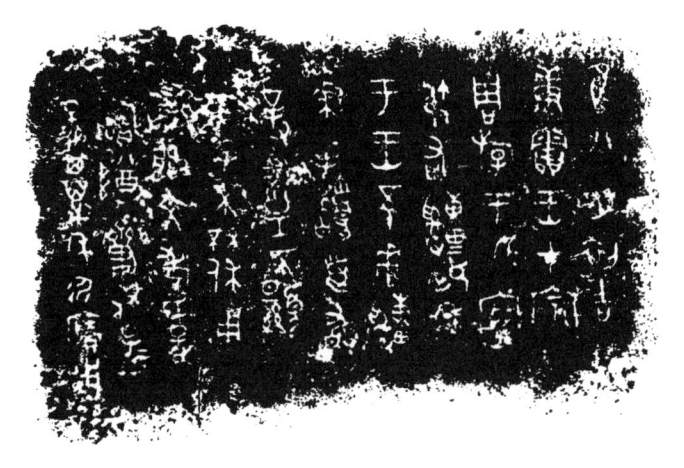

图 3-2-26　绅鼎铭

真假铭文

其实不管是照抄也好，删改也好，拼凑也好，只要能找到出处，互相比对，就不难辨别，但是这种没有出处的，就需要综合金文知识、历史知识作综合判断。作伪者的水平提高了，对辨伪者的要求也相应提高。

现在见到的长篇伪铭基本都是拼凑和杜撰的，直接照抄或简单删改的已不多见。辨别这类没有出处或不好找出处的，就要从文字本身的书写、文法结构、篇章结构以及历史常识等多方面综合判断，这也是后面辨伪章节我们要重点讨论的问题。

第四章　铭文辨伪的思路及方法（文字）

从本章开始，笔者拟综合前人的辨伪方法及个人多年的研习心得，谈一下青铜器铭文辨伪的思路及方法。其实任何具体的辨伪方法都有其时代的局限性，今天提出的方法可能明天就会被作伪者研究攻克而不再成为判断真伪的原则。所以，我们并不准备从伪器出发，研究伪器的特点及其与真器的区别，而是抛开纷杂的表象，把器物放回到历史中，从金文的文字书写、语法结构、篇章结构、内在的逻辑关系及史实等方面入手，对金文进行深入的研究和分析，从而了解金文的内在规律，只有这样才不致落入言筌之中。

本章主要从文字的结构及书写入手，通过对文字的分析和归纳，找到金文的书写规律，并且把这些规律运用到实际的案例中，探讨铭文辨伪的方法。

第一节　字形

进行铭文辨伪，首先就是从文字本身入手，分析文字书写是否正确，是否符合时代特点等，这是最简单也是最直接的方法。

一　时代特色

商周金文总体的发展经历了从具象到抽象，从象形到逐渐线条化、符号化，从结构随意到逐步规范化的过程。首先我们将对金文常见字的字形演变做一个整理分析，然后就时代风格不统一的几个案例进行讨论。

真假铭文

(一) 常见字的演变及各时期的特点

目前所见具铭铜器最早能到二里冈时期（早商时期），但是数量很少，铭文也比较图案化，所以我们这里谈的时代特色是指从殷墟时期（晚商时期）到东周时期这段时间内金文的发展变化及时代特色。东周文字的书写风格呈现很明显的地方差异，具体内容在章法章节论述，这里仅列举比较典型的字体，不对风格进行探讨。对于西周的时代划分，采用考古学上的通用分期，即：

    西周早期   武、成、康、昭
    西周中期   穆、恭、懿、孝、夷
    西周晚期   厉、宣、幽

下面我们将列举出现频率比较高，前后变化比较大，比较有代表性的几个字来说明不同时期的时代特色。这里大致把文字的演变分为早晚两期，早期为商晚期到西周早期，这一时期文字的象形意味比较重，多肥笔，多波磔；晚期为西周中期及以后，文字的象形意味减弱，逐渐规范化、线条化，波磔消失。

1. 王

"王"是象形字，取象于斧钺，斧钺为礼器，象征王者之权威。如妇好钺（图4-1-1，殷墟妇好墓出土，M5:799）、亚醜钺（图4-1-2，山东苏埠屯1号墓出土，M1:2）、亚长钺（图4-1-3，安阳花园庄54号墓出土，M54:86）。

图4-1-1 妇好钺 　　图4-1-2 亚醜钺 　　图4-1-3 亚长钺

第四章 铭文辨伪的思路及方法（文字）

"王"字的变化主要呈现在竖的下端和最下面的一横。早期的"王"字下端都比较厚重，像钺的形状。商晚期的"王"字大致有三种类型，第一种下端呈圆弧形，两头上翘，如 ✇（四祀邲其卣，《集成》5413）、✇（二祀邲其卣，《集成》5412）；第二种下端较方正，如 ✇（六祀邲其卣，《集成》5414）、✇（戍嗣子鼎，《集成》2708）；第三种比较少见，仅表现为竖的下端较厚重，而最下端的横与上面的两横已经没有差别，如 ✇（乍册般甗，《集成》944）。西周早期继承商晚期的风格而稍加规整，如 ✇（利簋，《集成》4131）、✇（令彝，《集成》9901）✇（明公簋，《集成》4029），是对第一种类型的继承和发展；又如 ✇（保卣，《集成》5415）、✇（大盂鼎，《集成》2837），是对第二种类型的继承和发展；再如 ✇（天亡簋，《集成》4261）、✇（禽簋，《集成》4041）是对第三种类型的继承和发展。

西周中期早段，"王"字的象形意味减弱，开始趋向于线条化，如 ✇（剌鼎，《集成》2776）、✇（班簋，《集成》4341）、✇（静卣，《集成》5408）、✇（长由盉，《集成》9455）、✇（遹簋，《集成》4207）。到西周中期晚段，有象形意味的"王"字已经比较少见，大部分都已线条化，如 ✇（墙盘，《集成》10175）、✇（师𩵦鼎，《集成》2830）、✇（卫盉，《集成》9456）、✇（五祀卫鼎，《集成》2832）、✇（曶鼎，《集成》2838）。西周晚期，象形意味的字已经基本不见，与小篆以及今天楷书的"王"字已经非常接近了，如 ✇（敔簋，《集成》4317）、✇（六年琱生簋，《集成》4293）、✇（虢季子白盘，《集成》10173）、✇（趞鼎，《集成》2815）。东周时期地方特色明显，总体来说，字形变得修

— 105 —

长，笔画变细，如▯（楚王酓章镈，《集成》85）、▯（中山王䲦方壶，《集成》9735）。

另外，与"王"字结构相似的"士""工"以及以它们为偏旁的字都有类似的变化规律。

2. 宀

"宀"字是象形字，取房屋屋顶及其两侧墙壁之象，本义为房屋。"宀"字的变化主要呈现为从方折到圆弧的变化过程。早期的"宀"字共由四笔写成，有两种写法：第一种屋顶两条垂脊伸出墙壁。商晚期的有▯（二祀邲其卣，《集成》5412）、▯（戍嗣子鼎，《集成》2708）；西周早期的有▯、▯（保卣盖，《集成》5415）。到西周早期晚段，两条伸出的垂脊开始变得不太明显，如▯（庚赢卣器，《集成》5426）、▯（献簋，《集成》4205）。到西周中期，这种就很少见到了。第二种屋顶两条垂脊与墙壁齐平，商晚期有▯（戍嗣子鼎，《集成》2708）、▯（𩰬簋，《集成》4144）、▯（宰椃角，《集成》9105）；西周早期有▯（天亡簋，《集成》4261）、▯、▯（保卣器，《集成》5415）。到西周早期晚段，在转折处开始有从方折变圆弧的趋势，如▯（庚赢卣盖，《集成》5426）、▯（大盂鼎，《集成》2837）、▯（作册折觥，《集成》9303），但还是可以明显看出停顿、转折，一共由四笔完成。还需要指出的是，这两种"宀"并不是孤立存在的，它们往往共存于同一件器物上，如戍嗣子鼎、保卣、庚赢卣。

西周中期以后，第一种形式的"宀"已经很少见了，第二种形式的"宀"变圆弧的趋势明显，从四笔完成变为两笔完成。西周中期，方折与圆弧共存，方折的如▯（㝬簋，《集成》4207）、▯（十五年趞曹鼎，《集成》2784），圆弧的如▯（剌鼎，《集成》2776）、▯（墙盘，《集成》10175）、▢（匡卣，《集成》5423）。整体说来，以圆弧居多，呈现两笔完成的趋势，四笔完成的较少见。西周晚期都变得比较圆，由两笔完成，如▢（默簋，《集成》4317）、▢（默钟，《集成》260）、▢（六年琱生簋，《集成》4293）、▢（颂鼎，《集成》2827）、▢（虢季子白盘，《集成》10173）、▢（趞鼎，《集成》2815）、▢（儠匜，《集成》10285）。东周时期在书写风格上呈现不同的地方特色，但字的写法承袭西周晚期，两笔完成，圆弧形，呈修长趋势，如▢（哀成叔鼎，《集成》2782）、▢（齐侯盂，《集成》10318）、▢（秦公簋，《集成》4315）、▢（楚王酓章镈，《集成》85）。

另外，与其结构相似的"广"也有类似的变化规律。

3. 又

"又"是象形字，象右手形。既可以单独表示一个字"又"，又可以作为一个部首组合成其他的字或部首，如"父""支""攵""殳"，在金文中出现的频率很高。

这个字的变化主要呈现在手臂部分的波磔、肥笔的变化。早期的手臂一般都有波磔、肥笔。商晚期的如▢（小臣俞尊，《集成》5990）、▢（宰椃角，《集成》9105）、▢（二祀邲其卣，《集成》5412），西周早期的如▢（利簋，《集成》4131）、▢（保卣，《集成》5415）、▢（大盂鼎，《集成》2837）、▢（令彝，《集成》9901）。也有波磔不太明显的，商晚期的如▢（小臣缶方鼎，《集成》2653）、▢（小子省卣，《集成》5394），西周早期的如▢（天亡簋，《集成》4261）、▢（禽簋，《集成》4041）。总的来说，还是以波磔体居多。

西周中期早段波磔、肥笔逐渐消失，变为粗细一样的玉柱体，如▢

（𢆶簋，《集成》4322）、✦（录伯𢆶簋，《集成》4302），但波磔体还少量存在，肥笔在手臂上端并仅向内侧突出，呈✦形状，如✦（班簋，《集成》4341）、✦（录簋，《集成》4122）。西周中期晚段，波磔体已很少见，基本都是玉柱体，如✦（遹簋，《集成》4207）、✦（墙盘，《集成》10175）。西周晚期波磔完全消失，字体变得比较规整，如✦（默簋，《集成》4317）、✦（六年琱生簋，《集成》4293）、✦（虢季子白盘，《集成》10173）、✦（趩鼎，《集成》2815）、✦（儠匜，《集成》10285）。东周时期整体变得修长，呈现出比较鲜明的地方特色，如✦（秦公簋，《集成》4315）、✦（哀成叔鼎，《集成》2782）、✦（楚王酓章镈，《集成》85）、✦（中山王䜴方壶，《集成》9735）。

此外，以"又"为偏旁以及"𡕍"也有类似的变化规律。

4. 女

"女"是象形字，象交手跪着的人形，它的变化主要呈现在上面交叉的双臂和下面跪坐的腿脚。

在谈字体变化之前，我们要先谈一下商人与周人跪坐方式的差别，才能更好地了解字体的演变。商人的跪坐方式都是脚趾朝向前方的，所以根据体质人类学的研究，他们的脚都有病理性病变，这在殷墟妇好墓出土的小玉人上可以得到印证（图4-1-4①），而周人的跪坐方式是脚趾朝向后方，所以他们的脚没有病变。这种生活方式的不同，在文字书写上也有所反映，凡是与侧面人有关的字，"女"（"母"）、"卩"等，商人的写法都是脚趾向前，而周人则不是。

---

① 中国社会科学院考古研究所：《殷墟妇好墓》，文物出版社1980年版，第153页，图八十。

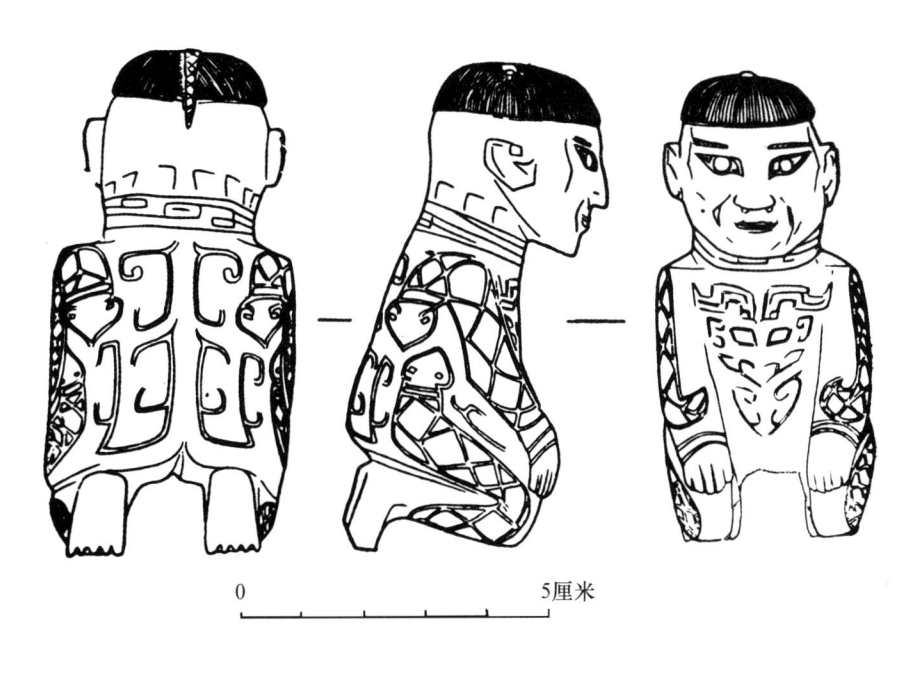

第四章　铭文辨伪的思路及方法（文字）

图 4-1-4　殷墟妇好墓出土玉人

商晚期的"女"大致有两种类型，第一种，双臂呈圆弧形交叉，头上有一小短横，脚趾向前，如 ![字] （司母辛方鼎，《集成》1708）、![字] （大丂鼎，《集成》3457）。第二种，双臂呈圆弧形或方弧形交叉，头上没有小短横，脚趾向前，如 ![字] （亚母羍，《集成》9177）、![字] （乍母戊觥盖，《集成》9291）。其中 ![字] （司母辛方鼎）、![字] （亚母羍）腿部比较方折，脚趾向下，比较象形，应该较其他那些早一点。西周早期的变化主要呈现在上面交叉的双臂由圆弧变为方弧，如 ![字] （娶方鼎，《集成》2702）、![字] （天亡簋，《集成》4261）、![字] （我方鼎，《集成》2763）；以及下面跪坐的姿势由商人单一的脚趾向前变为商人的脚趾向前与周人的不画脚趾二者共存，脚趾向前的有 ![字] （我方鼎）、![字] （令彝盖，《集成》9901）、![字] （令彝器），不画脚趾的有 ![字] （大盂鼎，《集成》2837）、![字] （乍册嗌卣，

— 109 —

《集成》5427）、⌘（不寿簋，《集成》4060）、⌘（叔簋，《集成》4132）。

西周中期及以后，"女"字的写法变得比较规范，上面交叉的双臂呈方形，下面由跪坐的姿势逐渐转变为站立的姿势，腿部弯曲的幅度变小。中期如⌘（静簋，《集成》4273）、⌘（曶鼎，《集成》2838）；晚期如⌘（六年琱生簋，《集成》4293）、⌘（颂鼎，《集成》2827）、⌘（㺇匜，《集成》10285）；东周完全变为站立的姿势，如⌘（哀成叔鼎，《集成》2782）、⌘（齐侯盂，《集成》10318）。

此外，与"女"字结构相似的"母""卩"以及以它们为偏旁的字也有类似的变化规律。

5. 保

"保"是会意字，像一个人把婴儿放在背上并伸出一只手在后面加以保护的样子，后来这只手形与人形分裂，变成右下的一点，为了平衡，又在"子"字的左下增加一点，就变成现在的样子。"保本象负子于背之义"，"引申之，则负之者为保；更引申之，则有保养之义"。①

商晚期写作⌘（保鼎，《集成》1001）、⌘（保父丁觯，《新》796），或写作⌘（保爵，《集成》8170）。进入西周之后，"人"演变成"亻"字边，"子"不变，抱着小孩的手演变成一个小撇，如⌘（保卣，《集成》5415）、⌘（墙盘，《集成》10175）、⌘（𢆶簋，《集成》4317）、⌘（秦公簋，《集成》4315）。这里需要特别指出的是在西周早期偏晚和春秋时期，曾出现"保"字上面加一个"玉"字的特殊写法。西周早期的如⌘（乍册大方鼎，《集成》2758）、⌘（乍册令方彝，《集成》9901）；春秋时期的如⌘（齐侯盂，《集成》10318）、⌘（叔夷镈，《集

---

① 唐兰：《殷墟文字记》，中华书局1981年版，第58—59页。

成》285）。此字最初为召公所专用。因召公长寿，又担任太保的官职，地位崇高，为嘉美召公才出现这种加"玉"的写法，所以西周早期的这种"保"字只用做官名，如"大保"（乍册大方鼎）、"明保"（令彝），而不出现在"永保用"一类祈求福禄的用语中。春秋中后期的齐系铭文中再次出现这种"子"字头上加"玉"的"保"字，但已不作为官名使用，而只出现在"永保用"中，而且只出现在春秋中后期的齐侯器上，田氏代齐之后的田陈器中就不再出现这种写法了。

6. 隹

"隹"，象形字，象鸟形。《说文》："鸟之短尾之总名也。"与"鸟"同源。多用做语气词"唯"。在金文中出现概率极高。

早期的小鸟非常象形，对鸟的翅膀、羽毛、花纹都有很形象的描绘。商晚期的有 ☒（宰椃角，《集成》9105）、☒（戍嗣子鼎，《集成》2708）、☒（六祀邲其卣，《集成》5414）；西周早期的有 ☒（利簋，《集成》4131）、☒（䍙方鼎，《集成》2739）、☒（何尊，《集成》6014）、☒（德方鼎，《集成》2661）、☒（井侯簋，《集成》4241）。西周早期后段，"隹"字的写法有变规整的趋势，如 ☒（大盂鼎，《集成》2837）、☒（明公簋，《集成》4029）、☒（小臣宅簋，《集成》4201）。

西周中期，"隹"字的写法都比较中规中矩，呈现线条化、平直化的趋势，小鸟腹部由随体诘诎的圆弧形向方折转变，逐渐拉平拉直，如 ☒（遹簋，《集成》4207）、☒（长由盉，《集成》9455）、☒（墙盘，《集成》10175）、☒（曶鼎，《集成》2838）。西周晚期，线条化趋势明显，小鸟腹部更为方折，如 ☒（敔簋，《集成》4317）、☒（颂鼎，《集成》2827）、☒（虢匜，《集成》10285）、☒（虢季子白盘，《集成》10173）。东周时期不同地区书写风格不同，但字体结构都与小篆类似，如 ☒（黏铸，《集成》271）、◇（楚王酓章镈，《集成》85）、◇（中山王䤨方壶，《集成》9735）。

7. 公

"公"字的变化主要在上面的两撇上，西周早期，两撇竖直或向内收，如 ◇（利簋，《集成》4131）、◇（盠方鼎，《集成》2739）、◇（乍册大方鼎，《集成》2758）、◇（宜侯夨簋，《集成》4320）、◇（明公簋，《集成》4029）、◇（令彝器，《集成》9901）；西周早期偏晚，开始有向外撇的趋势，但不太明显，如 ◇（大盂鼎，《集成》2837）、◇（令彝盖，《集成》9901）、◇（盂卣，《集成》5399）。

西周中期及以后上面的两撇明显向外撇，西周中期如 ◇（班簋，《集成》4341）、◇（师酉簋，《集成》4288）、◇（墙盘，《集成》10175）、◇（师虎鼎，《集成》2830）、◇（乖伯簋，《集成》4331）；西周晚期如 ◇（六年琱生簋，《集成》4293）、◇（颂鼎，《集成》2827）；东周时期如 ◇（哀成叔鼎，《集成》2782）、◇（宋公䜌簋盖，《集成》4589）、◇（秦公簋，《集成》4315）。

8. 于

"于"字有两种写法，一种与今天的写法差不多，如 ◇（奚婀方鼎，《集成》2433）、◇（大盂鼎，《集成》2837）、◇（墙盘，《集成》10175）、◇（虢季子白盘，《集成》10173），只是到了东周时期出现一些艺术化的写法，如 ◇（楚王酓章镈，《集成》85）、◇（中山王䤨方壶，《集成》9735）。这种字体从早到晚都有。还有一种在一侧有钩边，如 ◇

(二祀邲其卣,《集成》5412)、☐(天亡簋,《集成》4261)、☐(保卣,《集成》5415)、☐(量方鼎,《集成》2739)、☐(令彝,《集成》9901)。这种字体仅存于商晚期到西周早期,西周中期以后很少出现。

9. 正

"正"字的变化就是从象形不断简化的过程。最初的"正"由多只脚及多个实心圆点组成,如☐(且辛父甲鬲,《集成》538);后来多只脚和多个实心圆点简化为一只脚和一个实心圆点,如☐(鱼乙正铙,《集成》410)、☐(二祀邲其卣,《集成》5412)。西周早期,脚的象形意味逐渐减弱,如☐(利簋,《集成》4131)、☐(大保簋,《集成》4140)、☐(大盂鼎,《集成》2837)。西周中期上面的实心圆点变为小粗短横,并逐渐变细,如☐(班簋,《集成》4341)、☐(墙盘,《集成》10175)。西周晚期及之后完全线条化,如☐(善夫山鼎,《集成》2825)、☐(虢季子白盘,《集成》10173)、☐(哀成叔鼎,《集成》2782)。

综上所述,商周金文常见字字形演变整理如表4-1-1所示。

表4-1-1　　　　　　　金文常见字字形演变表

	商晚	西周早		西周中	西周晚	东周
王	☐ 四祀邲其卣 ☐ 六祀邲其卣	☐ 保卣 ☐ 天亡簋	☐ 令彝	☐ 剌鼎 ☐ 遹簋	☐ 猷簋	☐ 楚王酓章镈

真假铭文

续表

	商晚	西周早		西周中	西周晚	东周
宀	戍嗣子鼎	保卣	献簋			
	宰梡角	天亡簋	作册折觥	墙盘	趞鼎	楚王酓章镈
手	小臣俞尊	利簋	大盂鼎	班簋		
	小子省壶	天亡簋		遹簋	㝬簋	秦公簋
女(母)	司母辛鼎 大丐鼎	嬰方鼎	令彝器			
	亚母罢 乍母戊觥	令彝盖 我方鼎				
		大盂鼎 乍册嗌卣		召鼎	虢匜	哀成叔鼎
保	保鼎	保卣		墙盘	㝬簋	秦公簋
			乍册大方鼎			齐侯盂
隹	宰梡角 戍嗣子鼎	壨方鼎	大盂鼎	墙盘	㝬簋	楚王酓章镈

续表

	商晚	西周早		西周中	西周晚	东周
公		趞方鼎	令簋	班簋	六年琱生簋	秦公簋
于	䢅簋	天亡簋 保卣				
于	彝婦方鼎	大盂鼎	遹簋	㝬簋	楚王酓章镈	
正	二祀邲其卣	大盂鼎	班簋	虢季子白盘	哀成叔鼎	

（二）案例分析

在文字时代风格方面常见的错误大致有两种，一种是早晚期字体杂糅，风格不统一，一种是文字与器形纹饰的时代风格不统一。当然也有两者都有的情况。

1. 文字本身不统一

例1　南方追孝鼎：《铭图》2073，西周中期前段，图4-1-5

此鼎原藏日本兵库县千石唯司，现藏香港御雅居，整体铭文风格呈现西周中期的特色，但第二行第一个字"公"字写作，呈现西周早期的风格（前文有关于"公"字时代风格的总结），与全篇铭文风格不合。

图4-1-5　南方追孝鼎铭

— 115 —

真假铭文

例2　永宝用簋：《铭图》4804，西周晚期，图4-1-6

此器现藏上海博物馆，很明显，铭文第一行是后来增刻的，与后两行风格不一致。而且这是一篇呈现西周晚期风格的铭文，但铭文第一行的"父"字写作 ，呈西周早期的风格，与后两行西周晚期的风格不一致。

例3　冉父癸簋：《铭图》3849，商代晚期，图4-1-7

图4-1-6　永宝用簋铭

这是一篇模仿商代晚期风格的铭文，但是"父"字写作 ，在前文关于"又"字的梳理中我们知道此种写法是西周中期前段的写法，与商代铭文风格不同，全篇铭文时代风格不一致。

例4　井叔奵壶：《铭图》12375，西周中期，图4-1-8

这是一篇模仿西周中期风格的铭文，但文中第一个字"隹"字写作 ，呈现西周晚期的特点（关于"隹"字的时代风格前文已有总结），与全篇铭文风格不合。

图4-1-7　冉父癸簋铭　　　　图4-1-8　井叔奵壶铭

第四章　铭文辨伪的思路及方法（文字）

例5　衰鼎：《铭图》2311，战国早期，图4-1-9

这篇铭文中出现了加"玉"的"保"字，上文我们已经讨论过，这种写法只出现在西周早期后段的官名中，如大保、明保，以及春秋晚期齐侯器的"永保用"中。这篇铭文的"保"字出现在"永保用"中，时代为战国时期，但这篇铭文明显不具备齐系文字的特征（齐系文字特征在本章第二节书风部分具体讨论），不可能是齐侯器，所以很可疑。

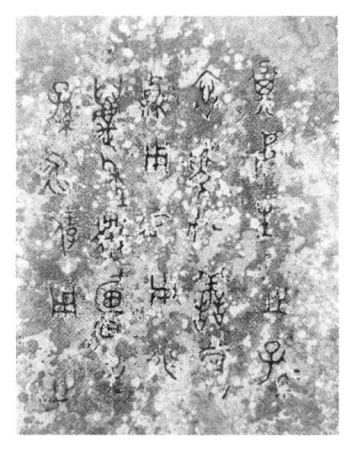

图4-1-9　衰鼎铭

例6　穌公匜：《夏商周》474，春秋早期，图4-1-10、图4-1-11

图4-1-10　穌公匜　　　　　图4-1-11　穌公匜铭

这件器物是上海博物馆于1994年自香港征集。从铭文的书写风格来看比较像中原地区的风格，如芮太子白鼎（图4-1-12）、芮公鼎（图4-1-13）、芮太子鼎（图4-1-14）。但是铭文中"永保用"的"保"字却加了一个"玉"字，写作 （文字本身也写错了，下文错字部分具体再谈），这种加"玉"字的"永保用"的写法只出现在春秋晚期的齐系铭文中，字体与书写风格不统一。

图 4-1-12　芮太子白鼎铭　　　图 4-1-13　芮公鼎铭　　　图 4-1-14　芮太子鼎铭

图 4-1-15　邑簋铭

例7　邑簋：《铭图》3956，西周早期，图 4-1-15

这是一篇模仿西周早期风格的铭文，但是"宝"字上面的"宀"虽然写得有方折的感觉，但很明显是两笔写成，而不是四笔，这是西周中期以后的写法，不应该出现在早期的铭文中。"邑"字也写得软弱无力，有很重的描画的痕迹。

例8　𢀖黾簋：《铭图》4209，西周早期，图 4-1-16

这是一篇模仿西周早期风格的铭文，但"宝"字很明显是两笔写成，不是早期的风格，还有"簋"字的写法也不对，后面错字部分再具体谈。

图 4-1-16　𢀖黾簋铭

例9 伯绅簋：《铭图》5100，西周中期，图 4-1-17

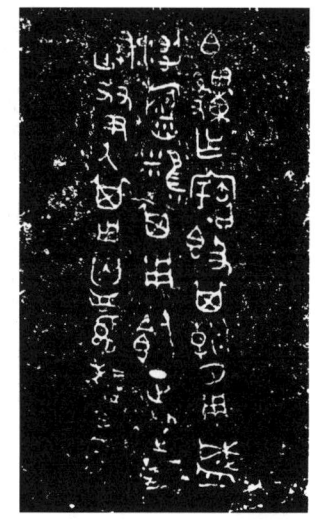

这是一篇模仿西周中期风格的铭文，但是第二行第七个字"正"字写作▨，这种写法是早期的风格，而且通篇字体都比较潦草，很多字写得不太准确，像"人"字写作▨，倒是与今天的"人"字非常相似了。

例10 旂伯簋：《铭图》5148，西周中期，图 4-1-18

这是一篇模仿西周中期风格的铭文，但是"王"字写作▨（第一行）、▨（第二行）、▨（第三行），"宫"字写作▨（第二行），都呈现明显的早期特点，与整篇铭文的时代不符。

图 4-1-17 伯绅簋铭

图 4-1-18 旂伯簋铭

图 4-1-19 州簋甲铭

例11 州簋甲：《铭图》4284，西周中期，图 4-1-19

真假铭文

图 4-1-20 邿季簋乙铭

这是一篇模仿西周中期风格的铭文，但其中的"王"字写作 🐝，呈明显早期特点，而且字体呆板，"簋"字写得也不对。

例12 邿季簋乙：《铭图》4464，西周中期，图4-1-20

这是一篇模仿西周中期风格的铭文，但 🐝 字的写法是典型的商晚期西周早期的风格，而且通篇字体潦草。

例13 妇姦尊：《铭图》11620，商代晚期，图4-1-21

这是一篇摹仿商代晚期风格的铭文，其中"妇"字写作 🐝，偏旁"女"的脚趾朝向前方，是商晚期的风格，但是 🐝 三个"女"字都是呈站立的姿势，却与商代晚期的风格大相径庭。

图 4-1-21 妇姦尊铭

例14 南姬盉：《铭图》14685，商代晚期，图4-1-22

图 4-1-22 南姬盉

这件器物呈商代晚期的风格，铭文也是模仿商代晚期的风格，但是"姬"字的"女"字边写作 ，呈现西周晚期甚至是春秋时期"女"字的特点。

例15　闻尊：《铭图》11810，西周中期，图4-1-23

图4-1-23　闻尊铭

这是一篇模仿西周中期风格的铭文，但是其中的"女（母）"写作 、 （第三行）、 、 （第四行），是完全站立的姿势，这种写法是西周偏晚期及东周时期的风格。同时通篇字体潦草，有明显后刻的痕迹。

2. 文字与器形纹饰不统一

图 4-1-24 丁母钟

例 16 丁母钟：《小校》1.2.4，西周晚期，图 4-1-24

这种钮钟的器形是西周晚期才出现的，但是铭文中的"母"字呈现非常明显的商代晚期的特色，并且"母丁"是商人的称谓，周人不用这种称谓（后文详细讨论），器形与铭文明显时代不一致。

例 17 亚其鼎：《铭图》586，商代晚期，图 4-1-25、图 4-1-26

图 4-1-25 亚其鼎　　图 4-1-26 亚其鼎铭

"亚其"是比较常见的商代族徽，这件器物器形、纹饰也呈现商代晚期的风格。但"其"字写法却规整、修长，呈现西周中晚期的书写风格，时代矛盾。

例 18 天黾乙鼎：《铭图》848，西周晚期，图 4-1-27、图 4-1-28

第四章 铭文辨伪的思路及方法（文字）

图4-1-27 天黹乙鼎

图4-1-28 天黹乙鼎铭

这件鼎器形呈现西周晚期的风格，但是铭文却是商代晚期常见的族徽，时代不合。

例19 季甗：《铭图》3232，西周早期，图4-1-29、图4-1-30

图4-1-29 季甗

图4-1-30 季甗铭

这种器形是商晚期到西周早期的风格，但铭文又呈现西周中晚期的风格，而且字体呆板，"季"字写法也有问题。

— 123 —

真假铭文

例20 叔亢甗：《铭图》3340，西周早期，图4-1-31、图4-1-32

图4-1-31 叔亢甗　　　　图4-1-32 叔亢甗铭

这种形制的甗流行于商晚期到西周早期，但是这篇铭文却呈现西周中期的书写风格，而且字体呆板，文辞也不通。

例21 举簋：《铭图》3455，西周中期，图4-1-33、图4-1-34

图4-1-33 举簋　　　　图4-1-34 举簋铭

第四章　铭文辨伪的思路及方法（文字）

这件簋呈现了西周中期的风格，但铭文却是商代晚期常见的族徽，而且有明显錾刻的痕迹。

例22　叔爽父尊：《铭图》11772，西周晚期，图4-1-35、图4-1-36

图4-1-35　叔爽父尊　　　　图4-1-36　叔爽父尊铭

此物器形比较怪异，上半部分的尊为商代晚期的风格，下面的方座为西周早期簋的风格，尊一般不带方座，而铭文却又呈现西周晚期的风格，各种时期的风格混搭，不伦不类。

二　书写正误

由于作伪者对于文字本身的不理解、不熟悉，而用来参考的铭文部分被锈蚀掩盖或不清晰，从而很容易造成书写错误。这类错误，只要我们了解金文真实的写法，是很容易辨别的。下面就几个常见字的错误写法举例分析。

1. 亚醜

亚醜是商代的大族，铭有"醜"的商代青铜器达上百件，集中出于山东苏埠屯商代大墓，时代大致属于商代晚期到西周早期，器形、纹饰、铭文都呈现明显的商代晚期到西周早期的特征。由于其出现的时间和地点都比较集中，所以写法比较类似，变化不大，一般写作：（《集成》1433）、

真假铭文

■（《集成》1435）、■（《集成》1436）、■（《集成》1437）、■（《集成》1438）、■（《集成》1439）、■（《集成》1440）、■（《集成》1441）、■（《集成》1442）、■（《集成》1443）、■（《集成》1444）、■（《集成》1445）、■（《集成》1837）、■（《集成》1839）、■（《集成》1840）、■（《集成》1867）、■（《集成》1884）、■（《集成》3096）、■（《集成》3095）、■（《集成》3097）、■（《集成》3099）、■（《集成》3310）、■（《集成》3331）、■（《集成》3333）、■（《集成》4807）、■（《集成》4806）、■（《集成》4809）、■（《集成》5085）、■（《集成》5097）、■（《集成》5559）、■（《集成》5560）、■（《集成》5735）、■（《集成》5840）、■（《集成》5935）、■（《集成》5936）、■（《集成》6159）、■（《集成》6968）、■（《集成》6969）、■（《集成》7786）、■（《集成》9090）、■（《集成》9295）、■（《集成》9323）、■（《集成》9373）、■（《集成》9763）、■（《集成》9765）、■（《集成》9766）、■（《集成》9767）、■（《集成》9818）、■（《集成》9819）、■（《集成》9849）、■（《集成》9850）、■（《集成》10839）、■（《集成》11438）、■（《集成》11439）、■（《集成》11440）、■（《集成》11441）、■（《集成》11442）、■（《集成》11443）。

"醜"字就结构而言，右边是一个站立的类似巫师的人，这个人梳着

第四章 铭文辨伪的思路及方法（文字）

一个很奇怪的发型，有三个朝天的发辫，有的上面还插着发簪之类的东西（如《集成》1873、9323），双手向前伸或捧持酒尊，下面的腿或垂直站立（如《集成》9323、9373），或有一条向上卷曲的尾巴（抑或是某种奇怪的服饰）（如《集成》1837、3332），左边上面是这个人捧持的酒尊，尊口有一条钩线，仿佛酒浆流出，下面是盛放酒尊的禁台。整个文字就像是古人苞茅缩酒的祭祀画面。对于醜族的性质，学者有不同意见，或认为是薄姑氏文化遗存，① 或认为是斟灌氏，② 或认为是齐氏，③ 或认为是商王封于殷东部的重要军事长官，④ 或认为是商人氏族。⑤ 但就文字构成而言，笔者认为这个醜族应该与巫师、祭祀有关。

铭"亚醜"的青铜器存世量很大，所以仿品也很多，明白了这个字的具体含义，就会比较容易辨别出伪器。如 ▨（《铭图》1148）人变成了跪坐的形式，左侧的酒尊也省略掉了。目前所见"醜"字中的人都是站立的，可以推测这个祭祀中人是站立倒酒的，写作跪坐的形式是错误的；此字在书写时有时会有省略，或省略酒尊下的禁台，或省略右侧的人，但无论如何都不会省略掉酒尊以及上面向外倒酒的指示符号，因为这是该字要表达的核心意思，此器把酒尊省略掉就失去了这个字的核心，是错误的。再如 ▨（《铭图》9376）人的头部应为发辫和发簪，但这件器物却画成了鬼脸；人应为站立姿态，双手应向前伸做捧持酒尊状，但这件器物的人却把双手放在了腿上，似坐而非坐；而且还把酒尊口表示酒浆流出的曲笔画做了手形，明显没有理解这个字的真正意义，错误非常明显。又如 ▨（《小校》4.7.1）、▨（《小校》4.7.2）、▨（《小校》6.11.6）几件器物都把酒尊口表示酒浆流出的曲笔省略掉了，酒浆向外倾倒是这个

---

① 殷之彝：《山东益都苏埠屯墓地和"亚醜"铜器》，《考古学报》1977 年第 2 期。
② 王树明：《"亚醜"推论》，《华夏考古》1989 年第 1 期。
③ 李零：《苏埠屯的"亚齐"铜器》，《文物天地》1992 年第 6 期。
④ 李海荣：《"亚醜"铭铜器研究》，《辽海文物学刊》1995 年第 1 期。
⑤ 严志斌：《商代青铜器铭文研究》，上海古籍出版社 2013 年版，第 324 页。

字的核心含义，把这部分省略也就失去了这个字的意义，是错误的。又如 （《铭图》9380）、（《铭图》11589）、（《铭图》11590）、（《小校》6.12.1）、（《小校》10.69.3）等，只要了解"醜"字的构成及含义，伪字是很容易辨认的。

2. 隹

"隹"字一般作为发语词使用，在金文中出现频率很高。它的具体结构及演变前文已经谈过，就是从一只象形的小鸟逐渐线条化、平直化。如果不了解这个字的结构，而作为参照的铭文又不清楚，就很容易写错。如 （《铭图》5075）把小鸟头和身子画成了两个圈，不符合"隹"字书写的规律，属于比较劣质的模仿。（《铭图》5137）小鸟的脚画得明显不对。（《铭图》5295）更是画得不知所谓。

3. 簋

"簋"作为器名，在金文中出现的频率也很高。这个字是会意字，左边是个"皀"字，右边是一只手拿着一把勺子去吃饭，一般写作 （作旅簋簋，《集成》3248）、（作宝簋簋，《集成》3255）、（伯簋，《集成》3352）、（或簋，《集成》3378）、（纪侯簋，《集成》3772）、（伯梁父簋，《集成》3794）、（叔向父簋，《集成》3849）、（曾伯文簋，《集成》4051）、（伯鲜簋，《集成》4361）、（六年琱生簋，《集成》4293）、（追夷簋，《新》53）、（邓公簋，《新》55）、（应侯见工簋，《新》78）、（伯考父簋，《新》635）、（大师小子齑簋，《新》731）、（殷簋，《新》840）、（晋侯訢簋，《新》865）、（晋姜簋，《新》886）、（王妻簋，《新》

957)、■(师道簋,《新》1394)、■(公仲侎簋,《新》1601)、■(叔丰簋,《新》1602)、■(曶簋,《新》1915)、■(室叔簋,《新》1957);有时左边从"食"字,如■(谏盨,《新》390)、■(秦公簋,《新》1343)、■(宰兽簋,《新》664);抑或左右颠倒,写作■(许季姜簋,《新》1393)、■(虎叔簋,《新》1611),但是基本结构一边是"皀"或"食",一边是"手拿勺"的形状。

了解了这个字的结构意义,伪字就很容易辨别了。如■(《铭图》4209)把左边的"皀"画成了一束丝,与这个字的含义不合。■(《铭图》4123)不仅把左边的"皀"画成了一束丝,右边的手也画得不知所谓。■(《铭图》4874)居然把手画反了,还有■(《铭图》3905)、■(《铭图》4284)"皀""手"画得都有问题。

4. 年

《说文》:"年,榖孰也。"会意字,上面是"禾",下面是"人",禾谷成熟,人负禾形。《尔雅》曰:"夏曰岁,商曰祀,周曰年,唐虞曰载。年者,取禾一孰也。"由于禾谷一岁一熟,就引申为纪时用语,在金文中出现频率很高。此字由两部分组成,上面是禾苗的"禾"字,下面是个"人"。一般写作■(小臣𫘫鼎,《集成》26530、■(𬭼鬲,《集成》631)、■(旂簋,《集成》3676)、■(㤿簋,《集成》4159)、■(庸伯䚄簋,《集成》4169)、■(小臣宅簋,《集成》4201)、■(癲钟,《集成》246)、■(大鼎,《集成》2807)、■(𢒪鼎,《集成》2824)、■(伯夏父鬲,《集成》720)、■(鼄季鼎,《集成》2585)、■(滕侯苏盨,《集成》4428)、■(商丘叔簠,《集成》4557)、■(散伯车父鼎2697)、■(厚趠方鼎2730)。

但是像■(《铭图》2453)、■(《铭图》4818)把禾苗的枝叶画成了圆弧，完全没理解这个字的意思。

5. 子

"子"是象形字，象小儿在襁褓中，有头、身、臂膀，两足象并起来的样子。既作为商人的姓氏，又作为儿子，还可作为某些字的偏旁，在金文中出现的频率也很高。这个字与取象于成年人的"大"（二祀邲其卣）、（大盂鼎）以及"人"（大盂鼎）、（令彝）所表现的静态的稳重感觉不同，"子"所体现的是一种动感，如（子雨己鼎，《集成》1717）、（子雨爵，《集成》8114）、（仲子觥，《集成》9298）、（者姤罍，《集成》9818）、（小子父己鼎，《集成》1874）、（子爵，《集成》7316）、（子妥鼎，《集成》1305）、（子父己觚，《集成》7124）、（子戌鼎，《集成》1316）、（宜子鼎，《集成》2694）、（子象爵，《集成》8115）、（子弓觯，《集成》6140）、（䓍作又母辛鬲，《集成》688）、（解子甗，《集成》874）、（子箙鼎，《集成》1313）、（子申父己鼎，《集成》1873）、（子令簋，《集成》3659）、（大盂鼎）。虽然西周中晚期文字线条在平直化的过程中"子"字的线条逐渐被拉平拉直，但是在早期"子"字腿部的动态还是很明显的。

但如（《铭图》810，西周早期）腿部完全垂直，与"子"字所表达的意义不合，明显不对。

6. 员

"员"（"圆"的本字）是圆鼎鼎口的象形，因为要特别强调其鼎口是圆形的，所以在鼎口上又画了一个圆圈，一般写作（员鼎，《集成》1958）、（桧妘鼎，《集成》2516）、（辅伯雁父鼎，《集成》2546）、（函皇父鼎，《集成》2548）、（夨方鼎，《集成》2789）、

（周棘生簋，《集成》3915）、（师瘨簋盖，《集成》4283）、（翏生盨，《集成》4460）、（季良父簠，《集成》4563）、（员父尊，《集成》5861）、（员觯，《集成》6432）、（员爵，《集成》8819）、（员盉，《集成》9367）。

但是现在的汉字上面都写作"口"，作伪者不了解古文字，很容易把圆圈写成"口"，如（《铭图》4369）。

7. 监

《说文》："监，临下也。"又："临，监也。"知"监"为会意字，字形本作从"皿"从"臥"之形，"皿"字在下，中有一点以示器中盛水，皿侧则有一人站立，睁大眼睛往下看，借器皿中的水照看自己的面影。所以许慎解字为"临下"，十分准确。必须强调的是，古人为表现"临下"而监的本义，人的眼目所视的方向一定是朝向器皿，而作竖目的形状。如两周金文常见的"监"字作（应监甗，《集成》883），或作（阑监鼎，《集成》2367），又作（善鼎，《集成》2820），（颂鼎，《集成》2827），（史語簋，《集成》4030），（仲再父簋，《集成》4188），（监祖丁觯，《集成》6207），有些虽然人身与眼目分离，但目作竖目之形却没有变化，如（颂簋，《集成》4332），（邓孟壶盖，《集成》9622），（颂壶，《集成》9731），（监戈，《集成》10893），（叔赵父甬，《集成》11719），（向监鼎，《新》1149），（攻吴王夫差鉴，《新》1477），（幽公盨，《新》1607），都通过字形准确地表现了"监"字竖目临下的特征。而与其互训的"临"字则作（董临鼎，《集成》2312），或作（大盂鼎，《集成》2837），（毛公鼎，《集成》2841），（叔临父簋，《集成》3760），（师甸簋，《集成》4342），也以竖目临下为义。可见，古人以竖目表现临下而视，绝无例外。

但是写作 ![字] （《铭图》4441），眼睛呈横目而平视前方，并不作向下俯视的竖目形状，不符合"监"字的本义，错误是明显的。

8. 锡

在前面第三章我们曾经举过一个何簋的例子（《铭图》5137，图3-1-28），其中第二行第一个字 ![字]，曾有学者考释为"匜"字的初文，但匜这种器形是西周中晚期才出现的，西周早期的铭文中不可能出现这个字。根据上下文"隹八月，公殷年，公 ![字] 何贝十佣……"，很明显，这个字应该是表示赏赐的"锡"字。"锡"字常见的写法如 ![字]（德方鼎，《集成》2661）、![字]（柞钟，《集成》133）、![字]（大盂鼎，《集成》2837）、![字]（颂簋，《集成》4334）。除这种写法外，在早期还有一种写法，如 ![字]（德鼎，《集成》2405）、![字]（德簋，《集成》3733）、![字]（叔德簋，《集成》3942），很明显，这件器物就是模仿这种写法而没有写好。

9. 力

"力"是象形字，有学者认为，颇像古代的犁形，上部为犁把，下部为耕地的犁头。耕田要用力，所以"力"字就用为"力量"之"力"；有学者认为，"力"是手连臂的象形，手和臂加起来表示有力量；有学者认为，"力"像"人筋之形"。《说文》："力，筋也。象人筋之形。"筋下曰：肉之力也。筋者其体，力者其用也。不管哪种说法，其形态都应该为 ![字] 形，或 ![字] 形。

"力"字很少单独使用，一般作为偏旁出现，写作 ![字]（加爵，《集成》8924）、![字]（《集成》8925）、![字]（兽叔奂父盨，《新》41）、![字]（小克鼎，《集成》2799）、![字]（仲禹父簋，《集成》4189）、![字]（天亡簋，《集成》4261）、![字]（番生簋盖，《集成》4326）、![字]（许男鼎，

《集成》2549）、▢（赵小子𧊒簋，《集成》3848）、▢（师袁簋，《集成》4313）、▢（翏生盨，《集成》4459）、▢（乍册令方彝，《集成》9901）、▢（叔男父匜，《集成》10270）、▢（郜子姜首盘，《新》1043）、▢（趞鼎，《集成》2815）、▢（颂鼎，《集成》2827）、▢（四十三年逨鼎，《新》753）、▢（师𤸫簋盖，《集成》4283）、▢（师酉簋，《集成》4288）、▢（袁盘，《集成》10172）。

但是▢（《铭图》1607）却把犁头部分写成了平头，平头的犁是没有办法犁地的，作伪者显然没有理解这个字的意思，所以写错了。

10. 保

有一种特殊写法的"保"字，在前面谈过，就是在"子"字上面加了一个"玉"字，曾两度使用。西周早期，作为官名出现在"大保""明保"中，如▢（大保鼎，《集成》1735）、▢（𤝐鼎，《集成》2157）、▢（宝鼎，《集成》2749）、▢（作册大鼎，《集成》2760）、▢（臣栩残簋，《集成》3790）、▢（叔簋，《集成》4132）、▢（大保卣，《集成》5018）、▢（克盉，《新》1367）、▢（作册翻卣，《集成》5400）、▢（乍册令方彝，《集成》9901）等。春秋后期的齐系铭文中再次出现，但不再作为官名使用，而是出现在"永保用"中，如▢（齐侯盂，《集成》10318）、▢（䜭镈，《集成》271）、▢（叔夷镈，《集成》285）、▢（齐侯敦，《集成》4639）、▢（齐侯作孟姜敦，《集成》4645）、▢（齐侯盘，《集成》10117）、▢（毛叔盘，《集成》10145）、▢（夆叔盘，《集成》10163）、▢（国差𦉢，《集成》10361）、▢（郜子姜首盘，《新》1043）。

无论什么时间作为什么意思出现，其写法都是"玉"字在上面的，但

是 ▨（《铭图》1016）、▨（鮅公匜，《新》1465）却把"玉"踩在了脚下，完全曲解了这个字的含义。

11. 事

"事"为会意字，金文"史""吏""事"为同一个字，是一"手"持"卪"的形象。一般写作▨（柞钟，《集成》133）、▨（伯矩鼎，《集成》2456）、▨（史颂鼎，《集成》2787）、▨（𢆉鼎，《集成》2789）、▨（趞鼎，《集成》2815）、▨（颂鼎，《集成》2827）、▨（大盂鼎，《集成》2837）、▨（曶鼎，《集成》2838）、▨（事父簋，《集成》3463）、▨（贤簋，《集成》4104）、▨（利簋，《集成》4131）、▨（叔簋，《集成》4132）、▨（追簋，《集成》4219）、▨（免簋，《集成》4240）、▨（天亡簋，《集成》4261）、▨（墙盘，《集成》10175）、▨（𤔲匜，《集成》10285）。

但是▨（《铭图》5154）上面却写成了一个"古"字，肯定没理解这个字的意思。（春秋时期也有这种写法，但这件器物是西周中期风格）

12. 神

"神"为形声字，一般写作▨（癲钟，《集成》250）、▨（𣄰钟，《集成》260）、▨（癲簋，《集成》4170）、▨（陈赆簋盖，《集成》4190）、▨（任鼎，《新》1554），其声旁"申"一般写作▨形，或▨形。

而▨（《铭图》5277）可能由于参照的铭文不太清楚，误画成了两个三角形。

13. 旦

"旦"是个象形字，就像太阳从水中而出，上面圆圈中间点一个点，代表初升的太阳，下面实心圆点就像太阳在水中的倒影，它们多相连，如 ▆（七年趞曹鼎，《集成》2783）、▆（此鼎，《集成》2823）、▆（颂鼎，《集成》2827）、▆（师颍簋，《集成》4312）、▆（訇簋，《集成》4321）、▆（颂簋，《集成》4332）、▆（吴方彝盖，《集成》9898）、▆（裘盘，《集成》10172）；有时也呈分离状，如 ▆（大师虘簋，《集成》4252）。

可是 ▆（《铭图》5674）画了两个分离的圆圈，每个圆圈里点了两个点，显然作伪者没明白这个字的意思。

14. 彭

"彭"是个拟声字，左边"壴"像鼓的形象，右边"彡"像鼓发出的声音，一般写作 ▆（彭母甗，《集成》856）、▆（彭母彝鼎，《集成》1907）、▆（妣鼎，《集成》2612）、▆（彭母簋，《集成》3343）、▆（广簋盖，《集成》3890）、▆（作彭史从尊，《集成》5810）等。

但是 ▆（《铭图》10611）把鼓架子上面 ▆ 写成了一个短横，明显是现代人的写法。

三 描摹

练过书法的人都知道，在最初临帖的时候，由于对字帖不了解，又想写得像，往往一个字一个字地比对着描或者摹，所以会造成字与字之间是割裂的，互相之间没有呼应，整个文气不连贯。由于大部分作伪者金文水平不高，所以写出来的伪铭也很多具有这种描摹的痕迹。如者◇鼎（《铭图》1074，图4-1-37）就是仿者◇鼎（《近出》252，图4-1-38），又如为子大簋（《铭图》5781）的器铭（图4-1-40）就是仿的它自己的盖铭（图4-1-39）。真伪放在一起对比，很容易看出描摹的痕迹。

真假铭文

图 4-1-37　伪铭　　图 4-1-38　真铭　　图 4-1-39　真铭　　图 4-1-40　伪铭

再如㦰鼎（《铭图》1738，图 4-1-41）、庚壶（《铭图》11961，图 4-1-42）、寯男鬲鼎（《铭图》1898，图 4-1-43），笔法呆滞，有很强的描摹痕迹。

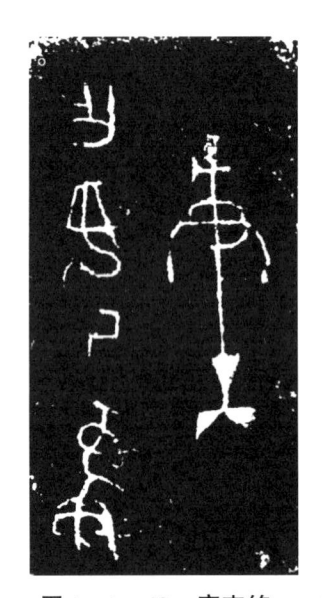

图 4-1-41　㦰鼎铭　　　　图 4-1-42　庚壶铭　　　　图 4-1-43　寯南鬲鼎铭

第四章 铭文辨伪的思路及方法（文字）

四 草率

文字在上古时代只掌握在少数统治者手中，是沟通人神的媒介，体现了一种神圣的宗教信仰。古人写字的风格"端庄杂流利，刚健间婀娜"，虽然不同，但是每一笔每一画都是写得很认真的。虽然东周时期礼崩乐坏，文字的书写不像西周时期那么规矩，但是每个字还是清晰可见的，不会把字写散了。但是现在的很多伪铭却写得相当草率，如昔须甗（《铭图》3349，图4-1-44）、邴季簋甲（《铭图》4463，图4-1-45）、叔驹父簋（《铭图》4668，图4-1-46），甚至有的都把字写散了，如叔驹父簋中的"万"字。

图4-1-44　昔须甗铭　　图4-1-45　邴季簋甲铭　　图4-1-46　叔驹父簋铭

第二节　章法

一篇铭文同时也是一篇书法作品，有其自身的风骨。本节将从书法的角度探讨金文的特点，并提供一些辨伪的思路。

一 书风

整体而言，商周金文多铸于青铜彝器之上用于宗庙祭祀，自然有一种庙堂之气，书写者一般都是作册或内史之类的史官，他们有良好的家学渊源和文化修养，书写的文字自然又有一种书卷之气，经过几千年的岁月侵

— 137 —

蚀，形成一种斑驳的金石之气。这是作伪者一直致力于达到，但又很难达到的境界。具体而言，商人与周人性格不同，在书风上有明显的差别，不同时期、不同地区、不同用途甚至不同书者之间也有很大的差异，了解这些差异，再结合器形、纹饰等知识，可以更好地帮助我们进行真伪的辨别。

（一）时代风格

商周金文就其书写风格而言，大致可分为三期：第一期为商晚期到西周早期，这一时期主要体现的是商人凌厉潇洒的性格，其中西周早期是一个融合期，既有对商人遗风的继承和发展，也有周人自己风格的尝试与开创；第二期为西周中晚期，这一时期主要体现周人的圆曲端庄的风格；第三期为东周时期，这一时期更多体现出不同的地区风格。

1. 商晚期到西周早期

这一时期文字的象形意味比较重，多肥笔。商晚期文字结构比较修长、方折，笔画有比较强烈的刀刻的意味，大多呈中间粗两端尖的形态，如乃孙鼎（《集成》2431，商晚期，图4-2-1），属于比较原始质朴的用笔方法，是自然摆动笔杆而画出的线条。还有一种称为"钉头"，如乃孙鼎第一行第二个字"孙"字，这种笔画大多为横画，是斜向顿按落笔，然后拉出，这种锋芒毕露的笔法与商人青铜器常用的饕餮纹结合在一起，呈现出一种"神秘的威力和狞厉的美"[①]，大邑商的这种泱泱气度与性格使大朴时期的书法艺术成为一代难以企及的高峰。文字的书写者都为史官，西周的史官多为殷遗民，所以西周早期在书写风格上多继承商人的风格，但又有一些变化，字体结构有从方折变圆弧的趋势，笔画虽然也出锋，但刀刻的意味明显减弱，并且开始有意识的藏锋，如保卣（《集成》5415，西周早期，图4-2-2），书写风格由放开始变得收，周人内敛的性格开始体现出来。整体而言，这一时期的字是比较厚实，有力量感的。除此之外，西周早期还有一种特殊的书写风格，如天亡簋（《集成》4261，西周早期，图4-2-4），其明显异于商人的风格，在西周中后期也没有被继承，目前仅见这一件，应该为西周初年周人史官系统的书写风格。

---

① 李泽厚：《美的历程》，文物出版社1982年版。

第四章 铭文辨伪的思路及方法（文字）

图 4-2-1 乃孙鼎铭

图 4-2-2 保卣铭

就空间布局而言，这一时期文字大小不一，或长跨数字，或缩为一截，排列错落参差、疏密相间、跳跃跌宕，呈现一种质朴率真的美感，如前面所举的乃孙鼎、保卣，又如二祀邲其卣（《集成》5412，商晚期，图4-2-3）、天亡簋（《集成》4261，西周早期，图4-2-4）。这种穿插结

图 4-2-3 二祀邲其卣铭

图 4-2-4 天亡簋铭

— 139 —

真假铭文

构是很难模仿的,写整齐容易,要写得错落参差而又不散乱,没有一定的书学功底是很难做到的。这也可以为我们辨伪提供一些参考。

到西周早期的后段,出现了横平竖直、字距行距平均分布的趋势,如大盂鼎(《集成》2837,西周早期,图4-2-5),但是这只是一种趋势,并不是这一时期的主流,而且与西周中后期那种严格意义上的规范与秩序还是有些差别的,如墙盘(图4-2-6)。

图4-2-5　大盂鼎铭

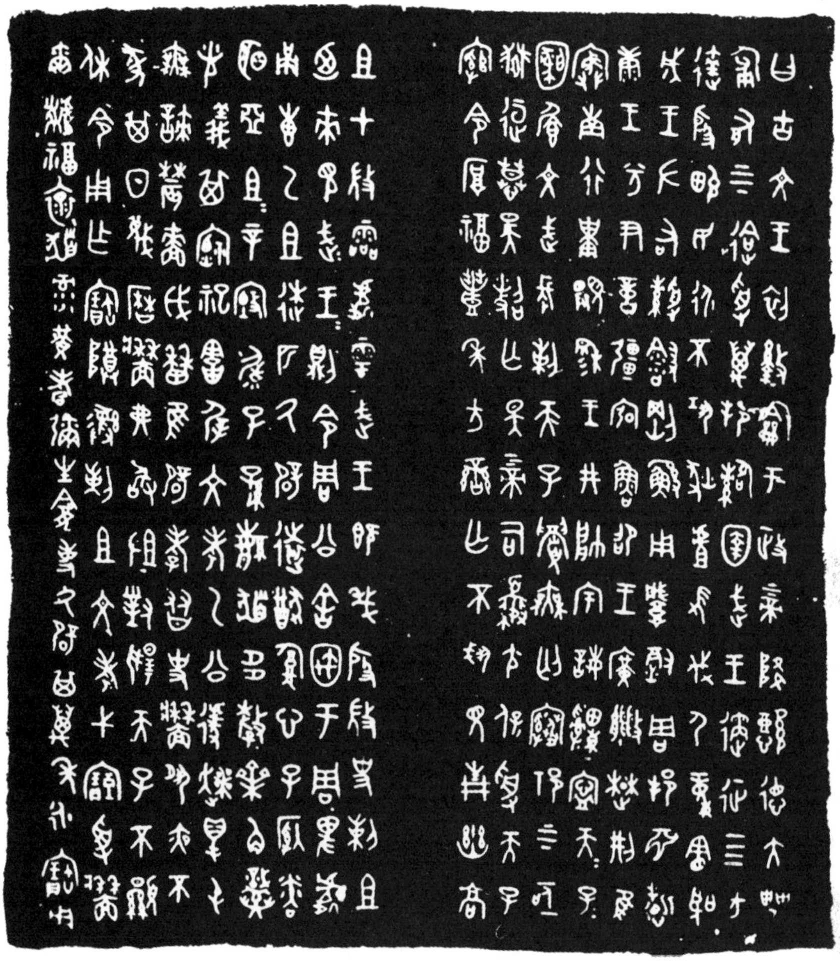

图 4-2-6　墙盘铭

2. 西周中晚期

西周中期文字发生了很大的变化，之前"随体诘诎"的象形文字开始变得线条化、平直化。线条化就是指笔画起止处的笔锋逐渐收敛，不露锋芒，肥笔、波磔消失，方形、圆形的团块为线条所取代，线条粗细趋向一致，如下表中的"天""古""土"；平直化是指曲折象形的线条被拉平拉直，不相连的线条被连成一笔，如下表中的"马""隹"。这些变化使得文字更加便于书写，是文字走向成熟的一个标志。

表4-2-1　　　　　　　　　　　字形变化表

	天	古	土	马	隹
西周早期	大盂鼎	大盂鼎	大盂鼎	大盂鼎	大盂鼎
西周中后期	墙盘	墙盘	㝬钟	虢季子白盘	墙盘

这一时期商人方折锐利的书写风格完全消失，取而代之的是周人圆曲端庄的书写风格。之前参差错落的空间布局变得整齐规范，如墙盘（《集成》10175，西周中期，图4-2-6）。周人以礼乐治天下，讲究秩序，自然不欣赏商人那种放纵不羁的艺术风格，再加上周人性格质朴内敛，以及"小邦周"对"大邦殷"的某种自卑心理，使他们更加要用规范与秩序来进行文饰。这种变化不只表现在文字的书写上，在器形方面商人常见的方形器逐渐消失，代之而出现一种没有棱角的椭方形器（盨），商人常用的那种神秘狞厉的饕餮纹消失，而多使用更加规范的瓦楞纹、回纹、鳞纹等。

西周晚期，金文书写已经相当成熟，字形修长，大小相同，结体婉转流畅、精巧匀称，章法上字与字、行与行之间少有错落，秩序井然，如㝬簋（《集成》4317，西周晚期，图4-2-7）。但同时，与这种规范工整的正体相对，这时也出现了一种自由放逸的变体，如散盘（《集成》10176，西周晚期，图1-2-2）。就整体而言，当时的风格还是以工整秀丽为主，尤其是王室器，它代表了当时的发展趋势，之后东周的金文风格据此衍化，秦始皇时代的小篆也由此滥觞。而自由放逸之变体仅出现在方国器中，而且数量很少，不占主流。

第四章 铭文辨伪的思路及方法（文字）

图 4-2-7　䇇簋铭

3. 东周时期

东周时期由于社会生产力的发展，民智开发，机巧日进，审美观念偏向形式上的精巧华美。青铜器造型层层镂雕，鎏金错彩，纹饰细密繁缛，铭文实际内容减少，多为"物勒工名"或嘏辞，有刻款（如公朱右官鼎，《集成》1946，战国晚期，图4-2-8）和铸款（吴王孙鼎，《集成》2359，春秋晚期，图4-2-9）两种。刻款的笔画很细，字体扁圆；铸款的字体修长，线条婉转，更加美术化，装饰性意味加强，表现出一种世俗的华丽。

从发展趋势看，大致可以分为三个阶段：第一阶段，春秋早期，基本继承

— 143 —

西周晚期的风格，但从工整开始变得自由，各诸侯国开始出现自己的地域风格，但还不太明显，如鲁伯愈父匜（《集成》10244，春秋早期，图4-2-10）；第二阶段，春秋中晚期到战国早期，美化装饰文字的风气大盛，如吴王孙鼎（《集成》2359，春秋晚期，图4-2-9），鸟虫书等新书体流行，以大国书风为核心的地区风格逐渐形成；第三阶段，战国中晚期，铸款减少，大多为刻款，"草篆"泛滥（如公朱右官鼎《集成》1946，战国晚期，图4-2-8），俗体字冲击正体字，体现典范美的正体文字急剧减少，变风盛行。

图4-2-8 公朱右官鼎铭　　图4-2-9 吴王孙鼎铭　　图4-2-10 鲁伯愈父匜铭

（二）地域风格

西周时期，王室权力集中，王室对诸侯国的控制力较强，表现在文字上，其造型与趣味虽然因书手性情的不同而略有差别，但大都遵循一个共同的标准，地域风格差异不大。但是到了东周时期，王室势微，礼崩乐坏，地方强大，各诸侯国不统于王，长期分而治之使得各地呈现出不同的地域特色。东周时期地域书风大致可分为四种类型，西面的秦系、东面的齐系、南面的楚系以及中原地区。

1. 秦系

秦国文字是在东周时期各国文字中对西周晚期文字所做改变最小的，基本继承了西周晚期（如宗妇簋，《集成》4077，图4-2-11）的书风。虽然也向工整的方向进一步发展,但没有像东面和南面那样过度地追求形式上的美化,而更好地保留了西周晚期质朴浑厚的书风,如秦公镈(《集成》269,春秋早期,图4-2-12)、秦公簋(《集成》4315,春秋中后期,图4-2-13)。

图4-2-11 宗妇簋铭

图4-2-12 秦公镈铭

图 4-2-13　秦公簋铭

2. 齐系

齐国的文字在春秋早期基本还是继承西周晚期工整秀丽之风,如齐紫姬盘(《集成》10147,图 4-2-14);到春秋中后期出现明显的变化,字体变得修长,竖画多曲折婉转,装饰性意味增强,呈现一种清丽俊美之态,如齐侯盂(《集成》10318,图 4-2-15);田氏代齐之后,书风出现

图 4-2-14　齐紫姬盘铭　　　　图 4-2-15　齐侯盂铭

了很大的转变，竖画不再曲折婉转，而是变得垂直，字体变得挺拔，如陈曼簠（《集成》4595，图4-2-16）。齐国拥有强大的政治经济实力，其文化对周边小国莒、滕、中山等多有影响，所以战国时期，这种挺拔遒美的书风成为整个东面北面主体风格，如中山王䰽方壶（《集成》9735，图4-2-17）。

图4-2-16 陈曼簠铭   图4-2-17 中山王䰽方壶铭

3. 楚系

楚人最早摆脱宗周束缚，开始发展自己的独特风格。如楚公豪钟（《集成》42，西周晚期，图4-2-18），并没有走宗周工整秀丽的路线，而比较雄健奇肆，个性鲜明。春秋中期之后楚国的书风发生了很大的转变，开始变得妩媚婉转，如楚王酓章镈（《集成》85，春秋晚期，图4-2-19）。这是最为典型的楚系风格，对周边的小国吴、越、陈、蔡、曾、邓等影响非常大。如吴王孙鼎（《集成》2359，春秋晚期，图4-2-20）、蔡侯申簠（《集成》3595，春秋晚期，图4-2-21）、曾侯乙簠（《集成》3636，战国早期，图4-2-22）等。在此基础上还发展出极具装饰意味及巫术色彩的鸟虫书，如楚王酓章戈（《集成》11381，

图4-2-23),以及蚊脚书,如王子午鼎(《集成》2811,图4-2-24)、楚王酓前盘(《集成》10100,图4-2-25),并对周边产生很大影响,如越王勾践剑(《集成》11621,图4-2-26)。

图4-2-18 楚公豪钟铭　　图4-2-19 楚王酓章镈铭

图4-2-20 吴王孙鼎铭　图4-2-21 蔡侯申簋铭　图4-2-22 曾侯乙簋铭

第四章 铭文辨伪的思路及方法（文字）

图 4-2-23 楚王酓章戈

图 4-2-24 王子午鼎铭

图 4-2-25 楚王酓前盘铭　　图 4-2-26 越王勾践剑铭

4. 中原

中原地区的情况比较复杂，不像秦、楚、齐有那么鲜明的特色，总体来说，一方面继承西周晚期的风格，只是从端庄变得有些随意，如芮太子白鼎（春秋早期，《集成》2496，图4-2-27）；另一方面又受秦、楚、齐的影响，风格多变，如哀成叔鼎（《集成》2782，图4-2-28）。

图4-2-27 芮太子白鼎铭　　图4-2-28 哀成叔鼎铭

（三）案例分析

例1 大保卣：《铭图》12837，西周早期，图4-2-29

这是一件模仿西周早期的器物，"保"字头上有"玉"字是康昭时期的特点，但是铭文整体的书写风格明显呈西周中后期的风格，与真器大保方鼎（图4-2-30）相比，很容易看出问题。

图4-2-29 大保卣伪铭　　图4-2-30 大保鼎真铭

第四章 铭文辨伪的思路及方法（文字）

例2 元尸鼎：《铭图》1793，西周早期，图4-2-31

这是一件模仿西周早期的器物，字的写法也是模仿早期的风格，但是空间排列整齐，明显不是早期的风格，而且字体呆板，不连贯，描摹痕迹很重。

例3 得且戊鼎：《铭图》744，商代晚期，图4-2-32

这是一篇模仿商代晚期的铭文，但字体风格明显不是商人的风格。

图4-2-31 元尸鼎铭

例4 冢鬲：《铭图》2686，西周早期，图4-2-33

这是一件模仿西周早期的器物，但是文字的书写呈现西周中后期的风格，铭文空间布局过于规整，西周早期的铭文空间布局多穿插错落，此铭文书风不是西周早期的风格。

图4-2-32 得且戊鼎铭　　图4-2-33 冢鬲铭

例 5　倗兄丁卣：《铭图》12865，西周早期，图 4-2-34

这是一件模仿西周早期的器物，铭文内容也为商晚期和西周早期常见的内容，但是文字笔画细弱绵软，没有西周早期古朴之风，明显不是西周早期的风格。而且"兄"字上面的"口"画成了圈，明显的错字。

图 4-2-34　倗兄丁卣铭

例 6　噩叔父卣：《铭图》13157，西周早期，图 4-2-35

这是一件模仿西周早期的器物，但是文字笔画纤细软弱，空间布局过于规整，与西周早期的风格不符。

图 4-2-35　噩叔父卣铭

例 7　秦公簋：《铭图》4252，春秋早期，图 4-2-36

这件器物是模仿秦公器，但其书写风格与秦系书风明显不同（图 4-2-37），尤其是"公"字的写法，不是秦系文字的特点。

图 4-2-36　秦公簋伪铭　　图 4-2-37　秦公簋真铭

二 避复

在一篇书法作品中，当一个字多次出现时，往往会采用不同的写法，从而达到一种视觉上变化的效果，增强艺术感染力，使艺术风格丰富。在比较长篇的铭文中，往往会出现这种情况。研究商周青铜器铭文的避复情况对于铭文辨伪非常有助益。

（一）何为避复

在谈避复之前，我们首先要明确到底什么样的情况可以称之为避复。徐宝贵在《商周青铜器铭文避复研究》中列举了大量铭文避复的例子，为这一问题的研究进行了有益的探索。但就笔者看来，其中也存在不少问题，其所列举的实例大多数并不能称之为避复。

第一，出现在不同器物上的同一个字的不同写法不能称之为避复。古人经常将同一篇铭文铸造于多件器物之上，如颂鼎、颂簋、史颂鼎等都有若干件，而这些出现在不同器物上的相同铭文中同一个字的不同写法只能称之为异体字，不能称之为避复。徐氏文章中所列举的多数例子都属于这种情况，如其所举辨簋的"辨"；邢太宰簋的"正""月"；臣辰卣的"臣"；杞伯簋的"杞"；大簋的"召""师""赐""既"；散伯簋的"万"；颂鼎的"造"；此簋的"此""文"；颂簋的"司""旂"等。所谓避复就是要避免视觉上的重复造成的呆板、不美观，那么这种情况只能发生在同一件铭文中，或同一件器物的器盖对铭中，对于不同的器物根本无所谓重复，就更谈不上避复。

第二，不是所有笔画的细微变化都能称之为避复。有些细微的变化有可能是在铸造过程中产生的变形，抑或是书者不经意造成的，还有些笔画的增减、变形是由于青铜器锈蚀造成的，而并非书者刻意为之。徐氏文章中举的很多例子都属于这种情况，如伯晨鼎的"幽"；元年师旋簋的"克""命"；大鼎的"走"；大克鼎的"显"；小克鼎的"之"；毛公鼎的"王"；作册大鼎的"皇"；师酉簋的"首"；虢簋的"命"；仲殷父簋的"宗"；洹子孟姜壶的"命"；曶鼎的"复"等。所谓避复一定是书写者刻意为之，造成变化起伏，从而达到一种审美的效果。

综上所述，避复应该是在同一件铭文中或同一件器物的器盖对铭中，书写者为了避免重复造成视觉上的呆板，而刻意将相同的字写作不同的形式，以期达到一种变化的美感。

（二）什么情况下，哪些字容易出现避复

在一篇铭文中，并不是所有重复出现的字都会产生变化，恰恰相反，一些经常重复出现的字，如隹、王、用、以、其、父、女（汝）等并不发生变化，如：

· 德鼎（西周早，《集成》2661）的"王"：、；

· 尹光方鼎（商晚期，《集成》2709）的"王"：、、；"隹"：、；

· 窦鼎（西周中，《集成》2721）的"其"：、；"父"：、；

· 莒太史申鼎（春秋晚，《集成》2732）的"以"：、；

· 夫跌申鼎（春秋晚，《新》1250）的"以"：、、、；

· 梁其鼎（西周晚，《集成》2768）的"用"：、、；"其"：、、、；

· 戜者鼎（西周中，《集成》2662）的"用"：、、；

· 大克鼎（西周中，《集成》2836）的"女"：、、、、、、、、、；

甚至很多时候两个相同的字并列放在一起也不会出现避复现象，如：

· 孟员鼎（西周中，《新》697）：

第四章　铭文辨伪的思路及方法（文字）

- 康鼎（西周中，《集成》2786）：

- 师旂鼎（西周中，《集成》2809）：

- 大克鼎（西周中，《集成》2836）：

- 汝母簋（商晚期，《集成》10562）：

- 己侯簋盖（西周中，《集成》3977）：

- 大保簋（西周早，《集成》4140）：

- 大盂鼎（西周早，《集成》2837）：、

- 矢令方彝（西周早，《集成》9901）、

- 中山王䓒鼎（战国中，《集成》2840）：

变化与否与铭文的书写风格、铭文内容以及字形结构的复杂程度等多方面因素有关。从铭文位置看，器盖对铭时经常出现避复现象；从字形结构看，结构比较复杂，由若干字根构成的字变化较多；从铭文内容看，人

的名字或称谓经常采用不同的写法，尤其是做器者的名字；此外，当一个字表达不同的意义时，有时书写者也会采用不同的写法。

1. 器盖对铭

这种情况比较容易理解，器盖对铭时，铭文内容相同或基本相同，铭文中的每个字几乎都会重复出现，那么个别字出现变化的概率也会较大，如：

- 曾侯乙鼎（战国早，《集成》2294）的"持"：▨盖、▨器
- 囲鼎（西周早，《集成》2505）的"囲"：▨盖、▨器
- 杞伯每刃鼎（春秋早，《集成》2494）的"杞"：▨盖、▨器；"邾"：▨盖、▨器
- 小子射鼎（商晚期，《集成》2648）的"小子"：▨盖、▨器；"射"：▨盖、▨器
- 我方鼎（西周早，《集成》2763）的"祢"：▨盖、▨器
- 伯娄府簋（西周早，《集成》3537）的"府"：▨盖、▨器
- 屏簋（西周早，《集成》3656）的"屏"：▨盖、▨器；"乍"：▨盖、▨器
- 遹遂簋（西周早，《集成》3688）的"遹"：▨盖、▨器
- 己侯簋（西周中，《集成》3772）的"縈"：▨盖、▨器；"簋"：▨盖、▨器
- 保子达簋（西周晚，《集成》3787）的"达"：▨盖、▨器
- 毳簋（西周中，《集成》3932）的"万"：▨盖、▨器
- 诘簋（西周晚，《集成》3841）的"尊"：▨盖、▨器；"簋"：▨盖、▨器；"万"：▨盖、▨器

第四章 铭文辨伪的思路及方法（文字）

- 丰兮夷簋（西周晚，《集成》4001）的"尊"：■盖、■器
- 叔多父簋（西周晚，《集成》4005）的"趩"：■盖、■器
- 琱我父簋（西周晚，《集成》4048）的"琱"：■盖、■器
- 默叔默姬簋（西周晚，《集成》4064）的"媿"：■盖、■器
- 事族簋（西周晚，《集成》4089）的"事"：■盖、■器
- 癲簋（西周中，《集成》4171）的"妥"：■盖、■器
- 追夷簋（西周晚，《新》53）的"追"：■盖、■器；"命"：■盖、■器
- 五年师旋簋（西周中，《集成》4216）的"琱"：■盖、■器
- 追簋（西周中，《集成》4223）的"尊"：■盖、■器；"旂"：■盖、■器
- 小臣謎簋（西周早，《集成》4239）的"征"：■盖、■器；"遣"：■盖、■器
- 筍伯大父盨（西周晚，《集成》4422）的"筍"：■盖、■器；"嬴"：■盖、■器
- 兽叔奂父盨（西周晚，《新》41）的"兽"：■盖、■器；"旂"：■盖、■器；"梁"：■盖、■器
- 郑季盨（西周晚，《集成》4454）的"郑"：■盖、■器；"季"：■盖、■器；"钟"：■盖、■器；"金"：■盖、■器；"尊"：■盖、■器；"盨"：■盖、■器；"鼎"：■盖、■器

- 元年师旋簋（西周中，《集成》4282）的"首"：[图]盖、[图]器
- 保卣（西周早，《集成》5415）的"遘"：[图]盖、[图]器
- 矢令方彝（西周早，《集成》9901）的"朝"：[图]盖、[图]器
- 师寰簋（西周晚，《集成》4313）的"異"：[图]盖、[图]器
- 师酉簋（西周晚，《集成》4288）的"虎"：[图]盖、[图]器
- 廿七年卫簋（西周中，《集成》4256）的"裘"：[图]盖、[图]器
- 大师虘簋（西周中，《集成》4252）的"裘"：[图]盖、[图]器
- 颂簋（西周晚，《集成》4333）的"中"：[图]盖、[图]器

甚至有时器盖对铭，器铭和盖铭会几乎全部采用左右反转的书写方式进行避复，如杞伯每刃簋（春秋早，《集成》03899，图4-2-38）中的"杞""曹""宝""簋""子子孙孙"诸字都采用反书的方式进行避复。

图4-2-38　杞伯每刃簋铭

2. 字形结构复杂

一般在铭文中较多变化的字都是字形结构相对复杂，由若干字根组成的

字。这比较好理解,结构太简单的字不太容易产生变化,如王、又、父、祖、隹、年、月、于、以、用、乃、廼、赐、厥、子、孙等字,在铭文中重复出现的概率非常大,但很少会发生变化,原因可能有很多,但其结构简单,不易产生丰富的变化应该是重要原因之一。而经常产生变化的字,结构都相对复杂,如铭文中经常出现的"万"字多为通过增加或减少字根避复。

· 毳簋(西周中,《集成》3931):▨盖、▨器;(《集成》3932):▨盖、▨器;(《集成》3934):▨盖、▨器

· 诂簋(西周晚,《集成》3840):▨盖、▨器

· 孟辨父簋(西周晚,《集成》3960):▨、▨

· 元年师旋簋(西周中,《集成》4279):▨盖、▨器

又如"尊"字,在铭文中重复出现的概率也比较高,可以通过增加减少字根避复,也可以通过改变某个字根避复或增加减少笔画等多种方法避复。

· 诂簋(西周晚,《集成》3840):▨盖、▨器;(《集成》3841):▨盖、▨器

· 丰兮夷簋(西周晚,《集成》4001):▨盖、▨器;(《集成》4002):▨盖、▨器

· 追簋(西周中,《集成》4223):▨盖、▨器

· 郑季盨(西周晚,《集成》4454):▨盖、▨器

又如"事"可以通过增加减少笔画、字根,改变笔画走向、长短等多种方式避复。

· 五年师旋簋(西周中,《集成》4218):▨、▨

· 事族簋(西周晚,《集成》4089):▨盖、▨器

- 矢令方彝（西周早，《集成》9901）：[图]、[图]
- 元年师旋簋（西周中，《集成》4279）：[图]、[图]、[图]、[图]

又如"旂""曩""卫""召""琱""遹""达""蘁""媿"等字都因为结构相对复杂，由若干字根构成，每个字根都可以有很多变化，所以这些字在铭文中重复出现时，往往变化较多。

- 追簋（西周中，《集成》4223）：[图]盖、[图]器
- 无曩簋盖（西周晚，《集成》4227）：[图]、[图]、[图]
- 二十七年卫簋（西周中，《集成》4256）：[图]、[图]、[图]、[图]
- 裘卫盉（西周中，《集成》9456）：[图]、[图]
- 五年琱生簋（西周中，《集成》4292）：[图]、[图]、[图]
- 五年师旋簋（西周中，《集成》4216）：[图]盖、[图]器
- 遹遂簋（西周早，《集成》3688）的"遹"：[图]盖、[图]器
- 保子达簋（西周晚，《集成》3787）的"达"：[图]盖、[图]器
- 叔多父簋（西周晚，《集成》4005）的"蘁"：[图]盖、[图]器
- 鼄叔鼄姬簋（西周晚，《集成》4064）的"媿"：[图]盖、[图]器

3. 人称

人名在铭文中重复出现的概率非常大，往往也比较富于变化，但并不是所有铭文中重复出现的人名都会有变化。一般而言，做器者的名字较多变化，如：

- 圉鼎（西周早，《集成》2505）的"圉"：[图]盖、[图]器
- 杞伯每刃鼎（春秋早，《集成》2494）的"杞"：[图]盖、[图]器
- 大盂鼎（西周早，《集成》2837）的"盂"：[图]、[图]

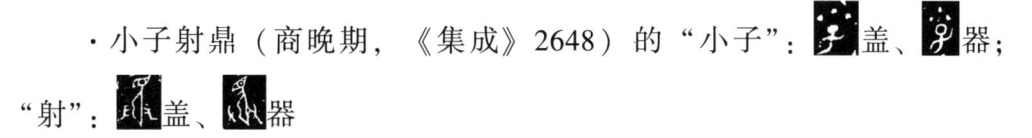

第四章 铭文辨伪的思路及方法（文字）

- 小子射鼎（商晚期，《集成》2648）的"小子"：[图]盖、[图]器；"射"：[图]盖、[图]器

- 甗簋（西周中，《集成》3654）的"射"：[图]盖、[图]器

- 厚趠方鼎（西周早，《集成》2730）的"趠"：[图]、[图]

- 守鼎（西周中，《集成》2755）的"守"：[图]、[图]

- 刺鼎（西周中，《集成》2776）的"刺"：[图]、[图]、[图]

- 七年趞曹鼎（西周中，《集成》2783）的"趞曹"：[图]、[图]、[图]

- 史颂鼎（西周晚，《集成》2788）的"颂"：[图]、[图]

- 无叀鼎（西周晚，《集成》2814）的"无"：[图]、[图]

- 趠鼎（西周晚，《集成》2815）的"趠"：[图]、[图]、[图]

- 小克鼎（西周早，《集成》2798）的"克"：[图]、[图]、[图]

- 哀成叔鼎（春秋晚，《集成》2782）的"嘉"：[图]、[图]

- 伯娄府簋（西周早，《集成》03537）的"府"：[图]器、[图]盖

- 屎簋（西周早，《集成》3656）的"屎"：[图]盖、[图]器

- 遹𨕘簋（西周早，《集成》3688）的"遹"：[图]盖、[图]器

- 保子达簋（西周晚，《集成》3787）的"达"：[图]盖、[图]器

- 伯梁父簋（西周晚，《集成》3793）的"梁"：[图]盖、[图]器；（《集成》3794）：[图]盖、[图]器；（《集成》3795）：[图]盖、[图]器；（《集成》3796）：[图]盖、[图]器

— 161 —

- 叔多父簋（西周晚，《集成》4005）的"趩"：▣盖、▣器
- 琱我父簋（西周晚，《集成》4048）的"琱"：▣盖、▣器；（《集成》4049）：▣盖、▣器
- 事族簋（西周晚，《集成》4089）的"事"：▣盖、▣器
- 元年师旋簋（西周中，《集成》4279）的"事"：▣、▣、▣、▣
- 膳夫梁其簋（西周晚，《集成》4150）的"其"：▣盖、▣器
- 无㠯簋盖（西周晚，《集成》4227）的"㠯"：▣、▣、▣；（《集成》4228）：▣、▣、▣
- 追夷簋（西周晚，《新》53）的"追"：▣盖、▣器
- 大师虘簋（西周中，《集成》4251）的"虘"：▣、▣、▣、▣；"师"：▣、▣
- 廿七年卫簋（西周中，《集成》4256）的"卫"：▣、▣、▣、▣；"裘"：▣盖、▣器
- 裘卫盉（西周中，《集成》9456）的"卫"：▣、▣
- 筍伯大父盨（西周晚，《集成》4422）的"筍"：▣盖、▣器
- 敔孟征盨（西周中，《集成》4420）的"征"：▣、▣、▣
- 兽叔奂父盨（西周晚，《新》41）的"兽"：▣盖、▣器
- 郑季盨（西周晚，《集成》4454）的"郑季"：▣、▣盖，▣、▣器；（《集成》4455）：▣、▣
- 吴彝（西周晚，《集成》9898）的"吴"：▣、▣、▣、▣

— 162 —

第四章 铭文辨伪的思路及方法（文字）

- 五年琱生簋（西周晚，《集成》4292）的"召"：[图]、[图]、[图]
- 召卣（西周早，《集成》5416.2）的"召"：[图]、[图]
- 师虎簋（西周中，《集成》4316）的"虎"：[图]、[图]
- 沈子它簋盖（西周早，《集成》4330）的"沈"：[图]、[图]

金文中的受器者一般多为父、母、祖、妣、先公、先祖等，为已故先人，这些人一般不会有变化。但是，如果受器者为在世之人时，往往会富于变化，如：

- 杞伯每刃鼎（春秋早，《集成》2494）的"邿"：[图]盖、[图]器
- 己侯簋（西周中，《集成》3772）的"縈"：[图]盖、[图]器
- 鬳叔鬳姬簋（西周晚，《集成》4064）的"媿"：[图]盖、[图]器
- 笱伯大父盨（西周晚，《集成》4422）的"嬴"：[图]盖、[图]器

在商周金文中，赏赐铭文占大宗，在这些赏赐活动中，受赐者一般就是作器者，他们的名字变化较多，而赏赐者却很少有变化。例如，在赏赐活动中，出现最多的赏赐者"王"，一般就不会发生变化，类似的"公""侯"等也很少会有变化。又如在守鼎（西周中，《集成》2755）中，受赐者"守"写作[图]、[图]有变化，而赏赐者"遣"写作[图]、[图]就没有变化。

综上所述，金文中人名虽然较多变化，但尊者往往不会变化，已故先人也不会变化，变化的多为在世之人，以作器者居多。

4. 意义不同

另外，还有一种情况就是当一个字前后出现表示的意义不同时，往往也会采用不同的写法，如毛公旅鼎（西周早，《集成》2724）中的"友"，前一个"我友"写作[图]，表示朋友的"友"；后一个"用友（侑）"写作[图]，通"侑"，为一种祭祀，前后两个字表示的意义不同，所以写法不

— 163 —

同。又如大盂鼎（西周早，《集成》2837）中的"烝"，前一个"有柴烝祀"写作 ![]，表示一种祭祀，后一个"烝四方"写作 ![]，为君临天下的意思，前后两个字表示的意义不同，写法也不同。又如奢簋（西周早，《集成》4088）中的"子"字，前一个"辛子（巳）"写作 ![]，用于干支纪时，后一个"子孙"写作 ![]，表示的意义不同所以写法也不同。又如矢令方彝（西周早，《集成》9901）中的"事"，前一个"三事四方"写作 ![]，表示行政事务，后一个"卿事寮"写作 ![]，是一种官职，前后两个字意义不同，写法也不同。

这种情况虽然不多见，但很有意思，细心揣摩会有助于我们更好地理解铭文的内容。

（三）如何变化

字形的变化从结构方面主要有正书、反书、倒书，增加、减少、改变其中的某个或某些字根；从笔画方面看主要为增加、减少或改变某些笔画等。

1. 字形构造

正书反书倒书

· 小子省卣（商晚期，《集成》5394）的"君"：![]器、![]盖

· 洹子孟姜壶（春秋晚，《集成》9729）的"备"：![]、![]

· 师𫘤鼎（西周晚，《集成》2830）的"赐"：![]、![]

· 元年师旋簋（西周中，《集成》4282）的"首"：![]盖、![]器

· 屖簋（西周早，《集成》3656）的"乍"：![]盖、![]器

· 㝬叔㝬姬簋（西周晚，《集成》4064）的"媿"：![]盖、![]器

· 杞伯每刃簋（春秋早，《集成》3899）的"杞"：![]盖、![]器；"曹"：![]盖、![]器；"宝"：![]盖、![]器；"簋"：![]盖、![]器；

第四章 铭文辨伪的思路及方法（文字）

"子"：[图]盖、[图]器；[图]盖、[图]器

· 兽叔奂父盨（西周晚，《新》41）：[图]盖、[图]器

增加或减少字根

· 大盂鼎（西周早，《集成》2837）的"烝"：[图]、[图]；"邦"：[图]、[图]

· 五年琱生簋（西周晚，《集成》4292）的"召"：[图]、[图]

· 召卣（西周早，《集成》5416.2）的"召"：[图]、[图]

· 师同鼎（西周晚，《集成》2779）的"车"：[图]、[图]

· 毛公鼎（西周晚，《集成》2841）的"若"：[图]、[图]

· 保卣（西周早，《集成》5415）的"遘"：[图]盖、[图]器

· 应侯簋（西周中，《集成》3860）的"尊"：[图]盖、[图]器

· 无叀簋盖（西周晚，《集成》4227）的"叀"：[图]、[图]、[图]

· 毛公旅鼎（西周早，《集成》2724）的"友"：[图]、[图]

· 坂方鼎（商晚期，《新》1566）的"阑"：[图]、[图]

· 遹遨簋（西周早，《集成》3688）的"遹"：[图]盖、[图]器

· 毳簋（西周中，《集成》3931）的"万"：[图]盖、[图]器

· 杞伯每刃簋（春秋早，《集成》3899）的"永"：[图]盖、[图]器

· 丰兮夷簋（西周晚，《集成》4001）的"尊"：[图]盖、[图]器

· 叔多父簋（西周晚，《集成》4005）的"趩"：[图]盖、[图]器

· 琱我父簋（西周晚，《集成》4048）的"琱"：[图]盖、[图]器

— 165 —

真假铭文

- 小臣谜簋（西周早，《集成》4239）的"遣"：▆盖、▆器

变换字根的位置

- 大盂鼎（西周早，《集成》2837）的"在"：▆、▆
- 禹鼎（西周晚，《集成》2833）的"疆"：▆、▆
- 沈子它簋盖（西周早，《集成》4330）的"沈"：▆、▆
- 杞伯每刃鼎（春秋早，《集成》2494）的"杞"：▆盖、▆器
- 保子达簋（西周晚，《集成》3787）的"达"：▆盖、▆器
- 琱我父簋（西周晚，《集成》4048）的"寿"：▆盖、▆器
- 癲簋（西周中，《集成》4171）的"妥"：▆盖、▆器
- 追夷簋（西周晚，《新》53）的"追"：▆盖、▆器
- 追簋（西周中，《集成》4223）的"旂"：▆盖、▆器
- 郑季盨（西周晚，《集成》4454）的"金"：▆盖、▆器

变换其中某个字根

- 曶鼎（西周中，《集成》2838）的"质"：▆、▆、▆、▆
- 裘卫盉（西周中，《集成》9456）的"卫"：▆、▆
- 杞伯每刃鼎（春秋早，《集成》2494）的"邾"：▆盖、▆器
- 师眉鼎（西周中，《集成》2705）的"为"：▆、▆
- 无叀鼎（西周晚，《集成》2814）的"无"：▆、▆
- 诘簋（西周晚，《集成》3840）的"尊"：▆盖、▆器

— 166 —

第四章 铭文辨伪的思路及方法（文字）

- 琱我父簋（西周晚，《集成》4048）的"尊"：[图]盖、[图]器
- 追簋（西周中，《集成》4223）的"尊"：[图]盖、[图]器

变换字根的正反

- 裘卫盉（西周中，《集成》9456）的"卫"：[图]、[图]
- 廿七年卫簋（西周中，《集成》4256）的"卫"：[图]、[图]、[图]、[图]
- 禹鼎（西周晚，《集成》2833）的"徒"：[图]、[图]
- 小臣谜簋（西周早，《集成》4239）的"征"：[图]盖、[图]器
- 矢令方彝（西周早，《集成》9901）的"朝"：[图]盖、[图]器
- 师袁簋（西周晚，《集成》4313）的"眔"：[图]盖、[图]器
- 曆簋（西周早，《集成》3656）的"曆"：[图]盖、[图]器
- 兽叔奂父盨（西周晚，《新》41）的"旅"：[图]盖、[图]器
- 鬲孟征盨（西周中，《集成》4420）的"征"：[图]、[图]
- 筍伯大父盨（西周晚，《集成》4422）的"筍"：[图]盖、[图]器
- 大师虘簋（西周中，《集成》4251）的"师"：[图]、[图]
- 伯娄府簋（西周早，《集成》3537）的"府"：[图]器、[图]盖
- 穸鼎（西周中，《集成》2755）的"穸"：[图]、[图]
- 曾侯乙鼎（战国早，《集成》2294）的"持"：[图]盖、[图]器

2. 笔画走势

增加或减少笔画

- 矢令方彝（西周早，《集成》9901）的"事"：
- 大盂鼎（西周早，《集成》2837）的"若"：
- 庚季鼎（《西周中，集成》2781）的"右"：
- 师酉簋（西周晚，《集成》4288）的"虎"：盖、器
- 师虎簋（西周中，《集成》4316）的"虎"：
- 廿七年卫簋（西周中，《集成》4256）的"裘"：盖、器
- 史墙盘（西周中，《集成》10175）的"文"：
- 小克鼎（西周早，《集成》2802）的"周"：
- 颂鼎（西周晚，《集成》2828）的"康"：
- 圉鼎（西周早，《集成》2505）的"圉"：盖、器
- 小子射鼎（商晚期，《集成》2648）的"射"：盖、器
- 倪簋（西周中，《集成》3654）的"射"：盖、器
- 厚趠方鼎（西周早，《集成》2730）的"趠"：
- 剌鼎（西周中，《集成》2776）的"剌"：
- 七年趞曹鼎（西周中，《集成》2783）的"趞曹"：
- 伯姜鼎（西周中，《集成》2791）的"鲁"：；"康"

第四章 铭文辨伪的思路及方法（文字）

- 哀成叔鼎（春秋晚，《集成》2782）的"嘉"：▨、▨
- 己侯簋（西周中，《集成》3772）的"縈"：▨盖、▨器
- 兽叔奂父盨（西周晚，《新》41）的"兽"：▨盖、▨器

改变笔画的走向

- 大盂鼎（西周早，《集成》2837）的"盂"：▨、▨
- 吴彝（西周晚，《集成》9898）的"吴"：▨、▨、▨、▨
- 大师虘簋（西周中，《集成》4252）的"裘"：▨盖、▨器
- 颂簋（《集成》4333）的"中"：▨盖、▨器
- 小克鼎（西周早，《集成》2798）的"克"：▨、▨、▨
- 事族簋（西周晚，《集成》4089）的"事"：▨盖、▨器
- 郑季盨（西周晚，《集成》4454）的"季"：▨盖、▨器；（《集成》4455）：▨盖、▨器

改变笔画的长短、断连

- 大盂鼎（西周早，《集成》2837）的"南"：▨、▨；"古"：▨、▨
- 五年师旋簋（西周中，《集成》4218）的"事"：▨、▨
- 史颂鼎（西周晚，《集成》2788）的"颂"：▨、▨

改变笔画虚实

- 我鼎（西周早，《集成》2763）的"祊"：▨盖、▨器

— 169 —

- 多友鼎（西周晚，《集成》2835）的"孚"：　、

- 小子射鼎（商晚期，《集成》2648）的"小子"：　盖、　器

- 奢簋（西周早，《集成》4088）的"子"：　、

（四）变与不变之间

变化并不是必然的，但有一些不变却是必然的。在西周中后期的长篇铭文中（以册命赏赐为主），有一些字或字根重复出现频率非常高，但是这些字或字根却很少会发生变化。

1. 以"王"字为例，如：

- 德鼎（西周早，《集成》2661）：　、

- 尹光方鼎（商晚期，《集成》2709）：　、　、

- 戌嗣子鼎（商晚期，《集成》2708）：　、

- 旟鼎（西周早，《集成》2704）：　、

- 歸妃进鼎（西周早，《集成》2725）：　、　、

- 不栺鼎（西周早，《集成》2736）：　、

- 坂方鼎（商晚期，《新》1566）：　、　、

- 作册大鼎（西周早，《集成》2759）：　、

- 吕鼎（西周中，《集成》2754）：　、

- 帅鼎（西周中，《集成》2774）：　、　、

- 叔矢鼎（西周早，《新》915）：　、　、

- 小克鼎（西周晚，《集成》2796）：　、　、

- 癸鼎（西周中，《集成》2824）：　、　、

第四章 铭文辨伪的思路及方法（文字）

- 大保簋（西周早，《集成》4140）：〇、〇、〇
- 君夫簋盖（西周中，《集成》4178）：〇、〇、〇
- 效鼎（西周中，《集成》2789）：〇、〇
- 令鼎（西周早，《集成》2803）：〇、〇、〇、〇、〇、〇
- 柞伯簋（西周中，《新》76）：〇、〇、〇、〇、〇、〇

2. 以"隹"字为例，如：

- 大盂鼎（西周早，《集成》2837）：〇、〇、〇、〇、〇、〇
- 矢令方彝（西周早，《集成》9901）：〇
- 史墙盘（西周中，《集成》10175）：〇
- 㝬簋（西周晚，《集成》4317）：〇
- 虢季子白盘（西周晚，《集成》10173）：〇
- 㝬钟（西周晚，《集成》260）：〇、〇、〇、〇
- 五祀卫鼎（西周中，《集成》2832）：〇、〇
- 中山王𰯼鼎（战国中，《集成》2840）：〇、〇、〇、〇、〇、〇、〇、〇、〇
- 县改簋（西周中，《集成》4269）：〇、〇
- 作册矢令簋（西周早，《集成》4300）：〇、〇
- 班簋（西周中，《集成》4341）：〇、〇、〇
- 𫓧盗壶（战国中，《集成》9734）：〇、〇、〇、〇

— 171 —

真假铭文

- 兮甲盘（西周晚，《集成》10174）：[图]、[图]、[图]、[图]
- 应侯簋（西周中，《集成》4045）：[图]、[图]、[图]、[图]
- 季䣄簋（西周中，《集成》3730）：[图]、[图]
- 鸿叔簋（西周早，《集成》3950）：[图]、[图]
- 辛鼎（西周中，《集成》2660）：[图]、[图]
- 敌鼎（西周中，《集成》2824）：[图]、[图]、[图]
- 多友鼎（西周晚，《集成》2835）：[图]、[图]、[图]
- 四十二年逑鼎（西周晚，《新》745）：[图]、[图]、[图]
- 善鼎（西周中，《集成》2820）：[图]、[图]
- 帅鼎（西周中，《集成》2774）：[图]、[图]、[图]
- 歸妃进鼎（西周早，《集成》2725）：[图]、[图]
- 寱鼎（西周中，《集成》2721）：[图]、[图]
- 尹光方鼎（商晚期，《集成》2709）：[图]、[图]

3. 以"卩"为例，如：

- 矢令方彝（西周早，《集成》9901）：[图]、[图]、[图]、[图]、[图]、[图]、[图]、[图]
- 大盂鼎（西周早，《集成》2837）：[图]、[图]、[图]、[图]、[图]、[图]、[图]、[图]
- 史墙盘（西周中，《集成》10175）：[图]、[图]、[图]、[图]、[图]、[图]、[图]、[图]

第四章 铭文辨伪的思路及方法（文字）

- 鈇簋（西周晚，《集成》4317）：[图]、[图]、[图]、[图]、[图]
- 鈇钟（西周晚，《集成》260）：[图]、[图]、[图]、[图]、[图]
- 颂鼎（西周晚，《集成》2828）：[图]、[图]、[图]、[图]、[图]、[图]、[图]、[图]、[图]
- 趞鼎（西周晚，《集成》2815）：[图]、[图]
- 中山王嚳鼎（战国中，《集成》2840）：[图]、[图]、[图]、[图]、[图]、[图]、[图]、[图]
- 史颂鼎（西周晚，《集成》2787）：[图]、[图]
- 令鼎（西周早，《集成》2803）：[图]、[图]、[图]、[图]
- 利鼎（西周中，《集成》2804）：[图]、[图]
- 小克鼎（西周晚，《集成》2796）：[图]、[图]
- 伯晨鼎（西周中，《集成》2816）：[图]、[图]
- 此鼎（西周晚，《集成》2822）：[图]、[图]、[图]、[图]
- 大保簋（西周早，《集成》4140）：[图]、[图]
- 小臣傅簋（西周早，《集成》4206）：[图]、[图]、[图]
- 豆闭簋（西周中，《新》4276）：[图]、[图]
- 师道簋（西周中，《新》1394）：[图]、[图]、[图]

4. 以"女"为例，如：

- 庿父鼎（西周早，《集成》2672）：[图]、[图]
- 师趛鼎（西周中，《集成》2713）：[图]、[图]

— 173 —

- 仲师父鼎（西周晚，《集成》2743）：［图］、［图］
- 帅鼎（西周中，《集成》2774）：［图］、［图］、［图］
- 叔鼎（西周中，《集成》2789）：［图］、［图］、［图］
- 善鼎（西周中，《集成》2820）：［图］、［图］、［图］
- 叔鼎（西周中，《集成》2824）：［图］、［图］、［图］、［图］
- 大克鼎（西周中，《集成》2836）：［图］、［图］、［图］、［图］、［图］、［图］、［图］、［图］、［图］、［图］
- 汝母簋（商晚期，《集成》10562）：［图］、［图］、［图］
- 仲殷父簋（西周中，《集成》4103）：［图］、［图］
- 邢南伯簋（西周中，《集成》4113）：［图］、［图］、［图］
- 方簋盖（西周早，《集成》4139）：［图］、［图］、［图］、［图］
- 中山王罍鼎（战国中，《集成》2840）：［图］、［图］、［图］、［图］、［图］、［图］

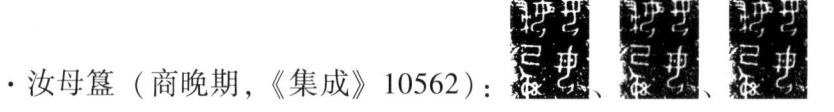

由此可以看出，在同一篇铭文中，一些基本字根（如"王""隹""女""卩"等）作为一个单独的字或作为一个字根出现在一个较复杂的字中，它的基本架构和走势以及一些独特的小细节都是很少变化的。

（五）避复现象反映出的审美取向

从上文所举的大量避复例证中我们可以看出，在商代晚期青铜器铭文中就已经出现避复现象，而且有若干例，并非孤例，而西周早期的铭文中更是大量出现避复现象，这一点与我们最初的设想有些不同。商代晚期和西周早期的铭文都非常短，单个字在同一篇铭文中重复出现的概率非常低，避复现象却如此多见。西周中后期长篇铭文大量出现，同一篇铭文中单字重复出现的概率非常大,甚至有些常见字在每一篇长篇铭文中几乎都会重复出现,如"王""隹""卩""女""赐""于""用""以""乃""酉""厥"等,但是很少发生变化,避复现象在西周中后期的铭文中并不普遍。这一现象非常有意思,从中我们似乎可以看出古人审美取向的某种变化。商代晚期和西周早期,人们比较倾向于自由洒脱,追求一种变化的美,西周中后期人们比较倾向于庄重规整,追求一种端庄的美。

这种不同的审美取向不止体现在文字结体中,在全篇铭文的章法布局中体现得更明显。商代晚期和西周早期的铭文,文字大小不一,疏密相间,排列错落有致,个性洒脱张扬。西周中后期的铭文,文字大小基本相等,字与字、行与行之间的间距基本相等,排列整齐,个性沉稳内敛。

此外,在青铜器的造型及纹饰中,这种不同的审美取向也有突出体现。商代晚期和西周早期的青铜器方形器比较多,有时还会有突出的飞棱以及立体高浮雕的夸张纹饰,器形给人以张扬狞厉的美。而西周中后期的青铜器造型趋于圆润,方形器消失,取而代之的是一种椭方形器,突出的飞棱以及立体高浮雕消失,以圆弧造型取代棱角,器形变得端庄秀美。商代晚期及西周早期的青铜器纹饰种类繁多,有兽面纹、凤鸟纹、龙纹等多种纹饰,而且每一种都有多种变化,几乎没有完全相同的。而且通常会有好几层纹饰,器物上会有底纹,底纹上有主体纹饰,主体纹饰上又有细小的装饰纹饰,这些纹饰通常会布满器身,很少留白,极尽繁复奢华之美。西周中后期的纹饰种类减少,多为瓦楞纹、鳞纹等抽象纹饰,动物纹基本消失,纹饰变化很少,多层装饰消失,通常会有大面积留白,表现出一种简单朴拙之美。

从以上这些对比不难看出,在西周建立之初,周人自己的文化不发达,更多的是继承商人的艺术风格及审美取向,随着周人自己文化的发展,逐渐形成自己的艺术风格及审美取向,到西周中后期,商人繁复的艺术风格消失,取而代之的是周人质朴的艺术风格以及对礼制的膜拜。而这种艺术风格及审美取向成为中华文化的核心,影响了之后几千年的文明发展。

(六)研究避复的意义

1. 对深入理解铭文内容的意义

商周青铜器铭文中重复出现的字采用不同的写法,是为了避免视觉上的重复,从而达到一种审美的效果,但并不是所有的避复现象都只是为了形式上的美。有些字采用不同的写法是为了表达不同的意义,像前文所举的毛公旅鼎的"友"、大盂鼎的"烝"、奢簋的"子"、矢令方彝的"事"。又或有的字采用不同的写法是作者的春秋笔法,如大盂鼎的"祀"字,在"有柴烝祀"中写作祀,而在"故丧师祀"中写作巳,两个字在意义上并没有什么不同,都是表示祭祀的意思,但是第二个"祀"作者故意省略掉了"示"字边,以更好地表达"故丧师祀"的意思。所以,当我们在一篇铭文中遇到同一个字采用不同的写法时,停下来仔细想想,它是不是表达不同的意义,抑或是作者别有用心,虽然不是所有的避复现象都如此,但是多想一想,有助于我们更好地理解铭文的内容。

2. 对研习金文书法的意义

研究商周青铜器铭文中的避复现象,有助于金文书法的研究,以及可以帮助我们在书法临习及创作中完成更好的作品。以金文中最受欢迎、被临习最多的两篇铭文大盂鼎和散氏盘为例。

大盂鼎是西周早期的一篇册命铭文,整体书风端庄沉稳。但是细读铭文,却会发现,变化非常之多,例如"盂""祀""南""古""若""烝""邦""在"等多字都发生了变化。在一篇铭文中有这么多字发生变化,这个比例是相当大的。虽然这么多字发生了变化,却并没有改变其整体端庄沉稳的书写风格,只是在细微处增添了一些小情趣,也正是这些小情趣让它魅力无限。其实西周中后期长篇铭文有很多,如中山王譽鼎,它的书写风格非常规整秀丽,但就是因为它太规整而缺少变化,整体给人的感觉像是电脑打印的,给人一种呆板、死气沉沉的感觉。作为一篇文书,没有问题,但是作为一件艺术品,总是感觉少了那么一点情趣,跟大盂鼎的审美趣味不在一个量级上。

散氏盘是西周晚期一篇关于土地纠纷的铭文,整体书写风格自由活泼。细读铭文,会发现它并没有我们想象的那么多变化,能够明确为书写者故意为之的避复现象非常之少。这一点很有意思,一篇书写风格自由活泼的铭文,单字结体的变化却非常之少,而且章法布局也比较严整。也正是这种单字结体的规范和章法布局的严谨,使这篇铭文在活泼之余不失法度,不会给人散乱的感觉,而是觉得活泼可爱。

第四章 铭文辨伪的思路及方法（文字）

大盂鼎的魅力在于它端庄而不失趣味，有很多小心思、小细节在里面，让人愿意去反复揣摩，发现其中的乐趣；而散氏盘的魅力在于它活泼而不失法度，有分寸，知进退，不会让人觉得凌乱，只会觉得可爱。这两篇优秀作品告诉我们要完成一件好的书法作品就要把握好变与不变之间的分寸，过犹不及，要做到恰到好处。而要做到这一点就要了解在金文中，哪些字可以变，哪些字不可以变，以及如何才能变得恰到好处。

巴纳在他的《金石学的研究新途径》一文中曾提出"字体结构不变律"，并列举毛公鼎中"隹"字加以说明。这种说法提出后遭到一片质疑，说他不了解中国书法，不懂中国书法中避复的原则。其实不是巴纳不懂中国书法，而是质疑他的人没有吃透金文书法的精髓。中国书法博大精深，有篆、隶、楷、行、草等多种书体，而每种书体都有其独特的风格。像行书、草书这种书体，追求行云流水般的自由挥洒，所以从文字结体到字形大小，到笔画粗细，到墨色浓淡，到行款布局都非常富有变化，从这些变化中我们可以读到书写者情绪的起伏以及对作品的理解，其正是这种书体的魅力所在。但是篆书不同于这些书体，它追求端庄沉稳（传统意义的篆书，不包括现在的创新），一般中锋运笔，书写缓慢，笔画饱满，结体周正，行款布局严谨规整，这是篆书的特点。就像虽然大盂鼎中变化非常多，但也不会有人拿它跟王羲之的《兰亭序》或怀素的狂草比，因为它们根本不是一个风格，没有可比性。所以也不能把行、草中变化多端、参差错落的规则运用于篆书。在篆书中，变化只是点缀，不变才是主旋律。不止巴纳所说的"隹"字一般不发生变化，金文中经常出现的"王""阝""女"等基本字或字根都很少发生变化。经常发生变化的多为人名以及结构相对复杂的字。而篆书中的变化，也没有行书、草书中那么夸张，都非常细微，有时不留心观察可能都注意不到。与行书、草书的大起大落、千变万化不同，篆书的变化只是在典雅庄重之余增添一点小情趣，不会影响整体沉稳端庄的艺术风格，这正是篆书的魅力所在。了解这些变与不变的规律，对于书法研究以及书法创作都大有裨益。

3. 对铭文辨伪的意义

关于研究铭文避复对于辨伪的意义，徐氏文章中也有提及，他认为，"铭文作伪者不了解古代铭刻重出字有变形避复的审美要求，他们在作伪

真假铭文

时为了能够迷惑和欺骗人们，无一不在逼肖真铭上下功夫，所以，伪铭与真铭没有什么变化，都非常像。如果我们掌握了古代铭刻重出字变形避复这一情况，就很容易辨别出这些作伪的铭文"。这"为青铜器铭文辨伪提供了一个非常重要的方法"。但笔者与他的观点恰恰相反。铭文中的避复现象只是少数，出现避复现象的铭文不超过全部铭文的10%，而不变才是绝大多数。我们不能因为一篇铭文中重复出现的字没有变化而说它不对，其实大部分的铭文都是没有变化的，这不能成为辨伪的标准。通过对现有的避复现象的研究，我们可以知道一般什么情况下，哪些字会产生变化、如何变化以及哪些字一般不会产生变化。我们不能因为它不变而认为它不对，但是，如果它变错了，或者把不该变的变了，那就非常可疑了。例如铭文中有一些一般不发生变化的基本字根（前文第四部分所列举），如果它们发生了变化，那就有问题了。例如 ![]、![] 这样两个"王"，抑或 ![]、![] 这样两个"隹"，抑或 ![]、![] 这样两个"卩"，抑或 ![]、![] 这样两个"女"出现在同一篇铭文中，就会显得非常可疑。例如前文所举妇姦尊（《铭图》11620），"妇"字所从之"女"写作 ![]，而"姦"字所从之"女"却写作 ![]。通过我们对商周青铜器铭文避复规律的研究可以知道，这样两个差异如此之大的字根"女"是不应该出现在同一篇铭文中的，所以这件器物的真伪就很值得怀疑。

通过对商周青铜器铭文避复的研究，我们可以知道一般哪些字会发生变化、如何变化以及哪些字不会发生变化。通过对这些规律的了解和掌握，可以帮助我们更好地辨别铭文真伪。

三 行款布局

殷商时期及西周早期，铭文字数比较少，行款布局比较自由，没有一定之规。西周中后期，铭文字数增加，长篇铭文多见，行款布局变得规整，一篇铭文中字与字、行与行之间的距离多有规律可循。一般情况下，竖行比较整齐，横排不一定，整体感觉竖行的文气是连贯的；行与行之间的距离一般小于每行上下两字之间的距离；字与字之间的距离在1/3—1/2

第四章 铭文辨伪的思路及方法（文字）

个字，一般不会超过一个字（个别如虢季子白盘等特别大的器物以及鬲的口沿上的铭文除外）。

如弭簋（图4-2-39，《铭图》4953），師伯盘（图4-2-40，《铭图》14365），伯盉（图4-2-41，《铭图》14698），作册吴盘（图4-2-42，《铭图》14525），作册吴盉（图4-2-43，《铭图》14797）字与字之间间距太大，文气不连贯，整篇铭文显得非常散，明显不对。

图4-2-39　弭簋铭　　　图4-2-40　師伯盘铭　　　图4-2-41　伯盉铭

图4-2-42　作册吴盘铭　　　图4-2-43　作册吴盉铭

— 179 —

第五章 铭文辨伪的思路及方法（文法）

本章将从铭文的内容入手，整理、分析商周铭文的遣词造句及篇章结构的时代特色和习惯用法，从而进一步从文法的角度对铭文真伪鉴别提供思路。

第一节 商周青铜器铭文文法分析

商周铭文从最初一两个字发展到后来几百字的长篇铭文，是一个从简到繁并逐步规范化、程序化的过程。最初的铭文只有一个族徽或人名，后来发展出作器者+受器者的形式，再后来又发展出作器者+作器动词+受器者的形式，之后又发展出作器者+作器动词+受器者+器名的完整的作器句的结构，成为商周铭文的核心句型结构，在商周铭文篇章结构中占有相当重要的位置。到殷墟晚期，在作器句的基础上又加入了时间地点及事件，西周时期又在后面加上了嘏辞，形成我们比较常见的时间地点+事件（作器原因）+作器句+嘏辞的篇章结构形式。

一　时间地点

铭文中的时间地点就目前材料看最早出现在殷墟四期，与记事性质的铭文同时出现。不同时期有不同的习惯用法。

（一）时间

纪时性质的铭文虽然与记事性质的铭文同时出现，但数量明显少于记事性质的铭文,并不是所有记事性质的铭文都有纪时。商人与周人的纪时方法也有明显不同,我们将就商周不同时期的纪时铭文进行分析归纳,了解不同时期纪时铭文的句型结构及习惯用法,从而更好地辨别真伪。

1. 商

干支……,在 X 月,隹王 X 祀 + 祭名

商代有纪时的铭文比较少见,其完整的纪时方式表现为日月 + 祀的形式,如:

> 二祀卲其卣(《集成》5412):丙辰,……,才(在)正月,遘于妣(妣)丙彡日大乙奭,隹(唯)王二祀,既鞀于上下帝。
>
> 宰椃角(《集成》9105):庚申,王才(在)阑,王各,宰椃从,……,才(在)六月,隹(唯)王廿祀翼(翌)又五。
>
> 雋卣(《集成》5397):丁巳,王易(赐)雋㐭贝……,才(在)九月,隹(唯)王九祀肜日。
>
> 小臣邑斝(《集成》9249):癸巳,王易(赐)小臣邑贝十朋,……隹(唯)王六祀彡日,才(在)四月。

其中日用干支记录,出现在开头,月一般为"在 X 月"的形式,有时出现在文中,如二祀卲其卣,但多数情况下出现在文末,如宰椃角、雋卣、小臣邑斝。

祀指祭祀周期,一祀就是指以翌、祭、岁、肜、彡五种祭法遍祀先王和直系先妣一周的时间,其长度不同于历法中的年,应该是历法系统之外的另一种服务于宗教政治的纪时系统。① 使用祭、岁、肜三种祭法的祭祀周期总称为"肜日",使用翌这种祭法的称为"翌日",使用彡这种祭法的称为"彡日"。一般写为"隹王 X 祀 + 祭名"的形式(翌日,如宰椃角;

---

① 冯时:《百年来甲骨文天文历法研究》,中国社会科学出版社 2011 年版。

● ● ● ● ● 真假铭文

卣日，如雋卣；彡日，如小臣邑斝），有时也会省略祭名，① 如二祀邲其卣。

不是所有的纪时铭文都表现为完整的形式，事实上更多时候为省略式，有时会省略掉月，如小臣艅尊；有时会省略掉祀，如寝农鼎；有时月、祀都会省略掉，只剩一个干支记日，如小子射鼎。但不管怎么省略，一般都会保留干支记日。

　　小臣艅尊（《集成》5990）：丁巳，……佳（唯）王来正（征）尸（夷）方，佳（唯）王十祀又五彡日。

　　寝农鼎（《集成》2710）：庚午，……，才（在）二月。乍（作）册友史易（赐）啬贝，用乍（作）父乙障。

　　小子射鼎（《集成》2648）：乙亥，子易（赐）小子射，王商（赏）贝，才（在）襄次，射用乍（作）父己宝障。

事件纪时

在商代的纪时系统中，除日月祀的形式之外，还有用事件纪时的形式，比较少见。用于纪时的事件多为国之大事，一般写作"唯+事件"的形式，如戍嗣子鼎（祭祀）、小臣艅尊（征夷方）、尹光鼎（征井方）、小子䍙簋（伐夷方）。

　　戍嗣子鼎（《集成》2708）：丙午，……佳（唯）王䙥襕（阑）大室，才（在）九月。

　　尹光鼎（《集成》2709）：乙亥，……佳（唯）王正（征）井方。

　　小子䍙簋（《集成》4138）：癸巳，……，佳（唯）妌令伐尸（夷）方，……才（在）十月四。

有的时候时间纪时及祭祀周期纪时也会同时使用，如小臣艅尊。事件纪时与祭祀周期纪时不同，事件一般写在月的前面，而祭祀周期往往写在

---

① 有祭名的可以确定为商代器，但省略掉祭名的是否为商代器，或存争议。

第五章 铭文辨伪的思路及方法（文法）

月的后面。

事实上，在商代的纪时铭文中有完整日月祀纪时形式的只是少数，仅占全部纪时铭文的28%，而多数情况下只有干支记日，占54%。这从一个侧面可以反映出商人对时间的观念。抛开以祀为周期的纪时系统，仅看历法纪时系统，与现在的年月日的形式相比，商人采用日月的形式，比较关注具体的日期，日期放在句首，并且多数情况下只记日期，占全部纪时铭文的57%（日54%，日+祀3%），有日期和月份的占43%（日+月15%，日+月+祀28%），而对于更大的时间范畴，并不太关注。年不见于商代的纪时铭文，而与此相对，商人更多用祀或重大事件（祀与戎）来纪时。①

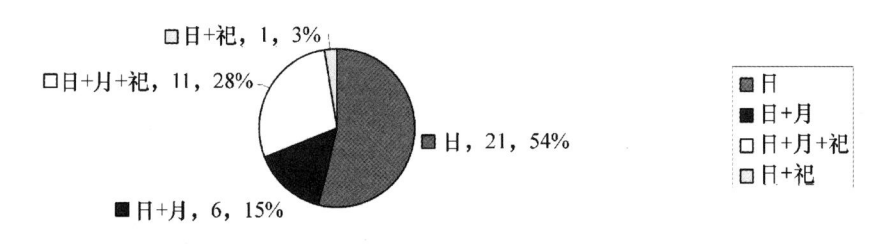

图 5-1-1　商代纪时情况统计

2. 周

周人的纪时方式与商人不同，在西周初期，商人以干支开头的纪时方式有所保留，但不是主流。如：

执卣（《集成》5391）：乙亥，尹格（格）于宫……
保卣（《集成》5415）：乙卯，……才（在）二月既望。
㠱士尊（《集成》5985）：丁巳，王才（在）新邑……

周人的纪时方式主要特点是以"隹"字开头年月日的排列形式以及月相或吉日的加入。主要有两种句型：

---

① 这部分数据根据严志斌的《商代青铜器铭文总表》统计。见氏著《商代青铜器铭文研究》，上海古籍出版社2013年版。其中部分器物是否确定为商代器或存争议。

句型一：隹 X 月 + 月相/吉日 + 干支……隹王 X 祀

趞觯（《集成》6516）：隹（唯）三月初吉乙卯，王才（在）周，各（格）大室……隹（唯）王二祀。

吴方彝盖（《集成》9898）：隹（唯）二月初吉丁亥，王才（在）周成大室……隹（唯）王二祀。

小盂鼎（《集成》2839）：隹（唯）八月既朢（望），辰在甲申，昧丧（爽）……隹（唯）王廿又五祀。

省略式：

折方彝（《集成》9895）：隹（唯）五月王才（在）庠，戊子，……隹（唯）王十又九祀，用乍（作）父乙障，其永宝。（省略月相/吉日）

匍簋（《集成》4321）：……唯王十又七祀，王才（在）射日宫，旦，王各（格），益公入右（佑）匍。（省略月、月相/吉日、日）

大盂鼎（《集成》2837）：隹（唯）九月，王才（在）宗周，令盂。王若曰：……隹（唯）王廿又三祀。（省略月相/吉日、日）

何尊（《集成》6014）：隹王初鄩宅于成周，复禀珷（武）王礼祼自天。才（在）四月丙戌，……隹（唯）王五祀。（省略月相/吉日）

这种句型有商人风格的遗留，其中日依然为干支记日的形式，有时写作"辰在 + 干支"的形式（如小盂鼎），一般用于月及月相的后面，很少用于句首。月不再是"在 x 月"的形式，而是写为"隹 x 月"位于句首（但西周初期也偶见"在 x 月"的形式，如何尊）。月相和吉日系统是周人的特色，常见的有初吉、既生霸、既望、既死霸等。年写作"隹王 x 祀"的形式，一般位于句末，但也有时位于句中（如匍簋）或句首（师遽簋盖）。这里的祀已经不再表示祭祀周期，而是作为年的概念使用。

第五章　铭文辨伪的思路及方法（文法）

句型二：隹 X 年 X 月 + 月相/吉日 + 干支……

十五年趞曹鼎（《集成》2784）：佳（唯）十又五年五月既生霸壬午，龏（恭）王才（在）周新宫，王射于射卢（庐）……

师虎簋（《集成》4316）：佳（唯）元年六月既望甲戌，王才（在）杜㠱，洛（格）于大室……

师晨鼎（《集成》2817）：佳（唯）三年三月初吉甲戌，王才（在）周师录宫。旦，王各（格）大室，即立（位）……

王臣簋（《集成》4268）：佳（唯）二年三月初吉庚寅，王各（格）于大室，益公入右王臣，即立中廷，北鄉（向）……

省略式：

三年㿬壶（《集成》9726）：佳（唯）三年九月丁巳，王才（在）奠（郑），鄉（飨）醴，……（省略月相/吉日）

七年趞曹鼎（《集成》2783）：佳（唯）七年十月既生霸，王才（在）周般宫……（省略日）

蔡簋（《集成》4340）：佳（唯）元年既朢（望）丁亥，王才（在）雝㡳……（省略月）

鲦簋（《集成》4146）：佳（唯）十又一月初吉辛亥……（省略年）

宜侯夨簋（《集成》4320）：佳（唯）四月，辰才（在）丁未，……（省略月相/吉日、年）

旚鼎（《集成》2704）：唯八月初吉，……（省略日、年）

师酉簋（《集成》4288）：佳（唯）王元年正月，王才（在）吴……（省略月相/吉日、日）

息伯卣盖（《集成》5385）：佳（唯）王八月，……（省略月相/吉日、日、年）

作册睘卣（《集成》5407）：佳（唯）十又九年，王才（在）庠，……（省略月、月相/吉日、日）

这种句型是周人独特的纪时形式，相较句型一而言，句型二更为常见。其中年一般写为"隹 X 年"的形式，位于句首。在商代的省略式中，经常省略祀、月，但都会保留干支纪日；在周代的省略式中，日（如七年趞曹鼎、旟鼎、师酉簋、息伯卣盖、作册睘卣）、月（如蔡簋、作册睘卣）、月相/吉日（如三年瘐壶、宜侯夨簋、师酉簋、息伯卣盖、作册睘卣）、年（如鯀簋、宜侯夨簋、旟鼎、息伯卣盖）各部分都有可能被省略掉，并没有一定要保留的成分，由此也可以看出，商人和周人对时间的不同态度。

事件纪年

此外，周代也有用事件纪年的方式，但不多见。写法与商代"隹+事件"不同，而是写作"隹+事件+年"的形式。用于纪年的事件除了祀与戎之外，也增加了其他内容。如：

> 士上盉（《集成》9454）：唯王大禴于宗周延饎荛京年
> 厚趠方鼎（《集成》2730）：唯王来格于成周年
> 旅鼎（《集成》2728）：唯公大保来伐反夷年
> 中方鼎（《集成》2751）：唯王令南宫伐反虎方之年
> 作册翻卣（《集成》5400）：唯明保殷成周年

3. 小结

从上文所列举的商周纪时形式可以看出：

第一，有完整纪时形式的铭文并不多见，商代日、月、祀俱全的仅占全部纪时铭文的 28%，西周年、月、月相、日俱全的目前仅见 60 余例，而大部分都为省略式。

第二，"隹王 X 祀"这种句式一般出现在结尾，"隹王 X 年"这种句式一般出现在开头。但也有例外，如"隹王三祀四月既生霸辛酉……"（师遽簋盖，《集成》4214）中，"隹王 X 祀"的形式就出现在了开头，但这种情况很少见。

第三，商代的"隹王 X 祀"表示的是祭祀周期，后面一般有商人专有的祭名（彡日、彡日、翌日），西周虽然继承了"隹王 X 祀"这种句式，但意义已经发生改变，不再指祭祀周期，而是表示年的概念，后面没有祭名。

第四，商人的纪时方式是日月祀，从小到大，与现在西方人的纪时方式相同，从一个侧面可以反映出商人更注重当下，更注重个体，张扬个性。周人的纪时方式是年月日，从大到小，延续至今，是现在东方人的纪时方式，反映出周人不同于商人的时空观，把自我、把当下放得很小，把自然、把宇宙放得很大，这种谦卑很可能是中华文明能够延续几千年而没有中断的原因之一。

第五，商周先民在进行活动时，对月份的选择有一定规律。商代和西周早期总体来说并没有太明显的倾向，相较而言，商代六月和十月使用较多，西周早期五月和八月、九月使用较多，由于商周的岁首不同，商代的六月和西周的五月应该是差不多的时间段，在春分前后，商代的十月和西周的八月、九月时间段也差不多，大概在夏至前后，这两个时间段都是古人生产生活中比较重要的时间段，所以相较其他月份使用频率比较高。

西周中后期，除五月、六月和八月、九月之外，正月和二月的使用频率呈明显上升趋势，尤其是正月。正月作为一年的开始，它在政治宗教上的意义远远超过它在生产生活中的意义，大量活动选择在正月举行，应该是西周中后期在政治宗教上的一种倾向和规范。到春秋时期这种正月倾向更加明显，在正月进行的活动占全年的73%，其使用频率是其他月份的十几倍到上百倍。

还有一个需要特别指出的月份就是七月。这个月份从商到周使用频率都极低，商代七月、八月使用频率都为0，西周时期七月的使用频率仅占全年的1.6%，而东周时期仅占0.6%。这个现象挺有意思，究竟是为什么还有待研究。

真假铭文

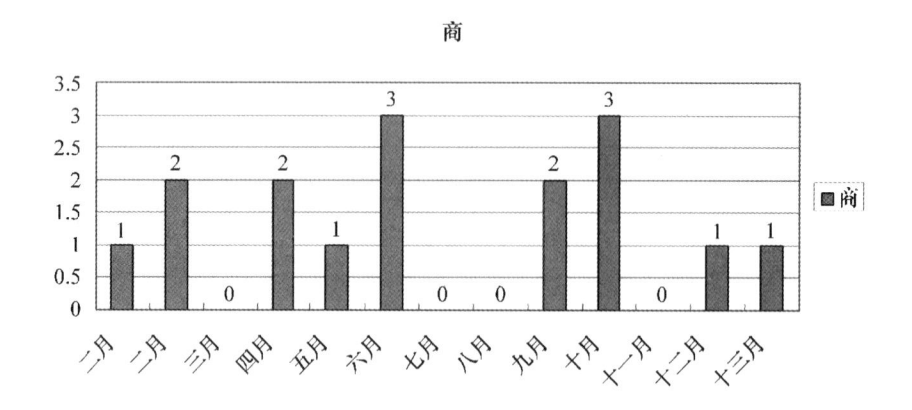

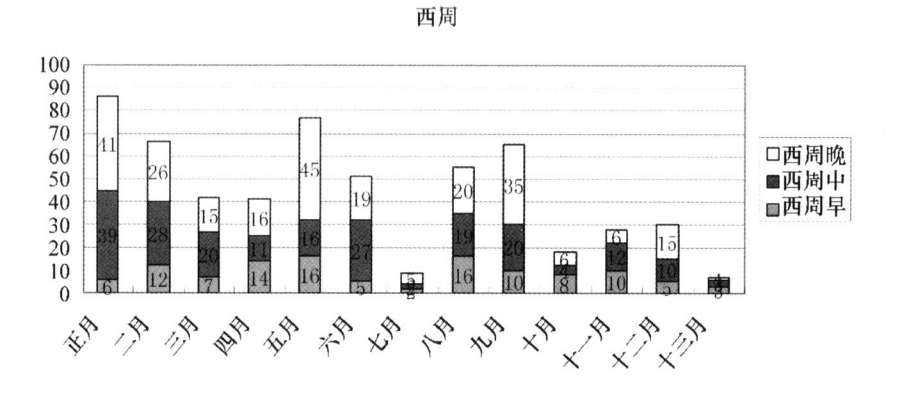

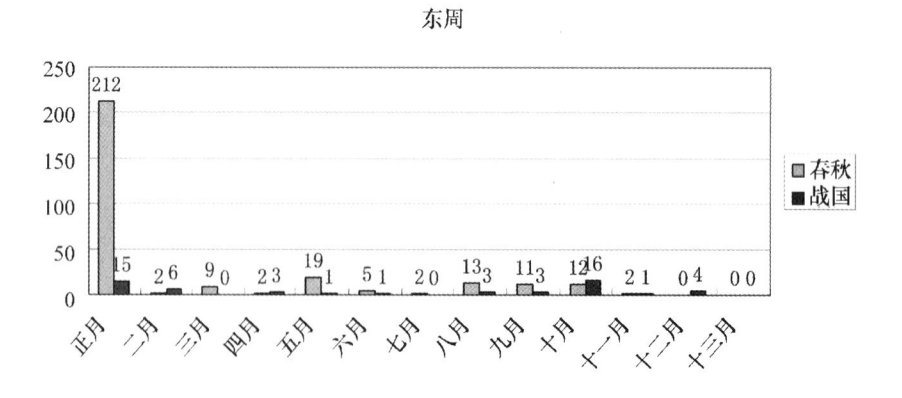

商

西周

东周

图 5-1-2 月份使用统计

表 5-1-1　　　　　　　　　　月份使用统计表①

	总数	商	西周				春秋	战国
			西周总	西周早	西周中	西周晚		
正月	313	1	86	6	39	41	212	15
二月	76	2	66	12	28	26	2	6
三月	51	0	42	7	20	15	9	0
四月	49	2	41	14	11	16	2	3
五月	98	1	77	16	16	45	19	1
六月	60	3	51	5	27	19	5	1
七月	11	0	9	2	2	5	2	0
八月	71	0	55	16	19	20	13	3
九月	81	2	65	10	20	35	11	3
十月	49	3	18	8	4	6	12	16
十一月	31	0	28	10	12	6	2	1
十二月	35	1	30	5	10	15	0	4
十三月	8	1	7	3	3	1	0	0

第六，月相和吉日系统是周人特有的纪时形式。其中吉日系统中比较常见的为初吉，指一个月的第一个吉日，数量最多，比表示月相的既生霸、既望、既死霸加在一起的总数还要多，除了初吉之外还有吉日、月吉、既吉等说法。从西周早期到春秋战国都有使用，在西周中晚期和春秋时期使用最多。除了荣仲方鼎"在十月又二月生霸吉庚寅"之外，一般不与表示月相的既生霸、既望、既死霸连用。

月相系统中比较常见的为既生霸、既望、既死霸，另外还有旁生霸、旁死霸、生霸等，都是与月亮圆缺有关的月相词语，西周早期开始使用，流行至春秋早期。它们与历日的具体对应关系如下。②

---

① 所有统计数据来自对"中央研究院"历史语言所的殷周金文暨青铜器数据库的搜索和统计。
② 冯时：《百年来甲骨文天文历法研究》，中国社会科学出版社 2011 年版。

旁死霸	晦前一日
哉死霸	晦
既死霸	朔
旁生霸	大月初二日
生霸（哉生霸）	朏
既生霸	朏后至望
既望	望后至晦前二日

表 5-1-2　　　　　　　　初吉及月相出现频次统计表

	西周早	西周中	西周晚	春秋	战国	总数
初吉	19	105	107	255①	10	496
既生霸	9	42	49	0	0	100
既望	14	14	11	1	0	40
既死霸	7	4	23②	1	0	35

从表 5-1-2 不难看出，西周早期既望使用频率比较高，基本与既死霸、既生霸持平，说明当时人们对于一个月中的某个时间段并没有特别的倾向，选择活动的时间比较平均。西周中后期，既望的使用频率下降，既死霸和既生霸的使用频率上升，说明这时的人们比较倾向于在上半个月举行活动。

另外，需要指出的是在既死霸这一天，也就是一个月的月首，举行活动的频率相当高，占全月的 20%，这反映出人们对于时间选择的一种倾向和规范。在一天之中，人们往往选择在旦举行活动，在一月之中，既死霸这一天的使用频率很高，在一年之中，正月的使用频率远远高于其他月份，这反映出西周中后期人们在时间使用上的规范。

第七，商周先民在进行活动的时候，对日期也是有选择的，具体情况见表 5-1-3。

---

① 其中冶仲考父壶（《集成》9708）"六月初丁亥"当为"六月初吉丁亥"漏写。
② 其中伯寬父盨（《集成》4438、4439）"隹卅又三年八月既死辛卯"当为"隹卅又三年八月既死霸辛卯"漏写。

表 5-1-3　　　　　　　　　干支日期使用统计表

	总数	商	西周				春秋	战国
			西周总	西周早	西周中	西周晚		
甲子	5	1	4	3	0	1	0	0
乙丑	7	0	5	3	1	1	2	0
丙寅	5	2	3	1	1	1	0	0
丁卯	16	1	15	5	10	0	0	0
戊辰	8	1	7	2	5	0	0	0
己巳	2	0	2	1	0	1	0	0
庚午	59	1	23	1	8	14	25	10
辛未	8	0	8	5	3	0	0	0
壬申	13	1	9	3	0	6	3	0
癸酉	1	0	1	1	0	0	0	0
甲戌	30	0	29	1	8	20	1	0
乙亥	39	7	14	8	4	2	14	4
丙子	0	0	0	0	0	0	0	0
丁丑	14	8	6	6	0	0	0	0
戊寅	17	1	12	1	7	4	2	2
己卯	2	0	2	1	1	0	0	0
庚辰	2	0	2	0	2	0	0	0
辛巳	9	3	4	2	1	1	2	0
壬午	16	0	8	0	4	4	7	1
癸未	8	1	4	3	0	1	2	1
甲申	14	0	14	7	3	3	1	0
乙酉	7	1	5	3	1	1	0	1
丙戌	3	0	3	1	1	1	0	0
丁亥	261	1	84	7	28	49	164	12
戊子	3	0	3	3	0	0	0	0
己丑	9	0	8	5	2	1	1	0
庚寅	42	2	38	5	8	25	0	2

真假铭文

续表

	总数	商	西周总	西周早	西周中	西周晚	春秋	战国
辛卯	10	3	7	4	0	3	0	0
壬辰	3	0	3	1	0	2	0	0
癸巳	7	2	4	0	4	0	0	1
甲午	15	0	15	2	6	7	0	0
乙未	9	4	5	3	1	1	0	0
丙申	4	2	2	0	1	1	0	0
丁酉	5	0	3	0	2	1	2	0
戊戌	6	0	6	1	5	0	0	0
己亥	25	1	4	3	1	0	4	16
庚子	0	0	0	0	0	0	0	0
辛丑	1	0	1	1	0	0	0	0
壬寅	12	0	12	1	10	1	0	0
癸卯	4	0	4	1	1	2	0	0
甲辰	0	0	0	0	0	0	0	0
乙巳	7	2	3	0	1	2	0	2
丙午	8	2	4	1	3	0	1	1
丁未	6	2	2	2	0	0	2	0
戊申	14	0	5	0	3	2	9	0
己酉	6	2	1	1	0	0	1	2
庚戌	6	0	6	0	1	5	0	0
辛亥	11	2	2	1	1	0	7	0
壬子	0	0	0	0	0	0	0	0
癸丑	1	0	1	0	1	0	0	0
甲寅	20	2	18	0	3	15	0	0
乙卯	29	3	26	5	6	15	0	0
丙辰	1	1	0	0	0	0	0	0
丁巳	19	1	16	3	3	10	2	0

续表

	总数	商	西周				春秋	战国
			西周总	西周早	西周中	西周晚		
戊午	3	0	2	0	1	1	0	1
己未	3	0	1	0	1	0	2	0
庚申	26	1	11	5	3	3	11	3
辛酉	7	6	1	1	0	0	0	0
壬戌	4	0	4	0	1	3	0	0
癸亥	3	1	1	1	0	0	1	0
	872	68	483	116	157	210	265	59

从上表中我们可以看出，丁亥一定是个好日子，各个时期都保持很高的使用频率，尤其是在春秋时期，占全部干支纪日的一半以上。另外，庚午和庚寅也是不错的日子，商周时期都有较高的使用频率。

乙亥和丁丑对商人来说应该是个好日子，使用频率远高于其他，西周早期依然有较高的使用频率，但西周中期以后就很少使用了，看来周人并不太喜欢这两个日子。

甲子、丙寅、己巳、癸酉、丙子、己卯、庚辰、丙戌、戊子、壬辰、丙申、丁酉、庚子、辛丑、甲辰、壬子、癸丑、丙辰、戊午、己未、壬戌、癸亥是一组使用频率极低或不使用的日子。如果把天干和地支拆开来看，子日、辰日、丙日一定不是好日子，凡是有它们的干支使用频率都很低。

表 5-1-4　　　　　　　　吉日干支选用统计表

	西周早	西周中	西周晚	春秋	战国	总数
甲子	0	0	0	0	0	0
乙丑	0	0	1	2	0	3
丙寅	1	0	0	0	0	1
丁卯	3	5	0	0	0	8
戊辰	0	0	0	0	0	0

真假铭文

续表

	西周早	西周中	西周晚	春秋	战国	总数
己巳	0	0	1	0	0	1
庚午	0	6	14	34	0	54
辛未	0	0	0	0	0	0
壬申	1	0	6	3	0	10
癸酉	0	0	0	0	0	0
甲戌	1	5	6	1	0	13
乙亥	0	1	0	13	0	14
丙子	0	0	0	0	0	0
丁丑	0	4	0	0	0	4
戊寅	0	4	2	0	0	6
己卯	0	1	0	0	0	1
庚辰	0	1	0	0	0	1
辛巳	1	0	1	0	0	2
壬午	0	2	1	5	0	8
癸未	2	0	0	2	0	4
甲申	2	0	0	1	0	3
乙酉	0	1	0	0	0	1
丙戌	0	0	0	0	0	0
丁亥	1	18	28	161	7	215
戊子	0	0	0	0	0	0
己丑	0	0	0	0	0	0
庚寅	3	5	16	0	0	24
辛卯	1	0	0	0	0	1
壬辰	0	0	2	0	0	2
癸巳	0	4	0	0	0	4
甲午	0	3	0	0	0	3
乙未	0	0	0	0	0	0
丙申	0	1	1	0	0	2

第五章 铭文辨伪的思路及方法(文法)

续表

	西周早	西周中	西周晚	春秋	战国	总数
丁酉	0	0	0	2	0	2
戊戌	1	1	0	0	0	2
己亥	0	0	0	1	0	1
庚子	0	0	0	0	0	0
辛丑	0	0	0	0	0	0
壬寅	0	5	0	0	0	5
癸卯	0	1	1	0	0	2
甲辰	0	0	0	0	0	0
乙巳	0	0	1	0	1	2
丙午	0	2	0	0	0	2
丁未	0	0	0	2	0	2
戊申	0	0	2	0	0	2
己酉	0	0	0	1	0	1
庚戌	0	1	1	0	0	2
辛亥	1	1	0	6	0	8
壬子	0	0	0	0	0	0
癸丑	0	1	0	0	0	1
甲寅	0	1	8	0	0	9
乙卯	1	1	0	0	0	2
丙辰	0	0	0	0	0	0
丁巳	0	1	0	2	0	3
戊午	0	0	0	0	0	0
己未	0	0	0	1	0	1
庚申	1	1	0	10	3	15
辛酉	0	0	0	0	0	0
壬戌	0	0	1	0	0	1
癸亥	0	0	0	1	0	1
	20	77	93	248	11	449[①]

[①] 由于有些铭文只有初吉没有干支日期,所以这里统计数据少于前面"初吉及月相出现频次统计表"。

从上表我们可以看出，周人对吉日的选取倾向性非常明显，使用次数在 20 次以上的仅有 3 个，10—20 次的有 3 个，5—10 次的有 5 个，其他绝大多数日期使用次数不到 5 次。

在吉日系统中，丁亥一定是个黄道吉日，使用频率极高，尤其是在春秋时期。"正月初吉丁亥"是春秋时期最常见的日子，有 140 例，占全部吉日的 56.5%。除此之外，庚午和庚寅使用频率也较高，与"干支日期使用统计表"的结果相似，但在使用时间上略有不同，庚寅只在西周时期使用，春秋以后就不再使用了，而庚午西周早期并没有使用，西周中后期和春秋时期大量使用。

（二）地点

有地点描述的铭文相较纪时铭文而言，数量更少，一般出现在文章开头纪时铭文之后，在记事铭文的事件描述中，有时也会出现地点。基本结构为状态描述词（在、至于、格于）加地点，地点包括地名，像周、宗周、成周、莽京、吴、鲁等，也包括建筑，像康宫、京宫、般宫等。句型构成一般为"在某地"（周、宗周、成周等），"格某建筑"（康宫、新宫、司徒淲宫等）或某建筑的大室（某室），如：

> 师遽簋盖（《集成》4214）：王才（在）周，客（格）新宫
> 善鼎（《集成》2820）：王才（在）宗周，王格大师宫
> 敔簋（《集成》4323 晚）：王才（在）成周，……王格于成周大庙
> 师察簋（《集成》4253）：王才（在）莽，格于大室
> 师西簋（《集成》4288）：王才（在）吴，格吴大庙

或为"在某宫"（康宫、新宫、驹宫等）或"某应"，"各大室"（某室、大庙、某庙等），如：

> 走马休盘（《集成》10168）：王才（在）周康宫。旦，王格大室
> 虎簋盖（《新》633）：王才（在）周新宫，格于大室
> 卫鼎（《集成》2831）：王才（在）周驹宫，格庙

趞鼎（《集成》2815）：王在周康卲（昭）宫，格于大室

裘鼎（《集成》2819）：王才（在）周康穆宫，旦，王格大室

此鼎（《集成》2821）：王才（在）周康宫徲（夷）宫，旦，王格大室

十三年𤼈壶（《集成》9723）：王才（在）成周䚄（司）土淲宫，格大室

蔡簋（《集成》4340）：王才（在）雝𧻚，旦，王格庙

这种"在A，格（于）B"的句型主要使用于西周中晚期，西周早期还没有形成这种规范的句型结构。在这种"在A，格（于）B"的结构中，B在地理范围上来看是小于A，包含于A之内的。也就是说，B一定是建在A地的建筑，或B是A建筑中的一间。

不同时期王经常活动的地点以及举行仪式的场所不同，梳理这些地名的使用情况，了解这些地方场所的性质，有利于我们更好地辨伪。

1. 状态描述词

在、至于、格（于）、自

在地点状语中，最常用的描述词就是"在"，是一种静态的描述，前面的主语多为王，组成"（王）在X"的结构，这可能与记事铭文的内容多为王赏赐有关，后面既可以接地名，如："在𢍰（阑）"（成嗣子鼎，《集成》2708）、"在𩫖"（𠂤亚角，《集成》9102）、"王在周"（趞觯，《集成》6516）、"王在宗周"（大盂鼎，《集成》2837）、"王在成周"（德鼎，《集成》2661）、"王在新邑"（𣄰士尊，《集成》5985）、"在荥京"（夲簋，《集成》4088）、"王在庠"（折方彝，《集成》9895）、"王在郑"（三年𤼈壶，《集成》9726）、"在炎"（作册夨令簋，《集成》4300）、"公在𪓐𠂤"（旅鼎，《集成》2728）、"在新𦊆"（臣卫尊，《集成》5987）、"王在吴"（师酉簋，《集成》4288）等，也可以接建筑，如："王在周成大室"（吴方彝盖，《集成》9898）、"恭王在周新宫"（十五年𧻚曹鼎，《集成》2784）、"王在周康宫新宫"（望簋，《集成》4272）、"王在周师录宫"（师晨鼎，《集成》2817）、"王在周般宫"（七年𧻚曹鼎，《集成》

2783)、"王在射日宫"（訇簋，《集成》4321）、"王在杜应"（师虎簋，《集成》4316）、"王在寝"（寝孜簋，《集成》3941）等。

"至于"是到的意思，是动态的描述词，前面的主语不一定是王，后面一般接地名而很少接建筑。如："至于京自"（克钟，《集成》204）、"至于鄂"（禹鼎，《集成》2833）、"追至于杨冢"（多友鼎，《集成》2835）、"复还至于周"（穆公簋盖，《集成》4191）、"还至于蔡"（驹父盨盖，《集成》4464）、"明公朝至于成周"（矢令尊，《集成》6016）、"至于大沽""至于边柳""至于雊莫""至于井邑"（散氏盘，《集成》10176）、"至于猒"（簋鼎，《集成》2721）等。

"格（于）"的意思与"至于"相同，表示到达，动态描述词，但是"格（于）"后面一般只接建筑，不接地名。如："王格于周庙"（无更鼎，《集成》2814）、"王格于康宫"（卫簋，《集成》4209）、"王格于成宫"（曶壶盖，《集成》9728）、"格于尹姞宗室"（尹姞鬲，《集成》754）、"王格于庚嬴宫"（庚嬴卣，《集成》5426）、"王格大师宫"（善鼎，《集成》2820）、"尹格于宫"（执卣，《集成》5391）、"王格于宣射"（鄘簋，《集成》4296）、"王格于享庙"（师秦宫鼎，《集成》2747）、"王格于大庙"（免簋，《集成》4240）、"王格于师戏大室"（豆闭簋，《集成》4276）、"王格于大室"（师奎父鼎，《集成》2813）、"格图室"（膳夫山鼎，《集成》2825）等。

"自"就是"从……"的意思，后面一般接地名而不接建筑，如："遣自巢自"（小臣谜簋，《集成》4239）、"中省自方、邓"（中甗，《集成》949）、"明公归自王"（作册令方彝，《集成》9901）、"公反自周"（保员簋，《新》1442）、"伯雍父来自猒"（录簋，《集成》4122）、"王归自谌田"（令鼎《集成》2803）、"王归自成周"（应侯见工钟，《集成》107）、"王步自宗周"（晋侯稣钟，《集成》870）、"征瑓福自蒿"（德鼎，《集成》2661）、"返自西旃"（楚王熊章钟，《集成》83）、"自淲东至于河"（同簋盖，《集成》4270）、"廼自商自复还至于周"（穆公簋盖，《集成》4191）、"自瀗涉以南至于大沽""自根木道左至于井邑"（散氏盘，《集成》10176）等。

2. 常见地点
(1) 商

地名：阑、橐

商代的铭文中有记录地名的不太多，就现有的数据看，出现次数比较多的有"阑"和"橐"这两个地方。"阑"这个地名在商末周初的铭文中多次出现，而且只出现在商末周初的铭文中如：

戍嗣子鼎（《集成》2708）：丙午，王商（赏）戍嗣子贝廿朋，才（在）阑宗，……隹（唯）王餐阑（阑）大室……

作父己簋（《集成》3861）：己亥，王易（赐）贝才（在）阑……

利簋①（《集成》4131）：……王才（在）阑（阑）自（次）……

宰椃角（《集成》9105）：庚申，王才（在）阑（阑），王各（格），宰椃从，易（赐）贝五朋……

坂方鼎（《新》1566）乙未，王宾文武帝乙彡日，自阑（阑）佣，王返入阑（阑），王商（赏）坂贝……

从利簋的铭文内容来看，这个地方应该就在商王都的附近，王多次在这个地方赏赐，应该是商王都周围一个比较重要的地方。

另外一个出现频率比较高的就是"橐"（"上橐"），如：

尹光鼎（《集成》2709）：乙亥，王□，才（在）橐次……

小子𠭯簋（《集成》4138）：癸巳，姼商（赏）小子𠭯贝十朋，才（在）上橐……

箙亚角（《集成》9102）：丙申，王易（赐）箙亚䍙奚贝，才（在）橐……

"橐"在金文中出现次数不是很多，但在甲骨文中多次出现，是商王经常田猎的地方，如：

---

① 西周初年。

癸巳卜，在反贞，王旬无畎？在五月。王迖于䷿？
癸卯卜，在䍙贞，王旬无畎？在六月。王迖于䷿？
癸丑卜，在㝢贞，王旬无畎？在六月。王迖于上䷿？
癸亥卜，在向贞，王旬无畎？在六月。王迖于上䷿？
癸酉卜，在上䷿贞，王旬无畎？在七月。　　　《合集》36537
癸亥卜，在䷿贞，王今夕无畎？　　　　　　　《合集》36852.2
癸亥卜，在上䷿贞，王旬无畎？在十月。　　　《合集》36846.5
癸亥王卜，贞，旬无畎？王囧曰吉，在䷿。　　《合集》36872.4
癸亥王卜，贞，旬无畎？王囧曰吉，在王䷿。　《合集》36871.2

从第一条卜辞不难看出，"䷿"和"上䷿"应该是两个不同的地方，另外还有一个"王䷿"应该是另一个不同的地方，金文中没有出现过。西周以后"䷿"不再作为地名出现，而是作为族名出现，如：

师酉簋（《集成》4288，西周中期）：……王乎（呼）史墙册命师酉：司乃且（祖）啻（嫡）官邑人、虎臣、西门尸（夷）、䷿尸（夷）、秦尸（夷）、京尸（夷）、卑身尸（夷）……

訇簋（《集成》4321，西周晚期）：……今余令（命）女（汝）啻（嫡）官司邑人、先虎臣后庸、西门尸（夷）、秦尸（夷）、京尸（夷）、䷿尸（夷）、师笭、侧新、囗华尸（夷）、卑身尸（夷），囗人、成周走亚、戍秦人、降人、服尸（夷）……

善鼎（《集成》2820，西周中期）：……昔先王既令（命）女（汝）左（佐）疋（胥）䷿侯，今余唯肇（肇）申先王令（命），令（命）女（汝）左（佐）疋（胥）䷿侯，监齿师戍……

从上述铭文内容看，在殷商灭亡后，"䷿"地的人很可能作为殷遗民被迁到了宗周或成周，被称为"䷿夷""䷿侯"。

第五章 铭文辨伪的思路及方法（文法）

建筑：寝、大室

商代没有西周那么多复杂的宫殿名称，铭文中常出现的建筑为"寝"和"大室"，如：

> 寝孜簋（《集成》3941）：辛亥，王才（在）寝，赏寝孜□贝二朋……
>
> 子黄尊（《集成》6000）：乙卯，子见才（在）大室……

比较有意思的是，与周截然不同，商王经常在"寝"进行赏赐，如：

> 婦瓦爵（《集成》9098）：乙未，王商（赏）贝婦（姒）瓦（妩）才（在）寝……
>
> 乙未鼎①（《集成》2425）：乙未，王□贝姒□巾，才（在）寝……
>
> 小臣兹卣（《集成》5378）：王易小臣兹，易（赐）才（在）寝……

其中赏赐的对象多为王的近臣，如寝孜、小臣兹，或者女人，如婦瓦、姒□，这能很好地说明寝的性质。商代有寝官，如寝孜、寝鱼（《集成》9101），寝里面的宫室称为小室（寝小室盂，《集成》10302），这与其他的宫室都称为大室不同。甲骨文中还有东寝（《合集》13570）、西寝（《京》4614）、王寝（《合集》32980.2）、新寝（《合集》24951.3）等称呼。但西周以后商人的这些称呼都不再使用了，而出现了中寝、下寝这样的称呼，如：

> 王盂（《新》668）：王乍（作）莽京中寝歸（馈）盂。
>
> 听盂（《新》1072）：听所献为下寝盂。

---

① 商末周初。

这或许可以看出商周制度的一些变化，周王虽然也经常赏赐近臣和女人，但不在寝进行赏赐；周人的官制系统中没有寝这一官职；周人的宫室中没有小室这一称呼；周人对宫室的命名在西周中后期逐渐规范。

（2）周

①地名

宗周

"宗周"是西周铭文中出现频率比较高的地点，一般指西周的镐京。《史记·周本纪》："成王自奄归，在宗周，作多方。"①《诗经·小雅·正月》："赫赫宗周，褒姒灭之！"《诗经·大雅·文王有声》："镐京辟雍，自西自东，自南自北，无思不服。……考卜维王，宅是镐京。维龟正之，武王成之。"《诗经·王城谱》："始，武王作邑于镐京，谓之宗周，是为西都。正义曰：《文王有声》云：'宅是镐京，武王成之。'是武王作邑于镐京也。"②《帝王世纪》："武王自丰居镐，诸侯宗之，是为宗周。"③ 在今陕西省长安县西北镐京村附近。为西周早期的都城。

"宗周"作为地名共出现 43 次。西周早期出现 19 次，其中献侯鼎 2 件，叔簋 2 件，士上器 4 件，除去重复，共有 14 种；西周中期出现 4 次，其中同簋 2 件，除去重复，共有 3 种；西周晚期出现 20 次，其中史颂器 10 件，小克鼎 7 件，除去重复，共有 5 种。

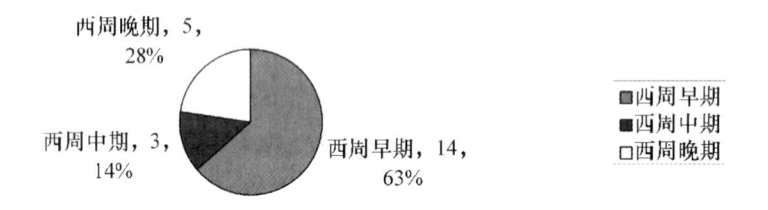

图 5-1-3 "宗周"使用频次统计

---

① 司马迁：《史记》，中华书局 1982 年版，第 133 页。
② 阮元校刻：《十三经注疏·毛诗正义》，中华书局 1980 年版。
③ 皇甫谧：《帝王世纪》，齐鲁书社 2010 年版。

从图 5-1-3 不难看出,"宗周"的使用时间主要为西周早期,西周中后期使用频率很低。

从铭文内容来看,在"宗周"进行的活动,西周早期以祭祀居多,如:

> 献侯鼎(《集成》2626):唯成王大禁才(在)宗周……
> 叔簋(《集成》4132):隹(唯)王禁于宗周……
> 庸伯取簋(《集成》4169):隹(唯)王伐逨鱼,遟伐淖黑,至燎于宗周……
> 士上卣(《集成》5421 西周早期):隹(唯)王大禴(禴)于宗周……

也有颁布册命类的,如:

> 大盂鼎(《集成》2837):隹(唯)九月,王才(在)宗周,令(命)盂……
> 班簋(《集成》4341):隹(唯)八月初吉才(在)宗周甲戌,王令(命)毛白(伯)更虢城公服……

也有没提原因,仅言赏赐的,如:

> 嫼奚鼎(《集成》2729):隹(唯)二月初吉庚寅,才(在)宗周,楷中(仲)赏氒(厥)嫼奚达(逐)毛(旄)两、马匹……

可以看出"宗周"在西周早期主要表现为宗教功能,也具备一定的政治功能。而西周中期铭文内容全部为册命,如:

> 趞簋(《集成》4266):唯二月王才(在)宗周,戊寅,王各(格)于大朝(庙),密叔右趞,即立(位),内史即命,王若曰:趞,命女(汝)乍(作)齵师冢司马,啻(嫡)官仆、射、士,讯小大

又（右）邻，取遗五孚（锊）……

西周晚期也以册命为主，如：

微繺鼎（《集成》2790）：隹（唯）王廿又三年九月，王才（在）宗周。王令微繺䊊司九陂……

可以看出"宗周"在西周中后期主要表现为政治功能。

"宗周"的建筑铭文中没有太多提及，现在所见的仅有"大师宫"（善鼎，《集成》2820）、"大庙"（趞簋，《集成》4266）、"穆庙"（大克鼎，《集成》2836）。

成周

"成周"也是西周铭文中出现频次比较高的地点，为西周初年在宗周镐京之外营建的陪都性质的都邑，在今河南洛阳市。《尚书·洛诰序》："召公既相宅。周公往营成周。"① 《史记·周本纪》："康王命作策毕分居里，成周郊。"② 《正义》："又《多士篇序》云：'成周既成，迁殷顽民。'按：是为东周，古洛阳城也。《括地志》云：'洛阳故城在洛州洛阳县东北二十六里，周公所筑，即成周城也。'《舆地志》云：'以周地在王城东，故曰东周。敬王避子朝乱，自洛邑东居此。以其迫厄不受王都，故坏翟泉而广之。'"③ 《春秋左传注》："成周，《尚书·洛诰序》召公既相宅。周公往营成周者是也。其后迁殷之遗民于此。故城在今河南省洛阳市东约四十里，偃师县西约三十里。"④

"成周"作为地名共出现95次。西周早期出现32次，除去重复的还有19次；西周中期出现17次，除去重复的还有7次；西周晚期出现46次，除去重复的还有13次。

---

① 阮元校刻：《十三经注疏·尚书正义》，中华书局1980年版，第214页。
② 司马迁：《史记》，中华书局1982年版，第134页。
③ 司马迁：《史记》，中华书局1982年版，第134页。
④ 杨伯峻：《春秋左传注》，中华书局2009年版，第27页。

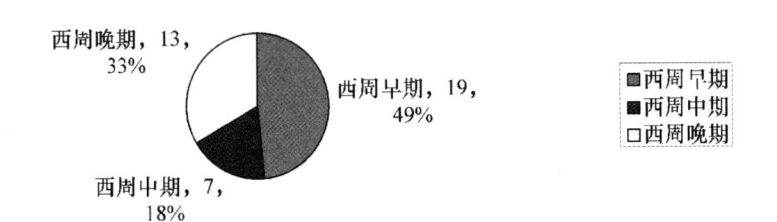

第五章 铭文辨伪的思路及方法（文法）

图 5-1-4 "成周"使用频次统计

从图 5-1-4 可以看出，"成周"从早到晚都保持较高的使用频次，西周早期使用相对较多。

从铭文内容看，在"成周"举行的活动类型较多。西周早期祭祀类依然是大宗，如：

> 围甗（《集成》935）：王裸于成周……
> 德方鼎（《集成》2661）：隹（唯）三月王才（在）成周，祉（延）珷福自蒿……
> 何尊（《集成》6014）：隹（唯）王初鄻宅于成周，復禀珷（武）王礼裸自天……
> 盂爵（《集成》9104）：隹（唯）王初祼于成周……
> 叔矢鼎（《新》915）：隹（唯）十又四月，王酓大祓，祼才（在）成周……
> 吕壶盖（《新》1894）：辛巳，王祭蒸才（在）成周……（？疑伪字，写得不好，"祭""蒸"连用不见）

其中祭祀的主语都是王，其他人在"成周"的活动多与政事有关，如：

> 小臣鼎（《集成》2678）：唯十月事（使）于曾，密白（伯）于成周休毗（赐）小臣金……
> 史兽鼎（《集成》2778）：尹令史兽立工于成周……
> 小臣传簋（《集成》4206）：……令师田父殷成周年……

真假铭文

> 士上卣（《集成》5421）：……王令士上眔史寅殷于成周……
> 作册䰧卣（《集成》5400）：隹（唯）明保（保）殷成周年……
> 矢令尊（《集成》6016）：……明公朝至于成周，佶令：舍（舍）三事令……

其中"殷成周"比较多见，除了"殷成周"之外，还有"殷东国五侯"（保卣、尊，《集成》5415、6003）。从铭文看，"殷"的对象都在东方，与文献记载稍异。"殷成周"还经常用于纪年（小臣传簋、作册䰧卣），所以"殷成周"应该是件大事，可见"成周"的重要。

西周中后期，祭祀类就不见了，比较多见的为政事类，如：

> 丰卣（《集成》5403）：……王才（在）成周，令丰殷大矩……
> 癲壶（《集成》9723）：……王才（在）成周司土（徒）淲宫，各（格）大室，即立（位），绎父右（佑）癲，王乎（呼）乍（作）册尹册易（赐）癲……
> 鲜钟（《集成》143）：……王才（在）成周司土（徒）淲宫，王易（赐）鲜吉金……

这与"宗周"相似，西周早期主要以祭祀居多，西周中后期政事比较多见，可以看出其宗教功能向政治功能的一种转化。

与"宗周""周"不同，"成周"的军事功能非常突出，从西周早期到西周晚期很多军事活动都在"成周"进行，如：

> 小臣夌鼎（《集成》2775）：正月，王才（在）成周，王逆于楚麓。令小臣夌先省楚屰……
> 瞱叔簋（《集成》3950）：唯九月，瞱叔从王员征楚艿（荆），才（在）成周……
> 虢仲𬙂盖（《集成》4435）：虢中（仲）以王南征，伐南淮尸（夷），才（在）成周……

第五章 铭文辨伪的思路及方法（文法）

铭文中有"成周八师"（曶壶盖，《集成》9728）、"殷八师"（禹鼎，《集成》2833）、"八师"（小克鼎，《集成》2796）应该说的是一回事，都是指驻扎在成周地区的王师。"成周八师"参与的战争比较多，根据战略需求不同，会驻扎在不同的地方，铭文中有"在鄂师"（中甗，《集成》949）、"在炎师"（召卣，《集成》5416）、"在堂师"（彧簋，《集成》4322）、"戍于古师"（录彧尊，《集成》5419）等。小臣謎簋（《集成》4238）铭云："嫠东尸（夷）大反，白（伯）懋父以殷八师征东尸（夷），唯十又一月，遣自罍次，述东陕，伐海眉，雩氒（厥）复归才（在）牧次"，从其部队出发"遣自罍次"，而战后"复归才（在）牧次"，并不是同一个地方，可以看出"在某次"为部队临时驻扎地，并非常驻地。"成周八师"参与的战争对象多为东方和南方的东夷、南夷、南淮夷、荆楚等。与"成周八师"相对，铭文中还有"西六师"（禹鼎，《集成》2833）或称"六师"（南宫柳鼎，《集成》2805），从名称就可以看出其主要驻扎区域在西边，当为驻扎在宗周地区的王师。"六师"在传世文献中多见，但在金文中比较少见，"八师"金文中比较多见，而且仅见于金文，不见于传世文献。

"成周"作为东都，是王朝对东南作战的指挥中心，不只"成周八师"，其他地方或私人武装对东南作战，也通常以这里为指挥中心，取得胜利之后，通常在这里献俘，在这里进行赏赐，如：

> 敔簋（《集成》4323）：佳（唯）王十月，王才（在）成周，南淮尸（夷）遷殳，内伐溰、昴、参泉、裕敏、阴阳洛，王令（命）敔追袭于上洛悆谷，至于伊、班，长榜蕺首百，执讯卌，夺孚（俘）人四百，啬于荣伯之所，于悆衣肄，复付氒（厥）君。佳（唯）王十又一月，王各于成周大庙，武公入右敔，告禽（擒）：馘百、讯卌，王蔑敔历，使尹氏受（授）釐敔圭鬲（瓚），妥贝五十朋，易（赐）田于敆五十田、于早五十田……

"成周"重要的军事作用在晋侯稣钟中可以看得更清楚：

真假铭文

晋侯稣钟（《新》870—885）：隹（唯）王卅又三年，王亲遹省东或（国）、南或（国）。正月既生霸戊午，王步自宗周。二月既望癸卯，王入各成周。二月既死霸壬寅，王偵（述）往东。三月方（旁）死霸，王至于蒉，分行，王亲令（命）晋侯稣率乃师左洀䍙北洀囗伐夙尸（夷），晋侯稣折首百又廿，执讯廿又三夫。王至于匋城，王亲远省师，王至晋侯稣师，王降自车，立南乡（向），亲令晋侯稣自西北遇（隅）敦伐匋城。晋侯率厥（厥）亚旅、小子、或人先陷入，折首百，执讯十又一夫。王至，淖淖列列尸（夷）出奔，王令（命）晋侯稣率大室、小臣、车仆从遒逐之，晋侯折首百又一十，执讯廿夫，大室、小臣、车仆折首百又五十，执讯六十夫。王隹（唯）反（返），归在成周。公族整师，宫。六月初吉戊寅，旦，王各大室，即立（位）。王乎（呼）善夫曰：召晋侯稣入门，立中廷。王亲易（赐）驹四匹。稣拜稽首，受驹以出，反（返）入，拜稽首。丁亥，旦，王觥于邑伐宫。庚寅，旦，王各大室，司工（空）扬父入又（右）晋侯稣，王亲侪晋侯稣秬（鬯）一卣，弓矢百，马四匹……

王亲自去前线指挥作战，从"成周"出发，最后又回到"成周"，在这里进行赏赐，可见"成周"是东南战区的大本营，在东南战场上发挥着相当重要的作用。

"成周"除了政治、宗教、军事上的功能之外，还是一个重要的经济中心，这里有比较发达的工商业，如：

颂鼎（《集成》2827）：……令女（汝）官司成周贮（贾）廿家，监司新造，贮（贾）用宫御……

"成周"的宫殿建筑比宗周要多一些，早期有"京宫[①]""康宫"（作册令方尊，《集成》6016），中后期有"司土淲宫"（痶壶，《集成》

[①] 何尊写作"京室"（《集成》6014）。

9723)、"大庙"（敔簋，《集成》4323）。其中"京宫"或"京室"仅见于"成周"，"康宫"在"成周"和"周"都有，"司土淲宫"是"成周"独有的宫殿。

附：新邑

"新邑"也是指东都洛邑，是指"成周"刚建成的时候，所以只出现在西周早期，数量不多，如：

臣卿鼎（《集成》2595）：公违省自东，才（在）新邑，臣卿易（赐）金……

新邑鼎（《集成》2682）：癸卯，王来奠新邑，二旬又四日丁卯，□自新邑于柬，王□贝十朋……

㪣士尊（《集成》5985）：丁巳，王才（在）新邑，初諫，王易（赐）㪣士鄉贝朋……

叔觯（《新》950）：叔乍（作）新邑旅彝。

周

"周"是西周铭文中出现最多的地点，共出现121次。西周早期出现6次，除去重复的还有5次；西周中期出现46次，除去重复的还有33次；西周晚期出现69次，除去重复的还有26次。

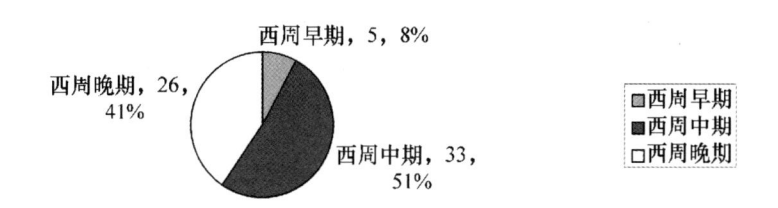

图5-1-5 "周"使用频次统计

从图5-1-5可以看出，"周"的使用时间主要是西周中后期，西周早期很少出现。

真假铭文

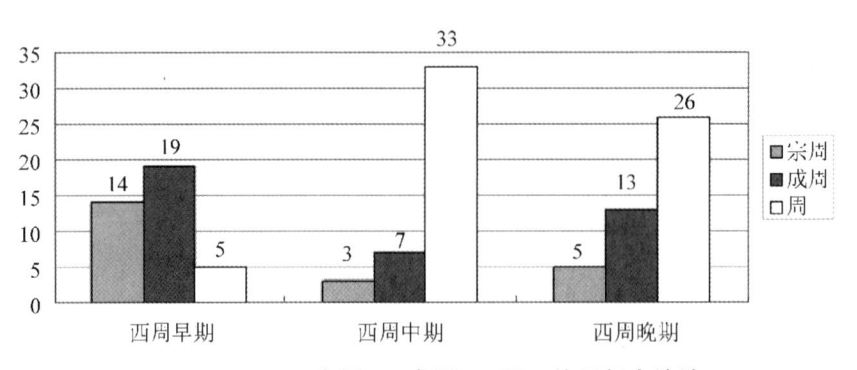

图 5-1-6 "宗周""成周""周"使用频次统计

在"宗周""成周""周"的比较中,我们可以看出"周"和"宗周"是一种此消彼长的关系。在西周早期,"宗周"使用较多,是王朝的统治中心,在西周中晚期,"周"使用较多,王朝的统治中心应该从"宗周"转移到了"周"(见图 5-1-6)。从克钟铭"王在周康剌宫,王呼士曶召克,王亲令克遹泾东至于京师"可知"周"在泾水以西,当为周原。

20 世纪 50 年代以来,在周原地区不断出现的重大的考古发现也充分证明,在西周中晚期,周地曾经是周王室政治生活中十分重要的地方,是周王室的政治中心。据学者们统计,周原中心地带的青铜器窖藏,有明确出土时间、地点的共计 49 起,出土的青铜器约 496 件。从窖藏分析,其中确知姬姓的 5 起,占 10.2%;异姓的 17 起,占 34.7%;不明的 27 起,占 55.1%。从青铜器件数分析,姬姓占 2.6%,异姓占 71.2%,不明的占 26.2%。从墓葬情况来看,周原地区经过发掘出土青铜器的墓葬约 32 座,大多以西周中晚期为主,占总墓葬数的 81.3%。在这些墓葬中,没有确知的姬姓墓,而异姓墓葬 19 座,占 59.4%,不明的 13 座,占 40.6%。在这 32 座墓中出土青铜器 163 件,其中非姬姓 128 件,占 78.5%。从建筑基址情况来看,在岐山的凤雏、扶风的召陈、云塘等地都发现有大型夯土建筑基址。因此,通过各个方面的综合因素可以推测,周地曾经是周代达官显贵居住和汇集的地方,是西周中晚期王朝的统治中心。

从铭文内容来看,在"周"进行的活动绝大多数为册命,占全部活动的 75%,主要集中于西周中晚期,如大师虘簋(《集成》4251)、瘋盨(《集成》4462)、宰兽簋(《新》664)、士山盘(《新》1555)、望簋

（《集成》4272）、走马休盘（《集成》10170）、廿七年卫簋（《集成》4256）、吴方彝盖（《集成》9898）、盠尊（《集成》6013）、师汤父鼎（《集成》2780）、七年趞曹鼎（《集成》2783）、十五年趞曹鼎（《集成》2784）、免簋（《集成》4240）、师晨鼎（《集成》2817）、趠觯（《集成》6516）、无叀鼎（《集成》2814）、颂簋（《集成》4332）、此簋（《集成》4304）、趞鼎（《集成》2815）、谏簋（《集成》4285）、师毁簋（《集成》4324）、裘盘（《集成》10172）、师颖簋（《集成》4312）等。

除了册命之外，比较多见的还有礼仪类活动，如：

> 柞伯簋（《新》76）：隹（唯）八月辰才（在）庚申，王大射才（在）周……
>
> 达盨（《新》692）：隹（唯）三年五月既生霸壬寅，王才（在）周，执驹于漏庢……
>
> 应侯见工钟（《集成》107）：隹（唯）正二月初吉，王归自成周，应侯见工遗王于周。辛未，王各于康宫，荣白（伯）内（入）右应侯见工，易（赐）……
>
> 师遽方彝（《集成》9897）：隹（唯）正月既生霸丁酉，王才（在）周康寝，卿（飨）醴，师遽蔑历，侑，王乎（呼）宰利易（赐）师遽珪一、环章（璋）四……
>
> 夹簋（《新》1958）：隹十又一月暨（既）生霸戊申，王才（在）周康宫卿醴，夹卸，王蔑氒（厥）老夹历，易（赐）……

祭祀类的活动比较少见，有：

> 保卣（《集成》5415）：……迨王大祀，祓于周，才（在）二月既望……

从上述材料可以看出，"周"主要表现为政治功能，西周中后期王经常在这里颁布册命及进行一些礼仪活动。

"周"的宫殿宗庙建筑非常多，有："大庙""般宫""师彔宫""师量宫""师司马宫""师汋父宫""驹宫""新宫""成宫""康宫""康宫新宫""康宫穆宫""康宫昭宫""康宫夷宫""康宫刺宫"等。西周中后期的国家重大活动，如颁布册命、任命官员、赏赐大臣等多在这些建筑中举行。

莽（京）

"莽京"是除"周""宗周""成周"之外出现频率最高的地点，在西周金文中共出现26次，其中西周早期15次，西周中期8次，西周晚期3次。其地望和性质众家所说不一：吴大澂认为莽京即镐京；王国维认为莽京即蒲坂；① 郭沫若、黄盛璋认为莽京即丰京；② 唐兰认为即豳邑；李仲操认为是周王在岐周的学宫；③ 王辉认为即秦之阿房。④

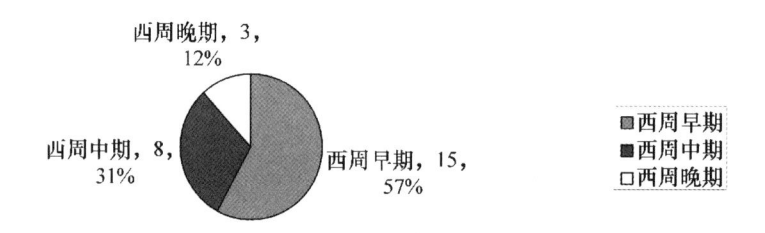

图 5-1-7 "莽"京使用统计

从图5-1-7统计数据来看，"莽京"的主要使用时间为西周早期，西周中期的几件器物多为昭穆时期，属于西周中期前段，而在西周中期后段及西周晚期很少使用。

从铭文内容看，大多为"王在莽京"，只有一件夺簋（《集成》4088）除外，为"公姒赐夺贝，才（在）莽京"，可见，这是一个王经常活动的地方，所以"莽京"应该具有陪都的性质。

从活动内容来看，王在这里多从事礼仪类活动，如：

---

① 王国维：《观堂集林》，中华书局1959年版。
② 黄盛璋：《周都丰镐与金文中的莽京》，《历史研究》1956年第10期。
③ 李仲操：《莽京考》，《人文杂志》1983年第5期。
④ 王辉：《金文"莽京"即秦之"阿房"说》，《陕西历史博物馆馆刊》第三辑，1996年版。

第五章 铭文辨伪的思路及方法（文法）

井鼎（《集成》2720）：隹（唯）七月，王才（在）葊京。辛卯，王渔于𢎤池，乎（呼）井从渔。攸易（赐）渔……

遹簋（《集成》4207）：隹（唯）六月既生霸，穆穆王才（在）葊京，乎（呼）渔于大池，王卿（飨）酉（酒），遹御亡遣（谴），穆穆王亲易（赐）遹……

老簋（《新》1875）：隹（唯）五月初吉，王才（在）葊京，鱼（渔）于大濩，王蔑老历，易（赐）鱼百……

静簋（《集成》4273）：隹（唯）六月初吉，王才（在）葊京，丁卯，王令静司射学宫，小子眔服、眔小臣、眔尸（夷）仆学射。雩八月初吉庚寅，王以吴𤊶、吕犅，卿𡴞𦱦师邦君射于大池……

麦尊（《集成》6015）：……迨（会）王飨葊京，彫祀。雩若翌，才（在）璧（辟）雍（雍），王乘于舟，为大豊（礼），王射大龏禽，侯乘于赤旗舟，从，死咸……

伯唐父鼎（《新》698）：乙卯，王飨葊京，王𤊶辟舟，临舟龙，咸𤊶。白（伯）唐父告备。王各，乘辟舟，临𤊶白旗，用射鵒、斄虎、貉、白鹿、白狼于辟池，咸𤊶……

史懋壶盖（《集成》9714）：隹（唯）八月既死霸戊寅，王才（在）葊京湿宫，亲令（命）史懋路筮，咸……

或祭祀活动，如：

士上卣（《集成》5421）：隹（唯）王大禴（禴）于宗周，徣飨葊京年……

伯唐父鼎（《新》698）：乙卯，王飨葊京……

鲜簋（《集成》10166）：隹（唯）王卅又四祀，唯五月既望（望）戊午，王才（在）葊京，啻（禘）于卲（昭）王……

小臣静卣（《新》1960）：隹（唯）十又三月，王宛葊京……

麦尊（《集成》6015）：……迨（会）王飨葊京，彫祀……

其中"饔莽京"多次出现，而且一般只"饔""莽京"，很少"饔"别的地方。通过对"饔"的分析，我们可以大致推测"莽京"的性质。金文中"饔"共出现12次，除了"饔莽京"之外，还有：

成嗣子鼎（《集成》2708）：隹（唯）王饔䕾（阑）大室
庚嬴鼎（《集成》2748）：隹（唯）王宛（饔）琱宫
吕方鼎（《集成》2754）：王饔于大室，吕延（延）于大室
高卣（《集成》5431）：王初饔旁

其中"饔琱宫"（庚嬴卣）和"饔于大室"（吕方鼎）并没有提在什么地方，是不是在"莽京"不好说，"王初饔旁"（高卣）中"旁"写作𩰚，与常见的"莽京"写作𦳶（士上卣，《集成》5421.2）不一样，可能是宋人摹写错误，也可能是另外一个地方。"饔䕾（阑）大室"（成嗣子鼎）是商代晚期的铭文，"阑"是距商王都不远的一个比较重要的地方，商人"饔""阑"，周人"饔""莽京"，是不是可以说明"阑"对于商人与"莽京"对于周人有类似的意义。

此外，"饔莽京"还可以用于纪年，如"饔莽京年"（士上卣），这有点跟"殷成周"类似，所以"饔莽京"应该是重大事件。

至于"饔"到底是一种什么样的祭祀，尚不清楚，但是应该用酒，使用"酌祀"这种祀法（麦尊）。

从上述资料可以看出，王在这里祭祀、赏赐、飨宴、渔猎等进行很多活动，但西周最常见的出现频率最高的册命活动却仅一见（师察簋），可见它不是一个政治中心，政治功能不强。这个地方有辟雍（麦尊）或称为大池（遹簋），有学宫（静簋），可以祭祀、学射、乘舟、渔猎，可见应该是一个从事礼仪活动的地方。

西周晚期"莽京"不再称京，而只称"莽"，如：

师察簋（《集成》4253）：……王才（在）莽，各于大室，即立（位）中廷，井（邢）叔内（入）右师察，王乎（呼）尹氏册命师

第五章 铭文辨伪的思路及方法（文法）

察……

䚄匜（《集成》10285）：隹（唯）三月既死霸甲申，王在蒡上宫，白（伯）扬父廼（乃）成谳，曰：牧牛，钺，乃可（苛）湛（甚），女（汝）敢以乃师讼，女（汝）上（尚）卬（忒）先誓，今女（汝）亦既又（有）卩（节）誓，尃、趞、啻、觐，䚄造，亦兹五夫亦既卩（节）乃誓，女（汝）亦既从辞从誓……

六年琱生簋（《集成》4293）：隹（唯）六年四月甲子，王才（在）蒡，召白（伯）虎告曰：余告庆。曰：公厎（厥）禀（廪）贝，用狱谏，为白（伯）又祗又成，亦我考幽白（伯）、幽姜令。余告庆，余以邑讯有司，余典勿敢封，今余既讯有司，曰：厌令，今余既一名典献，白（伯）氏则报璧……

而且在䚄匜和六年琱生簋这两篇铭文中"王才（在）蒡"只是作为一个普通的状语存在，整篇铭文的内容与王无关，而只是涉及司法纠纷等世俗生活内容。可见，在西周晚期"蒡京"的性质发生了改变，其重要性不及西周早中期。

"蒡京"的宫殿有湿宫（史懋壶盖；伯姜鼎《集成》2791），这可能与大池有关。另外还有"蒡上宫"（䚄匜）、蒡宫（卯簋盖，《集成》4327；戒鬲，《集成》566）、中寝（王盂，《新》668）。

封国、采邑

除了西周那些重要的都邑之外，一些封国和采邑也经常在铭文中出现，如：

师西簋（《集成》4288）：王才（在）吴，各吴大庙，公族琱釐入右（佑）师西，立中廷，王乎（呼）史墙册命师西……

蔡尊（《集成》5974）：王才（在）鲁，蔡易（赐）贝十朋……

义盉盖（《集成》9453）：隹（唯）十又一月既生霸甲申，王才（在）鲁，卿即邦君、者（诸）侯、正、有司大射，义蔑历，眔于王，迷义易（赐）贝十朋……

大簋（《集成》4165）：唯六月初吉丁巳，王才（在）奠（郑），蔑大历，易（赐）刍骍犅，曰：用禘（禘）于乃考……

免卣（《集成》5418）：隹（唯）六月初吉，王才（在）奠（郑）。丁亥，王各大室，井（邢）叔右（佑）免，王蔑免历，令史懋易（赐）免……

三年𤼈壶（《集成》9726）：隹（唯）三年九月丁巳，王才（在）奠（郑），乡（飨）醴，乎（呼）虢叔召𤼈，易（赐）羔俎……

这些封国、采邑有自己的宫殿宗庙（师酉簋），王在这里进行飨宴、祭祀、赏赐等活动，以政事类活动居多。

其中关于"郑"的性质，学者多有争议。《古本竹书纪年》中提到，穆王曾居郑宫，后世学者还提出周穆王以下都于西郑的说法。这种说法是否成立还需进一步讨论，但在西周中期金文中，郑地的确是周王经常活动之地。大簋言王在郑赏赐臣下，免卣言王在郑颁布册命，三年𤼈壶言王在郑飨醴，从这些铭文内容看郑似乎具有一定的政治、礼仪功能，但仅凭此言郑为王都所在，似乎欠妥。王在吴也颁布册命，在鲁也赏赐臣下，并不能说明这些地方就是王都。王都应该是宗庙所在之地，在金文中周有宗庙，宗周有宗庙，成周有宗庙，但是郑不管是金文还是传世文献都不见有宗庙的记载。而且西周晚期郑地分封给了郑桓公，如果郑曾经是王都所在，有王室宗庙，周王是不可能把它封出去的。所以说，郑有可能是周王室比较喜欢活动的地方，但不具备王都的性质。

斥

除了这些重要的出现频率较高的地方，在西周铭文中还有一个地方"斥"也多次出现，共出现7次，多为西周早期，铭文内容多为赏赐。其地望唐兰起初认为在湖北孝感，后改为在镐京附近。卢连成利用盠驹尊、散盘诸铭中与豆、棫等地邻近的记载，证明斥地在今陕西凤翔、宝鸡境内汧渭之会附近。[①] 当是。

---

① 卢连成：《斥地与昭王十九年南征》，《考古与文物》1984年第6期。

第五章 铭文辨伪的思路及方法（文法）

遣卣（《集成》5402 西周早期）：隹（唯）十又三月辛卯，王才（在）庠，易（赐）趞采，曰：赶，易（赐）贝五朋……

作册睘卣（《集成》5407 西周早期）：隹（唯）十又九年，王才（在）庠，王姜令乍（作）册睘安尸白（夷伯），尸白（夷伯）宾睘贝、布……

作册折尊（《集成》6002 西周早期）：隹（唯）五月，王才（在）庠，戊子，令乍（作）册折兄（贶）望土于相侯，易（赐）金、易（赐）臣……

②建筑

宫寝、宗庙

在建筑中，最常见的就是宫寝、宗庙，一般称为"X宫""X庙""X寝""X室"。但很多时候"X宫""X庙""X寝""X室"并没有严格的区分，如：

吴方彝盖（《集成》9898）：王才（在）周成大室
𪭢壶盖（《集成》9728）：王各于成宫

其中的"成大室"和"成宫"都是指成王的庙。又如：

申簋盖（《集成》4267）：王才（在）周康宫，各大室
师遽方彝（《集成》9897）：王才（在）周康寝，乡（飨）醴
元年师兑簋（《集成》4274）：王才（在）周，各康庙

其中的"康宫""康寝""康庙"都是指康王的庙。又如：

伊簋（《集成》4287）：王才（在）周康宫，旦，王各穆大室
四十三年逨鼎（《新》747）：王在周康宫穆宫
大克鼎（《集成》2836）：王才（在）宗周，旦，王各穆庙

其中的"穆大室""穆宫""穆庙"都是指穆王的庙。

铭文中所见的西周的宫庙建筑非常多,大致情况如下:

第一,从地域分布状况来看,以"周"最多,宗庙类建筑有:"大庙""般宫""驹宫""新宫""成宫""康宫""康宫新宫""康宫穆宫""康宫昭宫""康宫夷宫""康宫剌宫"等;另外还有"师录宫""师量宫""师司马宫""师汓父宫"等当为生人所居宫殿。

成周的宗庙有"大庙""京宫[①]""康宫""周公宫"(作册令方彝)等;另有"司土淲宫"(瘭壶)当为生人所居宫殿。

宗周的宗庙有"大庙""穆庙"(大克鼎);另有"大师宫"(善鼎)当为生人所居宫殿。

"荥京"的建筑有"湿宫"(史懋壶盖、伯姜鼎)、"荥上宫"(儵匜)、荥宫(卯簋盖、戒鬲)、中寝(王盂),从名称看不像宗庙建筑,当为生人所居宫殿。

另外,还有一些建筑没有明确的地点,如:"庚宫"(保侃母簋,《集成》3744)、"庚嬴宫"(庚嬴卣,《集成》5426)、"琱宫"(庚嬴鼎,《集成》2748)、"荣仲宫"(荣仲鼎,《新》1567)、"穌宫""华宫""邦宫"(大夫始鼎,《集成》2792)、"蠤振宫"(大鼎,《集成》2806)、"师秦宫"(师秦宫鼎,《集成》2747)、"师戏大室"(《集成》4276)、"射日宫"(匍簋,《集成》4321)、"永师田宫"(酓比盨,《集成》4466)等。其中"荣仲宫"根据铭文内容可以确定为生人所居,"庚嬴宫""师秦宫""师戏大室""永师田宫"从名称看当为生人所居,其他的不太容易从名称判断其究竟为宗庙还是生人所居。

西周的封国、采邑也有自己的宫庙建筑,一般直接称为大庙、大室,如"吴大庙""郑大室",或以封地的名称命名,如"溓宫"(令鼎,《集成》2803)。

第二,从时间方面看,西周早期的宗庙多通称为大庙、大室,很少有专名。生人所居多直接以主人的名字命名,如:"庚嬴宫"(庚嬴卣,《集成》5426)、"荣仲宫"(荣仲鼎,《新》1567)等。

[①] 何尊写作"京室"(《集成》6014)。

西周中期，出现了很多宗庙专名，如："成宫""康宫""般宫""驹宫""新宫"等，生人所居依然多直接以主人的名字命名，"师录宫""师量宫""师司马宫""师汓父宫""师秦宫"（师秦宫鼎，《集成》2747）、"师戏大室"（《集成》4276）、"司土淲宫"（癲壶）、"韫㫃宫"（大鼎，《集成》2806）等。另外一些建筑专名不好确定其为宗庙还是生人所居，如："湿宫"（史懋壶盖、伯姜鼎）、"穌宫""华宫""邦宫"（大夫始鼎，《集成》2792）等。

西周晚期，建筑专名减少，主要有"康宫"系统的宗庙，如："康宫昭宫""康宫穆宫""康宫夷宫""康宫刺宫"等。西周晚期以册命类的铭文居多，而这些册命多半是在"康宫"系统的这些宗庙中举行。

第三，"康宫"无疑是西周最重要的宗庙，使用最多。西周早期就已经出现，其位置在成周（作册令方彝）。西周中晚期大量使用，其位置在周。西周中期的"康宫"和西周晚期的"康宫"有所不同。西周中期的"康宫"里面有"齐白室"（敔簋盖，《新》671），说明西周中期的宫庙制度可能还没有晚期那么严谨和规范，在"康宫"中供奉的可能不只周先王，还有功臣（"齐白室"）。"新宫"只出现在西周中期，从十五年趞曹鼎"龏（恭）王才（在）周新宫"可知"新宫"应该是穆王的庙，西周晚期"新宫"说法就不见了，而穆王庙在西周晚期一般称为"穆宫""穆庙""穆大室"。

此外，从"龏（恭）王才（在）周新宫，王射于射卢（庐）"可知穆王庙里有"射庐"，又有"穆王大室"，那么穆王庙就不是单体建筑。一个穆王庙都如此，可想"康宫"的规模。

应

在西周铭文中，还有一个比较常见的建筑"应"，其有三种写法，应、应、宀，其中应使用较多，而应（农卣、蔡簋）、宀（师虎簋、扬簋）使用较少。

从使用时间来看，"应"共出现 22 次。西周早期出现 6 次，除去重复的还有 5 次；西周中期出现 9 次，除去重复的还有 6 次；西周晚期出现 7 次，除去重复的还有 3 次。

图 5-1-8　"应"使用统计

从图 5-1-8 可以看出，"应"从早期到晚期都有使用，以早中期居多，这大概与早中期王出行比较多有关。

从内容看：

第一，"应"的出现都与王有关，其常见结构为"王在 X 应"的形式，如：

小臣夌鼎（《集成》2775）：……王逨于楚麓。令小臣夌先省楚应。王至于逨应……

中甗（《集成》949）：王令中先省南或（国）贯行，埶应在曾……

中鼎（《集成》2751）：……王令中先省南或（国）贯行，埶王应……

堆叔鼎（《集成》2615）：堆叔从王南征……才（在）丽应……

不栺鼎（《集成》2735）：……王才（在）上侯应……

师虎簋（《集成》4316）：……王才（在）杜崞……

长由盉（《集成》9455）：……穆王才（在）下淢应……

元年师旋簋（《集成》4279）：……王才（在）淢应……

达盨（《新》692）：……王才（在）周，埶驹于淲应……

智鼎（《集成》2838）：……王才（在）邋应……

农卣（《集成》5424）：……王才（在）阚应……

蔡簋（《集成》4340）：……王才（在）雝应……

可见"应"应该是王居住的宫殿。

第二，小臣夌鼎说"王迖于楚麓"，让小臣夌"先省楚应"，然后"王至于迖应"，这里的"楚应"和"迖应"应该是指同一个建筑，楚是说应的地点，迖是说应的性质。可见"应"并没有固定的名称，应该是王临时性的居所（建筑本身应该早已存在，并不是临时搭建，只是被临时用来做王出行的行宫）。

第三，"应"多以地名命名，如："楚应"（小臣夌鼎）、"䣄应"（䜌叔鼎）、"上侯应"（不栺鼎）、"杜笠"（师虎簋）、"下淢应"（长由盉）、"湢应"（达盨）、"遹应"（曶鼎）、"闕应"（农卣）、"淢应"（元年师旋簋）、"雔应"（蔡簋）等。这些名称只出现一次，并没有在不同的铭文中出现，也可以看出"应"为王临时性居所。

第四，"应"的位置不一。从时间上看，西周早期的"应"大多在南方，如：

小臣夌鼎（《集成》2775）：……令小臣夌先省楚应。王至于迖应……

中甗（《集成》949）：王令中先省南或（国）贯行，埶应在曾……

中鼎（《集成》2751）：隹（唯）王令南宫伐反虎方之年，王令中先省南或（国）贯行，埶王应……

静鼎（《新》1795）：隹（唯）十月甲子，王才（在）宗周，师中眔静省南或（国）相埶应，八月初吉庚申至，告于成周。月既望丁丑，王才（在）成周大室，令静曰：司女（汝）采，司才（在）曾噩（鄂）师……

䜌叔鼎（《集成》2615）：䜌叔从王南征，唯归。隹（唯）八月才（在）䣄应……

其中小臣夌鼎的"应"在楚；中甗和中鼎应该记的是同一件事，都在曾；静鼎虽然没有提在哪儿，但是当静查看完回去复命之后，王命其"在曾鄂师"，所以也应该在曾，很可能跟中甗、中鼎记录的是同一次行动，

真假铭文

静鼎中的"师中"就是中甗、中鼎中的"中"。

由于这些地方远离王畿,所以王在去之前都会先派人去查看,铭文中有"省楚应""埶应""埶王应""相埶应"的说法。这都是王在出行前的一些准备。而隹叔鼎铭记录的是王南征回来,所以铭文中的"䣛应"很可能在西周王畿范围内,而不是在前线。

西周中晚期,"应"大多在王畿范围内,如:

> 不栺鼎(《集成》2735):隹(唯)八月既朢(望)戊辰,王才(在)上侯应,萃(祓)祼,不栺易(赐)贝十朋……
>
> 师虎簋(《集成》4316):隹(唯)元年六月既望甲戌,王才(在)杜㝵,洛于大室,……王乎(呼)内史吴曰册令虎,王若曰:虎,载(哉)先王既令乃祖考啇(嫡)官,司左右戏繁荆,今余佳(唯)帅井(型)先王令,令女(汝)更乃祖考啇(嫡)官,司左右戏繁荆……
>
> 蔡簋(《集成》4340):隹(唯)元年既朢(望)丁亥,王才(在)雕应,旦,王各庙……王乎(呼)史㫊册令(命)蔡,王若曰:蔡,昔先王既令女(汝)乍(作)宰,司王家,今余佳(唯)申就乃令,令女(汝)眔曰:𩰬疋(胥)对各,从司王家外内,母(毋)敢又(有)不闻,司百工,出入姜氏令,叀(厥)又(有)见又(有)即令,叀(厥)非先告蔡,母(毋)敢疾又(有)入告,女(汝)母(毋)弗善效姜氏人,勿使敢又(有)疾,止从(纵)狱……
>
> 元年师旋簋(《集成》4279):隹(唯)王元年四月既生霸,王才(在)减应。甲寅,王各庙,……王乎(呼)乍(作)册尹册命师旋曰:备于大左,官司丰还左又(右)师氏……
>
> 长由盉(《集成》9455):隹(唯)三月初吉丁亥,穆王才(在)下减应,穆王乡(飨)豊(醴),即井白(伯)、大祝射,穆穆王蔑长由以遴即井白(伯),井白(伯)氏弥不奸,长由蔑历……
>
> 达盨(《新》692):隹(唯)三年五月既生霸壬寅,王才(在)周,执驹于涡应,王乎(呼)巂趩召达,王易(赐)达驹……

第五章 铭文辨伪的思路及方法（文法）

　　智鼎（《集成》2838）：隹（唯）王元年六月既望乙亥，王才（在）周穆王大室……王才（在）遱应……

　　农卣（《集成》5424）：隹（唯）正月甲午，王才（在）䦅应，王亲令白（伯）䧹曰：母（毋）卑（俾）农弋（特），事（使）氒（厥）眚（友）妻农，廼稟氒（厥）犂、氒（厥）小子，小大事母（毋）又田……

　　其中，不𢼈鼎铭文的"上侯"在今陕西蓝田县境内。在蓝田县与渭南县交界处冢岭山以北，有地名"厚镇"，古称"堠子镇"的地方，处于交通要道，既可以出潼关至成周洛阳，也可以经蓝武道，出武关南行入楚。①

　　师虎簋的"杜"和蔡簋"𨿗"都是西周王畿内的地名。

　　元年师旋簋的"淢"和长由盉的"下淢"潘明娟认为是护城河的意思。《诗经·大雅·文王有声》："筑城伊淢，作丰伊匹。""淢应"应为临近丰邑护城河的高屋建筑，西周时期，可能不止一处。"下淢应"与"淢应"并非同一地点，从水流方向看，"下淢应"可能在"淢应"下游。地望当在今陕西西安沣水西岸一带。②卢连成认为"淢"即《左传·襄公十四年》"济泾而次……至于棫林"之棫林，《汉书·地理志》雍县之棫阳宫。③王辉认为此地大约在今陕西凤翔县城南八旗屯村一带雍水两岸。④不管具体地望在哪儿，应该都在王畿范围内。

　　达盨前言"王在周"，后言"执驹于滆应"，可知"滆"在王畿范围内。有学者指出"滆"字从"水"，知"滆应"当以水得名。是"滆"当读为"岐"，即指岐水。⑤

　　智鼎前言"王在周穆王大室"，后言"王在遱应"，可知"遱"在王畿范围内。

---

① 董珊：《启尊、启卣新考》，《文博》2012 年第 5 期。
② 潘明娟：《淢应初辨》，《唐都学刊》2011 年第 2 期。
③ 王辉：《散氏盘新解》，《周秦社会与文化研究》，陕西师范大学出版社 2003 年版，第 672 页。
④ 王辉：《商周金文》，文物出版社 2006 年版，第 233 页。
⑤ 冯时：《陕西岐山周公庙出土甲骨文的初步研究》，《古代文明》第 5 卷，文物出版社 2006 年版。

真假铭文

农卣并没有名言"隞"在哪儿,所以不好断定,但在周的可能性比较大。

从西周早期"应"的位置多在楚、曾等地,远离王畿,而西周中晚期"应"的位置多在王畿范围内可以看出:西周早期,王的远行比较多;西周中晚期,王基本上就在王畿范围内活动,很少再远行了。所以王在去"应"之前,一般也不会再派人先去打前站,"省应""埶应""相埶应"等说法只出现在西周早期,西周中晚期就不见了。而与此相对,王直接设立了专人管理这些临时居所,如:

扬簋(《集成》4294):……王乎(呼)内史史芳册令扬,王若曰:扬,乍(作)司工,官司量田甸、眔司寇、眔司旲、眔司寇、眔司工司(事)……

这也好理解,一般在王朝建立之初的几代统治者都比较重武功,经常会御驾亲征,但是太平日子过久了,后面的统治者就很少会亲自上前线了。

第五,既然"应"是王出行的临时居所,那王出行的原因无外乎政治军事两种,其中以军事类居多,在现有的22件铭文中,有15件都与军事有关。如小臣夌鼎是"王逨于楚麓";中鼎、中甗、静鼎、雁叔鼎都是王南征;师虎簋册命的是武官,其管理的地方是"繁、荆","繁""大约在江淮之间。《左传·襄公四年》:'楚师为陈叛故,犹在繁阳。'杜预注:'繁阳,地名,在汝南鲖阳县南。'或说繁即繁阳,其地在今河南新蔡县北。"[1] 班簋中有"秉繁、蜀、巢令","(繁)为当时运输铜锡的要道。"[2] "荆"就是楚,这是两处东南的要地,所以其册命的地点在"杜","杜"在今陕西西安市南杜城,位置偏东;元年师旋簋也是册命武官,其管理的地方在"丰","丰"在今陕西长安县西沣河西岸客省庄、张家坡、马王村一带,其册命的地点在"淢",离"丰"不远;长由盉是"王在下淢

---

[1] 王辉:《商周金文》,文物出版社2006年版,第103页。
[2] 马承源主编:《商周青铜器铭文选》第三册,文物出版社1988年版,第109页。

应""射";达盨是"执驹于滆应"。从早期的南征或"选于楚麓"可以看出王会亲自上前线督战或镇抚,而中晚期一般就在王畿范围内搞点军事演习,安排军队布防,很少会亲自参战。

政事类的:蔡簋册命的是宰,职责是"司王家"。

其他:不栺鼎是"夆裸",究竟为什么祭祀,与军事有没有关系,不好说;召鼎"王在遯应,邢叔锡召……"似乎"王在遯应"只是一个普通的状语,与后面记述的邢叔赏赐召的事好像没什么关系。

综上,"应"的设立多与军事有关,或许我们可以把"应"理解为王出去亲征或参加军演等活动的军事行营。

第六,师虎簋言"王才(在)杜㝬,各于大室",元年师旋簋"王才(在)淢应。甲寅,王各庙",蔡簋"王才(在)雝应,旦,王各庙"可以看出,"应"不是单体建筑,"应"里面还有大室、庙。

第七,"应"虽然是王外出的行宫,但不是每次王外出都会设立称为"X 应"的行宫。如前面封国、采邑部分所列举的"王在吴,各吴大庙"(师酉簋)、"王在郑,各大室"(免卣)等中就没有设立"应",这或许与出行的规格或目的有关。

二 事件(作器原因)

记事铭文从殷商晚期就已经出现,西周时期大量出现,春秋中后期到战国时期急剧减少。总体来说,在商周铭文中所占的比例并不大。多数内容为接受赏赐,从而作器,受器者多为已故先人,西周晚期及春秋时期也有不少是因为媵嫁而作器,或者为亲属、自己作器等。

(一)赏赐

赏赐铭文一般包括赏赐时间地点、赏赐者、赏赐原因、赏赐动词、受赐者、赏赐物品几个部分。其中赏赐时间地点前面已经讨论过了;赏赐动词最常见的为赐,另外还有赏、宾等;赏赐者一般为王、公、侯等身份高贵者;受赐者一般就是作器者本人,下文作器句部分再详细讨论。下面我们就赏赐原因、赏赐物品进行分析。

1. 赏赐原因

赏赐的原因有很多,涉及商周生活的方方面面,总的来说,早期多为祭祀活动，中后期多为册命活动，另外军事活动从早到晚都有，数量不多但内容丰富。除此之外，还有其他一些礼仪活动及政事活动等。

（1）祭祀

国之大事，在祀与戎，祭祀一直是商周生活中很重要的一部分，祭祀铭文在商周铭文中非常多见。祭祀者多为王或公、侯、伯等贵族，参与祭祀往往会得到赏赐。关于祭祀的赏赐，出现很早，殷商时期就已经出现，如：

毓祖丁卣（《集成》5396）：辛亥，王才（在）廙，降令曰：归祼于我多高，易（赐）贅，用乍（作）毓且（祖）丁障。

西周早期的记事铭文中有大量祭祀的内容，中后期就较少见了。这从一个侧面也反映了神权与政权此消彼长的关系。铭文中所见祭祀的种类非常多，有祡、祼、酎、饔、禘、尞等，如：

叔矢鼎（《新》915）：隹十又四月，王酎、大册、祡才（在）成周，咸祡。王乎殷厥（厥）士，蔑叔矢以什衣、车马、贝卅朋……

献侯鼎（《集成》2626）：唯成王大祡才（在）宗周，商（赏）献侯顒贝……

围甗（《集成》935）：王祡于成周，王易（赐）围贝……

不指鼎（《集成》2735）：隹（唯）八月既望（望）戊辰，王才（在）上侯应，祡祼，不指易（赐）贝十朋……

守宫盘（《集成》10168）：隹（唯）正月既生霸乙未，王才（在）周，周师光守宫事，祼周师，不（丕）礷（丕），易（赐）守宫丝束、苴（苴）幂五、苴（苴）幂二、马匹、毳布三、专篷三、玺朋……

德方鼎（《集成》2661）：隹（唯）三月王才（在）成周，延（延）珷祼自蒿，咸。王易（赐）德贝廿朋……

天亡簋（《集成》4261）：乙亥，王又（有）大豐（礼），王凡三方，王祀于天室，降，天亡又（佑）王，衣祀于王……丁丑，王乡（飨）大宜，王降亡助爵复纍……

庸伯取簋（《集成》4169）：隹（唯）王伐逨鱼，徣伐淖黑，至寮于宗周，易（赐）庸白（伯）取贝十朋……

保员簋（《新》1442）：唯王既燎，䢓（厥）伐东尸（夷），才（在）十又一月，公反自周。己卯，公才（在）虖，保员遝，辟公易（赐）保员金车，曰：用事。施于宝簋，用鄕（飨）公逆迚吏（使）。

吕鼎（《集成》2754）：唯五月既死霸，辰才（在）壬戌，王饔于大室，吕延（延）于大室。王易（赐）吕秬鬯三卣、贝卅朋……

繁卣（《集成》5430）：隹（唯）九月初吉癸丑，公酻祀，雩旬又一日辛亥，公禘（禘）酻辛公祀，卒事亡敃，公蔑繁历，易（赐）宗彝一肆、车、马两……

鲜簋（《集成》10166）：隹（唯）王卅又四祀，唯五月既望（望）戊午，王才（在）莽京，禘（禘）于昭（昭）王。鲜蔑历，祼，王赏祼玉三品、贝廿朋……

剌鼎（《集成》2776）：唯五月王才（在）衣，辰才（在）丁卯，王禘（禘），用牡于大室，禘（禘）卲（昭）王，剌御，王易（赐）剌贝卅朋……

𪾢方鼎（《集成》2739）：隹（唯）周公于征伐东尸（夷），丰白（伯）、専（薄）古（姑），咸𢦏。公归禀于周庙。戊辰，酓（饮）秦酓（饮），公赏𪾢贝百朋……

段簋（《集成》4208）：唯王十又四祀十又一月丁卯，王鼐（在）毕烝。戊辰，曾，王蔑段历，……

吕壶盖（《新》1894）：辛巳，王祭、烝才（在）成周。吕易（赐）鬯一卣、贝三朋……

综上所述，我们可以看出：

第一，祭祀的地点多为"宗周""成周""莽京"等，而很少在"周"，说明"宗周""成周""莽京"宗教功能较强，多于此进行宗教活动，而"周"政治功能较强，举行的政治活动较多。

第二，祭祀铭文的时间多在西周早期，西周中晚期比较少见，可以看出神权和政权在西周时期的一种此消彼长的关系。

第三，祭祀赏赐的物品多为祭祀用品，包括：牺牲（貉子卣）、彝器（繁卣）、玉器（鲜簋）、酒、贝等。

第四，祭祀之后经常会有飨宴，如天亡簋。

第五，祭祀之后，经常会派人出使，行朝聘或殷见之礼，如：

  叔簋（《集成》4132）：佳（唯）王蔡于宗周，王姜史（使）叔事于大保（保），赏叔鬱鬯、白金、趞（芻）牛……

  盂爵（《集成》9104）：佳（唯）王初蔡于成周，王令盂宁邓白（伯），宾（傧）贝……

第六，"蔡"是金文中比较常见的一种祭祀，郭沫若认为"蔡当是祭享之意"，[①] 李孝定在《金文诂林读后记》"蔡"字下云："按蔡有祓义，龙宇纯氏说是也，古文金文蔡亡对文，祈蔡连言，禳必有所祈亡也。蔡寿即祈寿……"唐兰、容庚认为"蔡"有"祈求"之意义。

从金文来看，这类用以"祈求"的祭祀活动的目的主要是乞求长寿。譬如：卫鼎（《集成》2733）铭"用蔡寿亡永福"；杜伯盨（《集成》4448）铭"用蔡寿亡永令"；害簋（《集成》4258）铭"蔡寿亡永命"。另外，在金文当中，"蔡"又作"禚"，"禚"之意与"祷"相同，譬如：令彝（《集成》9901）铭："明公赐亢师鬯、金、小牛，曰用禚，赐令鬯、金、小牛，曰用禚"；痶钟铭"用禚寿亡永令绰绾"等。

第七，"餕"是商周金文中比较常见的一种祭祀，"餕"的地点一般在"荐京"（前文地点部分已有论述），祭祀者一般都是王。

关于"餕"祭，学术界的说法不一。《仓颉篇》云："馆，饴中著豆屑也。"《说文》云："䴺，豆饴也，从豆殳声。"《玉篇》："馆，饙也，饴和豆也。"金文当中的"餕"祭是否以豆饴作为祭品，已不可知。郭沫若考其为"馆"，云："由二器（吕鼎、臣辰盉）之辞旨与文字之结构以推之，

[①] 郭沫若：《令彝令簋与其它诸器物之综合研究》，《殷周青铜器铭文研究》，科学出版社1961年版。

第五章 铭文辨伪的思路及方法（文法）

当是古之馆字，从食宛，宛亦声也。"① 陈梦家云："疑为居字，字从宀从食，从及得声。后者《说文》以为即《诗》'我姑酌彼金罍'之姑。"② 于省吾以为是甲骨文"𥛜"字，云："商之𥛜祭即周之饗祭，惟未知其详。"③ 唐兰认为"饗"当为"祼"字，云："饗当读为祼，《说文》'祼，灌祭也'。《诗·文王》'祼将于京'，即饗祭莽京之事。《书·洛诰》'王入太室祼'，即饗于太室。"④ "饗"肯定不是"馆"或"居"，当为一种祭祀，但不应该是祼祭。后刘雨撰文，借助沈子它簋铭（《集成》4330）"它曰：拜稽首，敢叹邵（昭）告朕吾考，令乃鹏沈子乍（作）䋣于周公宗，陟二公，不敢不䋣。休同公，克成妥（绥）吾考，以于显显受令……"，考证"饗"祭实际是一种调整宗庙次序的祭礼，是新死之父祔入宗庙的大典。"所以王室饗礼可用为纪年的标志，又王室饗祭必行于父王去世，新王即位之时，所以凡金文记王室饗礼者等于记某王元年。验之祭饗礼诸器，皆不见纪年，正说明祭饗礼即记元年。这样就又找到了一个铜器断代的标准。"⑤ 这种说法问题更大。首先，沈子它簋中的"䋣"写作 ![字形], 与常见的"饗"写作 ![字形] （士上卤）差别比较大。"宀"作为部首在金文中有时会被省略，但是"食"和"纟"作为部首在金文中互换，却是没有。所以说这两个字不是一个字。其次，如果按这种说法，那么"莽京"就应该是西周的宗庙所在，而且从金文只"饗""莽京"来看，"莽京"应该是唯一的宗庙所在。但是在现在所见的铭文中并未见"莽京"有明确的宗庙建筑，而在金文中"宗周"有"穆庙"，"成周"有"京宫""康宫"，"周"有"康宫""成宫""康昭宫""康穆宫""康夷宫"等，却是明确的宗庙建筑。

王在"莽京""饗"祭后，经常会乘舟，行射礼，如：

---

① 郭沫若：《金文丛考》，人民出版社1954年版。
② 陈梦家：《西周铜器断代》，中华书局2004年版，第42页。
③ 于省吾：《甲骨文字释林》，中华书局1979年版，第40页。
④ 唐兰：《西周青铜器铭文分代史征》，中华书局1986年版。
⑤ 刘雨：《西周金文中的祭祖礼》，《考古学报》1989年第4期。

> 麦尊（《集成》6015）：……迨（会）王餗莽京，祀。雩若翌，才（在）璧（辟）雝（雍），王乘于舟，为大丰（礼），王射大龏禽，侯乘于赤旗舟，从，死咸……
>
> 伯唐父鼎（《新》698）：乙卯，王餗莽京，王柔辟舟，临舟龙，咸柔。白（伯）唐父告备。王各，乘辟舟，临柔白旗，用射絲、䣛虎、貈、白鹿、白狼于辟池，咸柔……

或者说乘舟、行射礼是"餗"祭的一部分。毕竟所射的絲、䣛虎、貈、白鹿、白狼、大龏禽都是稀有动物，不一定是"莽京"自然生长的，而且絲、䣛虎、貈、白鹿、白狼是陆地生物，不是在船上能随便射到的，应该是出于某种礼仪的需要，故意放在那儿让王射的。"餗"祭是重大祭祀，应该有复杂的流程，那么乘舟、行射礼很有可能是众多环节中的一部分。

第八，"燎"祭目前在金文中3见，除了上文所举的庸伯取簋、保员簋之外，还有：

> 小盂鼎（《集成》2839）：……盂以人馘入门，献西旅，以□入燎周庙……

从这几条铭文来看，燎祭与征伐有关。

燎祭是一种古老的祭祀仪式。燎祭的燎，其本字当作"尞"。《说文·火部》："尞，柴祭天也。从火从昚，昚古文慎字，祭天所以慎也。"甲骨文中"尞"字，作"𤆍"，罗振玉《增订殷虚书契考释》说："此字实从木在火上，木旁诸点象火燄上腾之状。"对字形的分析较许说可信。尽管许慎分析字形有误，但其对字义的解释还是可信的。又《说文·火部》："燎，放火也。"徐灏《说文解字注笺》以为"'尞'、'燎'实一字，相承增火旁……今云放火者，后人改之，燎之本义为烧艸木。"根据文字的演变规律，"燎"很可能是从"尞"分化出来的，因此徐灏的说法是有一定道理的。《说文》："柴，焚燎以祭天神。"《尔雅·释天》："祭天曰燔柴。"《礼记·祭法》云:"燔柴于泰坛,祭天也。"孔颖达疏:"燔柴于泰坛者,谓积薪于坛上,而取玉及牲置于柴上而燔之,使气达于天也。""以天之高,故燔柴于坛","天神在上,非燔柴不以达之。"《周礼·春官·大宗伯》记载大宗伯之职为:"掌建邦之天神、人鬼、地示之礼,以佐王建保邦国。以吉礼事邦国之鬼神示:以禋祀祀昊天上帝,以实柴祀日月星辰,以槱燎祀司中、司命、飌师、雨师。"郑玄注曰:"三祀皆积柴实牲体焉,或有玉帛。燔燎而升烟,所以报阳也。"根据这些记载,燎祭的对象应该是天神。

但是金文中所见燎祭与文献记载有些不同,金文中没有发现燎祭天神的例子,而全部与征伐有关。文献中也有燎祭作为军祭的例子,如《逸周书·世俘解》:"武王在祀,太师负商王纣悬首白旂、妻二首赤旂,乃以先馘入,燎于周庙。"此段是说武王伐纣胜利后回到宗周,以纣及其二妻之首为牲在周庙举行燎祭,与小盂鼎的记述相似,应该是得胜归来举行的献孚礼的一部分,属于军祭。既然是在周庙举行,祭祀的对象应该是周王的先祖。与甲骨文及一些文献中记载的燎祭天神不同,应该不是一种祭祀。

燎祭的时间既可以在征伐前,如保卣簋,也可以在征伐后,如小盂鼎、庸伯取簋、《逸周书·世俘解》。祭祀的地点是在周庙,祭祀的对象应该是周王的先祖。

(2) 军功

周是以武力推翻殷商统治建立起来的王朝,从建立之初,就有大大小小各种平叛战争,西周后期面对南方诸夷和北方的戎狄屡屡入侵,又有各种防御战争,军事活动贯穿整个西周历史。军功赏赐也成为赏赐铭文中很重要的一部分,虽然数量不是很多,但内容很丰富。

从铭文内容来看,早期主要有克商;成康时期有平叛战争,征伐对象多在东方,包括商、东夷、东国、录子聃、丰侯、反夷等;以及昭王南征。

利簋(《集成》4131):珷(武王)征商,佳(唯)甲子朝,岁鼎,克闻(昏)夙又(有)商。辛未,王才(在)阑(阑)次,易(赐)又(右)事(史)利金⋯⋯

小臣单觯(《集成》6512):王后取克商,才(在)成次,周公

— 231 —

易（赐）小臣单贝十朋……

量方鼎（《集成》2739）：隹（唯）周公于征伐东尸（夷），丰白（伯）、尃（薄）古（姑），咸戈。公归禀于周庙。戊辰，酓（饮）秦酓（饮），公赏量贝百朋……

大保簋（《集成》4140）：王伐录子耴，戲氒（厥）反。王降征令于大保，大保克敬亡谴。王永大保，易（赐）休余土……

禽簋（《集成》4041）：王伐楚（盖）侯，周公某（谋），禽祝，禽又（有）啟祝，王易（赐）金百孚（锊）……

䚄劫尊（《集成》5977）：王征楚（盖），易（赐）䚄刼（劫）贝朋……

保员簋（《新》1442）：唯王既燎，氒（厥）伐东尸（夷），才（在）十又一月，公反自周。己卯，公才（在）虖，保员遇，辟公易（赐）保员金车……

小臣謎簋（《集成》4238）：戲东尸（夷）大反，白（伯）懋父以殷八师征东尸（夷），唯十又一月，遣自嚣次，述东阮，伐海眉，雩氒（厥）复归才（在）牧次，白（伯）懋父承王令，易（赐）师率征自五齵贝，小臣謎蔑历眔易（赐）贝……

旅鼎（《集成》2728）：隹（唯）公大僳（保）来伐反尸（夷）年，才（在）十又一月庚申，公才（在）盩次，公易（赐）旅贝十朋……

竞卣（《集成》5425）：隹（唯）白（伯）犀父以成师即东，命戍南尸（夷），正月既生霸辛丑，才（在）坏，白（伯）犀父皇竞，各于官，竞蔑历，赏竞章（璋）……

除了东南的平叛之外，康王时期的小盂鼎记载了西周早期同北方强敌鬼方的一场激战：

小盂鼎（《集成》2839）……告曰："王令盂以□□伐鬼方，□□□聝□，执兽三人，隻（获）聝四千八百□二聝，孚（俘）人万三千八十一人，孚（俘）马四□□四，孚（俘）车卅两（辆），孚

第五章 铭文辨伪的思路及方法（文法）

（俘）牛三百五十五牛，羊廿八羊。"盂或□曰："亦□□□，乎蔑我征，执兽一人，孚（俘）馘二百卌七馘，孚（俘）人□□人，孚（俘）马百四匹，孚（俘）车百□两（辆）。"……征王令赏盂，□□□□□弓一、矢百、画䩒一、贝胄一、金冊（盾）一、戚戈□□□□……

从俘获情况可以看出这场战争规模之大，战况之惨烈。可能因为这次沉重的打击，很长时间内鬼方都臣服于周，西北战场没有再发生过大规模的军事入侵，直到西周晚期的猃狁入侵。

早期铭文赏赐者可以是王，如利簋、大保簋、禽簋、犅劫尊等，也可以是主要将领，如周公（小臣单觯、量方鼎）、公大保（旅鼎）、白懋父（小臣謎簋）、辟公（保员簋）、白犀父（競卣）等。赏赐的物品多为金、贝。王赏赐主要将领的会比较丰厚，如赏赐大保"休余土"，赏赐周公"金百孚（锊）"，其中小盂鼎赏赐"□□□□□弓一、矢百、画䩒一、贝胄一、金冊（盾）一、戚戈□□□□"应该是最丰厚的。

西周中期没有发生什么大的战役，主要有穆王时期的东征（班簋）、淮夷入侵（录㲋卣、臤尊、稽卣、遇甗、竞鼎等多条铭文都是描述的这次战争）以及其他一些小规模战役。如：

班簋（《集成》4341）：隹（唯）八月初吉才（在）宗周甲戌，王令毛白（伯）更虢城公服，粤（屏）王立（位），乍（作）四方亟（极），秉繇、蜀、巢令，易（赐）铃勒，咸。王令毛公以邦冢君、土（徒）驭、戙人伐东或（国）痟戎，咸。王令吴白（伯）曰：以乃师左比毛父。王令吕白（伯）曰：以乃师右比毛父。遣令曰：以乃族从父征，徣城卫父身，三年静东或（国）……

录㲋卣（《集成》5420）：王令㲋曰：叡，淮尸（夷）敢伐内国，女（汝）其以成周师氏戍于𦵼次。白（伯）雍父蔑录历，易（赐）贝十朋……

稽卣（《集成》5411）：稽从师雍父戍于古次，蔑历，易（赐）贝卅孚（锊）……

遇甗（《集成》948）：隹（唯）六月既死霸丙寅，师雍父戍，才（在）古次，遇从。师雍父肩史（事）遇事（使）于敔侯，侯蔑遇历，易（赐）遇金……

竷鼎（《集成》2721）：隹（唯）十又一月，师雍父省道至于䣛，竷从，其父蔑竷历，易（赐）金……

臤尊（《集成》6008）：隹（唯）十又三月既生霸丁卯，臤从师雍父戍于䨼次之年，臤蔑历，中（仲）竞父易（赐）赤金……

䓙簋（《新》1891）隹（唯）十月初吉壬申，駃戎大出于楷，䓙搏戎，执讯隻（获）馘，楷侯氒䓙马四匹、臣一家、贝五朋……

吕鼎（《新》1445）：隹（唯）七月初吉丙申，晋侯令（命）吕追于倗，休又（有）禽（擒）。侯蔑吕賜胄、冊、戈、弓、矢束、贝十朋……

录䎒卣、臤尊、稆卣、遇甗、竷鼎等提及的淮夷入侵是属于防御性的战役，而班簋提及的东征应该是主动出击，而且取得了比较大的胜利，从而可以看出穆王应该是一个比较有作为的君主。在穆王之后，西周进入一段相对平稳的时期，没有再发生大规模的战役。

这一时期赏赐的物品以金、贝、兵器为主，另外还有车马和奴仆等。

"䎒"应该是穆王时期很重要的一位将领，目前所见"䎒"器共有15件，多数出自陕西扶风县法门寺庄白村墓葬。其中多件器物记录了对淮夷的战争。在这场战役中，"䎒"是王亲命的将领，应该是这场战役的主要将领之一。在战争胜利后又得到了"秬鬯一卣、金车、䡴幬、较䩛、朱虢（鞹）靳、虎冟朱里、金甬、画䩹（幭）、金厄（轭）、画韗、马四匹、鋚勒"的赏赐（录伯䎒簋盖，《集成》4302），这是很高规格的一种赏赐，类似物品还见于毛公鼎、三年师兑簋、师克盨、吴方彝等少数几件器物。

除了这场对淮夷的战役之外，还有一件䎒簋记录了对"戎䨼"的一场战役：

䎒簋（《集成》4322）：隹（唯）六月初吉乙酉，才（在）堂次，戎伐□，䎒率有司、师氏奔追袭戎于臧林，博（搏）戎䨼，朕文母竞

第五章 铭文辨伪的思路及方法（文法）

敏贯行，休宕毕（厥）心，永袭毕（厥）身，卑克毕（厥）啻（敌），隻（获）馘百，执讯二夫，孚（俘）戎兵：盾、矛、戈、弓、备（箙）、矢、裨、胄，凡百又卅又五叙（款），孚（捋）戎孚（俘）人百又十又四人，衣（卒）博（搏），无眈（尤）于敳身……

从俘获情况看，这场战役规模不大。从"朕文母竞敏贯行，休宕毕（厥）心，永袭毕（厥）身，卑克毕（厥）啻（敌）"可以看出"敳"的母亲应该是位巾帼英雄。另外，从"王唯念敳辟剌（烈）考甲公，王用肇（肇）事（使）乃子敳率虎臣御淮戎"（敳方鼎，《集成》2824）及"繇自乃且（祖）考又（有）劳于周邦，右辟四方"（录伯敳簋盖，《集成》4302）可以看出"敳"的祖考也是西周的大将，为西周的稳定立下过汗马功劳。所以说，"敳"的家族应该是西周一个显赫的武将世家。

在对淮夷的这场战役中，师雍父（或称伯雍父）是主帅，"敳"是主要将领之一，他们驻扎在"古"这个地方。除此之外，还有一个地方被反复提及，就是"䞉"。六月师雍父派"遇""事（使）于䞉侯"（遇甗），十一月又亲自"省道至于䞉"（窥鼎），可以看出"䞉"应该是对淮夷作战中一个战略要地。从䞉叔䞉姬簋（《集成》4062）"䞉叔、䞉姬乍（作）白（伯）媿賸（媵）簋"来看"䞉"是媿姓，䞉侯是异性诸侯，而从敳簋（《集成》4322）"博（搏）戎䞉"来看他还经常叛周，政治上不可靠。可能正因为如此，在淮夷来袭时，才要不断派人去出使、去省道，确保䞉地不叛变。

西周晚期王室势微，周边民族经常入侵，这一时期的战争主要为抵御外族入侵，战争对象主要为东南诸夷及北方的猃狁。如：

兮甲盘（《集成》10174）：隹（唯）五年三月既死霸庚寅，王初各伐猃狁于䍧盧，兮甲从王，折首执讯，休亡敃，王易（赐）兮甲马四匹、驹车。王令甲政（征）䚲（司）成周四方责（积），至于南淮尸（夷），淮尸（夷）旧我帛贿人，母（毋）敢不出其帛、其责（积）、其进人，其贮（贾），母（毋）敢不即次、即市，敢不用令，则即井（刑）扑伐，其隹（唯）我者（诸）侯、百生（姓），毕（厥）贮（贾），母（毋）

不即市，母（毋）敢或入蛮宄贮（贾），则亦井（刑）……

多友鼎（《集成》2835）：唯十月用玁狁放（方）兴，广伐京师，告追于王。命武公遣乃元士，羞追于京师，武公命多友率公车羞追于京师。癸未，戎伐郇、衣（卒）孚（俘），多友西追，甲申之脣（辰），搏于郲，多友右（有）折首执讯，凡以公车折首二百又□又五人，执讯廿又三人，孚（俘）戎车百乘一十又七乘，衣（卒）复郇人孚（俘）。或搏于龏（共），折首卅又六人，执讯二人，孚（俘）车十乘。从至，追搏于世，多友或右（又）折首执讯。乃䢔追至于杨冢。公车折首百又十又五人，执讯三人，唯孚（俘）车不克以，衣（卒）焚，唯马敺（驱）盡。复夺京师之孚（俘）。多友迺献孚（俘）馘讯于公，武公迺献于王，迺曰武公曰：女（汝）既静（靖）京师，赘（釐）女（汝），易（赐）女（汝）土田。丁酉，武公才（在）献宫，迺命向父召多友，迺述于献宫，公亲曰多友曰：余肇事（使）女（汝），休不逆，又（有）成事，多禽（擒）。女（汝）静（靖）京师，易（赐）女（汝）圭瓒一、汤钟一肆，鐈鋚百匀（钧）……

不娶簋（《集成》4328）：唯九月初吉戊申，白（伯）氏曰：不娶，驭方、玁允（狁）广伐西俞，王令我羞追于西，余来归献禽，余命女（汝）御追于𣂏，女（汝）以我车宕伐玁允（狁）于高陶，女（汝）多折首执讯，戎大同，从追女（汝），女（汝）彶戎大敦搏，女（汝）休，弗以我车陷于艰，女（汝）多禽，折首执讯。白（伯）氏曰：不娶，女（汝）小子，女（汝）肇（肇）诲于戎工（功），易（赐）女（汝）弓一、矢束、臣五家、田十田，用从乃事……

虢季子白盘（《集成》10173）：隹（唯）十又二年正月初吉丁亥，虢季子白乍（作）宝盘，不（丕）显子白，壮武于戎工（功），经维四方，搏伐玁狁，于洛之阳，折首五百，执讯五十，是以先行，桓桓子白，献馘（馘）于王，王孔加（嘉）子白义，王各周庙宣榭爰飨，王曰：白（伯）父，孔显又（有）光。王赐（赐）乘马，是用左（佐）王，赐（赐）用弓、彤矢，其央；赐（赐）用戉（钺），用政（征）蛮方……

虢仲盨盖（《集成》4435）：虢中（仲）以王南征，伐南淮尸（夷），才（在）成周……

第五章　铭文辨伪的思路及方法（文法）

晋侯穌钟（《新》870—885）：（唯）王卅又三年，王亲遹省东或（国）南或（国），正月既生霸戊午，王步自宗周，二月既望癸卯，王入各成周。二月既死霸壬寅，王償（述）往东，三月方（旁）死霸，王至于葊，分行，王亲令晋侯穌率乃师左洀䍌北洀□伐夙尸（夷），晋侯穌折首百又廿，执讯廿又三夫。王至于匐城，王亲远省师，王至晋侯穌师，王降自车，立南鄉（向），亲令晋侯穌自西北遇（隅）敦伐匐城。晋侯率厥（厥）亚旅、小子、或人先陷入，折首百，执讯十又一夫。王至，淖淖列列尸（夷）出奔，王令（命）晋侯穌率大室、小臣、车仆从遱逐之，晋侯折首百又一十，执讯廿夫，大室、小臣、车仆折首百又五十，执讯六十夫。王佳（唯）反（返），归在成周，公族整师，宫。六月初吉戊寅，旦，王各大室，即立（位）。王乎（呼）善夫曰：召晋侯穌，入门，立中廷。王亲易（赐）驹四匹，穌拜稽首，受驹以出，反（返）入，拜稽首。丁亥，旦王鮎于邑伐宫，庚寅，旦，王各大室，司工扬父入又（右）晋侯穌，王亲儕晋侯穌秬鬯一卣、弓矢百、马四匹……

西周晚期主要就是对猃狁和淮夷的战争，对猃狁的战争，兮甲盘、多友鼎、不娶簋、虢季子白盘等多件器物都有记录。猃狁来犯，周王派军队抵御，战况非常激烈，持续时间也比较长。但是对淮夷的战争可能与对猃狁有些不同。对淮夷的战争并没有提及淮夷来犯，所以战争性质并不是防御性的，应该是主动征伐。师寰簋铭云（《集成》4314）：

王若曰：师寰，戏淮尸（夷）䌛（旧）我員晦臣，今敢博厥（厥）众叚，反工吏，弗速我东或（国），今余肇（肇）令女（汝）率齐师，曩、𫘦、㯤、尸、左右虎臣，正（征）淮尸（夷），即勘厥（厥）邦兽，曰冉、曰莽、曰铃、曰达……

可以看出是因为淮夷不纳贡，所以才派兵征伐，而兮甲盘也说"王初各伐猃狁"就派兮甲"政（征）司成周四方责（积），至于南淮尸（夷）"，而且从内容看征收的贡赋还颇重，或许这才是对淮夷作战的主要原因。猃狁

— 237 —

是北方游牧民族,物资匮乏,要通过掠夺获取,所以他们会时常来犯周。但淮夷不同,地处南方,物产丰富,在周与淮夷的战争中,更多的是周人主动征伐淮夷,掠夺淮夷的资源,逼迫他们纳贡、互市。周王室强盛的时期,东南诸夷会乖乖纳贡,但是西周晚期王室衰微,他们就不会那么听话了。而东南诸夷的反叛加重了西周王室的经济危机,从而也就加速了西周王室的衰落。

在穆王时期,"彔率虎臣御(禦)淮戎"(彔方鼎,《集成》2824),仅一支精锐部队就能打败淮夷,那时的王朝之师何等威武,但是到了西周晚期:

> 禹鼎(《集成》2833):……噩(鄂)侯驭方率南淮尸(夷)、东尸(夷),广伐南或(国)、东或(国),至于历内。王廼命西六师、殷八师,曰:"扑伐噩(鄂)侯驭方,勿遗寿幼。"肆师弥怵匌恇,弗克伐噩(鄂)。肆武公廼遣禹率公戎车百乘,斯(厮)驭二百,徒千,曰:"于将朕肃慕,叀(惟)西六师、殷八师伐噩(鄂)侯驭方,勿遗寿幼。"雩禹以武公徒驭至于噩(鄂),敦伐噩(鄂),休隻(获)氒(厥)君驭方……

此次战争西六师和殷八师全派上战场了,却还是不敌,最后还是依靠武公的私人武装取得胜利,西周晚期军备之废弛由此可见。西周的灭亡不在幽王,在厉宣时期就已注定。长期积贫积弱,已经使西周王朝外强中干。厉王曾经试图做出改革,却引起国人暴动,仓皇出逃。宣王吸取教训:

> 曶簋(《集成》4469):又(有)进退,雩邦人、足(胥)人、师氏人又(有)皋又(有)故(辜),廼騺俾即女(汝),廼籥宕,卑复虐逐氒(厥)君氒(厥)师,廼乍(作)余一人咎。王曰:曶,敬明乃心,用辟我一人,善效(教)乃友内(纳)辟,勿事(使)暴虐从(纵),爰(援)夺戲行道;氒(厥)非正命,廼敢疾讯人,则隹(唯)辅天降丧,不□唯死……

但没有从根本上解决问题，所谓的宣王中兴也只是勉强维持，却无力回天。宣王时对外战争的主力多为地方武装（多友鼎、禹鼎、不嬰簋等）而不再是王室之师。这种外部地方势力强盛而中央王室衰微的局面注定了霸主时代的来临，即使没有幽王这个昏君，西周的灭亡也是必然的。

从铭文内容来看，这一时期战争规模比较大，王会亲自上前线督战。赏赐物品主要为兵器和车马，不同于早中期以金、贝居多的情况。

(3) 事功

由于做事情立功而进行赏赐在赏赐铭文中非常多见，出现得也很早，商代就已出现。如：

寝农鼎（《集成》2710）：庚午，王令寝农省北田四品，才（在）二月。乍（作）册友史易（赐）卣贝……

二祀邲其卣（《集成》5412）：丙辰，王令邲其兄（贶）䣩殷于夆田□，宾贝五朋……

小子䍃卣（《集成》5417）：乙巳，子令小子䍃先以人于堇，子光商（赏）䍃贝二朋……

戍铃方彝（《集成》9894）：己酉，戍铃䧊宜于召，置廉（庸），带九律带，商（赏）贝十朋……

西周时期事功赏赐多集中于西周早期，中期较少，晚期几乎不见。从内容来看多为出使或朝见，如：

燕侯旨鼎（《集成》2628）：匽（燕）侯旨初见事于宗周，王赏旨贝廿朋……

堇鼎（《集成》2703）：匽（燕）侯令堇饴大傧（保）于宗周。庚申，大傧（保）赏堇贝……

史颂鼎（《集成》2787）：隹（唯）三年五月丁巳，王才（在）宗周，令史颂省穌，䚋友里君、百生（姓），帅偶盩于成周，休又（有）成事，穌宾章（璋）、马四匹、吉金……

保尊（《集成》6003）：乙卯，王令保及殷东或（国）五侯，征兄（贶）六品，蔑历于保，易（赐）宾……

作册睘卣（《集成》5407）：佳（唯）十又九年，王才（在）序，王姜令乍（作）册睘安尸白（夷伯），尸白（夷伯）宾睘贝、布……

小臣宅簋（《集成》4201）：佳（唯）五月壬辰，同公才（在）丰，令宅事白（伯）懋父，白（伯）易（赐）小臣宅画册、戈九、易（锡）金车、马两……

丰卣（《集成》5403）：佳（唯）六月既生霸乙卯，王才（在）成周，令丰殷大矩，大矩易（赐）丰金、贝……

公贸鼎（《集成》2719）：佳（唯）十又一月初吉壬午，叔氏事（使）贪安眞白（伯），宾贪马辔乘……

生史簋（《集成》4100）：囗白（伯）令生史事（使）于楚，白（伯）锡（赐）赏……

或者为王或其上级等安排的其他事情，如：

小臣夌鼎（《集成》2775）：正月，王才（在）成周，王迏于楚麓。令小臣夌先省楚应。王至于迏应，无遣（谴），小臣夌易（赐）贝，易（赐）马丙（两）……

史兽鼎（《集成》2778）：尹令史兽立工于成周。十又一月癸未，史兽献工于尹，咸献工。尹赏史兽祼，易（赐）豕鼎一、爵一……

作册矢令簋（《集成》4300）：佳（唯）王于伐楚白（伯），才（在）炎，佳（唯）九月既死霸丁丑，乍（作）册矢令障俎于王姜，姜商（赏）令贝十朋、臣十家、鬲百人……

小子生尊（《集成》6001）：佳（唯）王南征，才（在）囗，王令生辨事囗公宗，小子生易（赐）金、鬱鬯……

静簋（《集成》4273）：佳（唯）六月初吉，王才（在）荠京，丁卯，王令静司射学宫，小子眔服、眔小臣、眔尸仆学射。雩八月初吉庚寅，王以吴㝨、吕𠚢，卿螽蔹师、邦周射于大池，静学无眹（尤），王易（赐）静……

— 240 —

第五章 铭文辨伪的思路及方法（文法）

（4）册命

册命是赏赐铭文里数量最多的一类，西周早期就已经出现，如大盂鼎、宜侯夨簋等，但数量并不多，在西周中晚期数量非常多，尤其是西周晚期，几乎全是册命赏赐。这类赏赐格式比较固定，一般都是王册命某人某职，有的会有一段"王若曰"的训诰，讲明册命的缘由以及一些勉励的话，如大盂鼎、蔡簋、师虎簋、师𩁹簋、膳夫山鼎等，在西周中晚期还形成了一套册命的仪式，这套仪式的仪节比较程式化。

①册命类型

西周社会实行世卿世禄的政治制度，某贵族的先祖担任过某种官职，本人则可以继续接替其先祖的官职。表现得好还可以不断升迁。就册命类型而言大致分为初命和重命两类。

初命

顾名思义，初命就是初次任命某人。由于西周实行世卿世禄的政治制度，某一官职多由某一家族持续担任，所以某人的初次任命多为承袭祖考的职位，譬如：

　　趩觯（《集成》6516）：更厥祖考服，赐……

　　师虎簋（《集成》4316）：更乃考嫡官……赐……

　　智鼎（《集成》2838）：更乃祖考司卜事……赐……

　　师酉簋（《集成》4288）：司乃祖嫡官……赐……

　　郃㲃簋（《集成》4197）：司乃祖考事……赐……

　　害簋（《集成》4258）：篹乃祖考事……赐……

　　大盂鼎（《集成》2837）：乃嗣祖南公……赐……

　　豆闭簋（《集成》4276）：用俤乃祖考事……赐……

　　智壶盖（《集成》9728）：更乃祖考作冢司土于成周八师，……

也有承袭他人职位的，如：

　　班簋（《集成》4341）：更虢成公服……赐……

以上铭文当中的"更……服""更……官""更……事""司……官""司……事""篡……事"句式和内涵基本接近,都有接替某某之官职的意思。

另外,还有一些任命没有提及承袭某人,或之前有过某种任命,这里我们暂且把它们归为初次任命,如颂鼎、膳夫山鼎、吴彝、康鼎、元年师兑簋、望簋等。

与重命相比,初次任命中赏赐的物品数量和种类都比较少,规格一般也低于重命,主要为命服类物品。如免簋只赏赐了"赤市",辅师嫠簋只赏赐了"载市、素黄(衡)、銮旂",元年师兑簋只赏赐了"乃且(祖)巾(市)、五黄(衡)、赤舄"。

重命

重命赏赐又可以分为几类,其一,新王即位,对先王旧臣重新册命。譬如:

师瘨簋盖(《集成》4283):先王既令汝,今余唯申先王命……赐……

师颖簋(《集成》4312):才先王既令……,今余唯肇申乃命……赐……

师嫠簋(《集成》4324):才昔先王……既令汝更祖考……今余唯申就乃令……赐……

卯簋(《集成》4327):䚃乃先祖考死司荣公室,昔乃祖亦既令乃父死司莽人,……今余唯死司莽宫莽人……赐……

善鼎(《集成》2820):昔先王既令汝……今余唯肇申先王命……赐……

谏簋(《集成》4285):先王既命汝䚃司……今余唯或嗣命汝……赐……

毛公鼎(《集成》2841):今余唯申先王命……赐……

师訇簋(《集成》4342):今余唯申就……赐……

蔡簋(《集成》4340):昔先王既令汝……今余唯申就乃令……

第五章 铭文辨伪的思路及方法（文法）

由以上铭文的体例可知，才、昔、鼒等字与今相对而言，为表示过去的时间副词。才读为哉，始也，与昔同义。

其二，周王重申自己往昔对臣工的册命内容且行赏赐，譬如：

大克鼎（《集成》2836）：昔余既令……今余唯申就……赐……
三年师兑簋（《集成》4319）：余既令……今余唯申……赐……
师克盨（《集成》4467）：昔余既令女，今余唯申……赐……

其三，增加任命，进行赏赐，譬如：

辅师嫠簋（《集成》4286）：更乃祖考司辅，哉赐汝……今余增乃令，赐汝……
卫簋（《集成》4209）：王曾令卫，赐……

其四，更改之前的任命，进行赏赐，譬如：

宜侯夨簋（《集成》4320）：王令虞侯夨曰：䢔（迁）侯于宜，易（赐）……
牧簋（《集成》4343）：昔先王既令女（汝）乍（作）司士，今余唯或毁改，令女（汝）辟百寮……今余佳（唯）申就乃命，易（赐）女（汝）……

重命活动往往由于被册命者的职务提升或者职司范围扩大，而赏赐之物品的种类和数量也随着增加，规格随之升高，譬如：

免簋（《集成》4240）：佳（唯）十又二月初吉，王才（在）周，昧丧（爽），王各于大庙，井（邢）叔有（佑）免，即令，王受（授）乍（作）册尹者（书），卑（俾）册令（命）免，曰：令女（汝）足（胥）周师司廪，易（赐）女（汝）赤市，用事……
免簋（《集成》4626）：佳（唯）三月既生霸乙卯，王才（在）

— 243 —

周，令免乍（作）司土（徒），司奠（郑）还廪，眔吴（虞）、眔牧，易（赐）哉衣、銮……

免卣（《集成》5418）隹（唯）六月初吉，王才（在）奠（郑）。丁亥，王各大室，丼（邢）叔右（佑）免，王蔑免历，令史懋易（赐）免载市、冋黄（衡），乍（作）司工（空）……

由免簋、免盘、免卣可知，免先担任周师的副手司廪后来晋升为司徒、司工之官员，免的赏赐物也由赤市增加了哉衣、銮、载市、冋黄。

又如：

辅师嫠簋（《集成》4286）：……王乎（呼）乍（作）册尹册令（命）嫠曰：更乃且（祖）考司辅，哉易（赐）女（汝）载市、素黄（衡）、銮旂，今余曾（增）乃令，易（赐）女（汝）玄衣黹屯（纯）、赤市、朱黄（衡）、戈彤沙琱威、旂五日，用事……

之前嫠继承祖考的职位，赏赐"哉赐汝载市、素黄（衡）、銮旂"，增命之后又赏赐"玄衣黹屯（纯）、赤市、朱黄（衡）、戈彤沙琱威、旂五日"，增加了玄衣黹屯（纯）、戈彤沙琱威，而赤市、朱黄（衡）、旂五日，在规格和数量上有所提升。

又如：

訇簋（《集成》4321）……今余令女（汝）啻（嫡）官司邑人、先虎臣后庸、西门尸（夷）、秦尸（夷）、京尸（夷）、㝬尸（夷）、师笭、侧新、□华尸（夷）、畀身尸（夷），豦人、成周走亚、戍秦人、降人、服尸（夷），易（赐）女（汝）玄衣黹屯（纯）、载市、冋黄（衡）、戈琱威厚必（柲）、彤沙、銮旂、攸勒，用事……

师訇簋（《集成》4342）……今余隹（唯）申就乃令，令女（汝）叀雝我邦小大猷，邦佑漢辥，敬明乃心，率以乃友干吾王身，谷（欲）女（汝）弗以乃辟圅（陷）于艱，易（赐）女（汝）秬鬯一卣、圭瓒、尸（夷）允三百人……

在重命中，訇的职司范围有所扩大，赏赐的物品也增加了"秬鬯一卣、圭瓒、尸允三百人"。

又如：

元年师兑簋（《集成》4275）：……王乎（呼）内史尹册令（命）师兑：疋（胥）师龢父，司左右走马、五邑走马，易（赐）女（汝）乃且（祖）巾（市）、五黄（衡）、赤舄……

三年师兑簋（《集成》4319）：……王乎（呼）内史尹册令（命）师兑，余既令女（汝）疋（胥）师龢父，司左右走马，今余佳（唯）申就乃令，令女（汝）𤔲司走马，易（赐）女（汝）秬鬯一卣、金车𣦶较（较）、朱虢（鞃）、䖑（靳）靳、虎冟熏里、右厄（轭）、画轉、画𨍱、金甬、马四匹、攸勒……

元年师兑簋与三年师兑簋所记之师兑为一人，在元年师兑簋当中，师兑担任师龢父的副手而司左右走马与五邑走马，被赏赐以"乃且（祖）巾（市）、五黄（衡）、赤舄"。在三年师兑簋当中"令女（汝）𤔲司走马"，职司范围有所扩展，赏赐的物品也增加为"秬鬯一卣、金车𣦶较（较）、朱虢（鞃）、䖑（靳）靳、虎冟熏里、右厄（轭）、画轉、画𨍱、金甬、马四匹、攸勒"，这些车马器规格非常高，仅见于毛公鼎、吴方彝等少数几件器物。

②册命仪式

周王室在对臣工举行册命赏赐活动之时，要通过庄严隆重的册命仪式来完成，即要举行册命礼。册命礼使得册命赏赐活动在形式上更具有权威性和合法性，因此，认识西周的册命礼有助于进一步加深对册命赏赐活动的认识。

时间：

册命赏赐活动的具体时间多数发生在"旦"，如颂簋、此簋、谏簋、七年趞曹鼎等，也有少部分发生在"昧爽"，如免簋等。"昧爽"与"旦"是前后相继的两个时间，说明周代的册命礼一般是在天刚亮的时间举行。

地点：

册命仪式多数在周举行，如利鼎、走簋、作册吴方彝、师遽簋盖、师汤父鼎、免簋、免盘、师晨鼎、师俞簋盖、谏簋、扬簋、辅师嫠簋、智鼎、元年师兑簋、三年师兑簋、克盨、𬱖攸比鼎、颂鼎、休盘、膳夫山鼎、无叀鼎、师余簋等；也有在宗周举行，如同簋、大克鼎、微𫊣鼎等；或在成周，如敔簋、㝬壶等。大部分册命在这几个地方举行，也有很少的一部分在其他地方，如师察簋（在荠京）等。举行册命仪式的建筑最常见的是"康宫"，如康鼎、扬簋、辅师𢅫簋、休盘、敔簋、颂鼎（康昭宫）、趞鼎（康昭宫）、克盨（康穆宫）、袁盘（康穆宫）、吴虎鼎（康夷宫）、此鼎（康夷宫）等；此外还有般宫（利鼎）、新宫（师遽簋盖）、师录宫（谏簋）、师量宫（大师虘簋）、某"应"（师虎簋是在杜㚸，元年师旋簋是在淢应，蔡簋是在雕应）等。

仪节：

西周册命仪式在中后期形成比较固定的仪节，一般为王即位，宾者佑受册命者入门，立中庭，北向，史官受王命书，颁布册命，进行赏赐，受册命者拜稽首，对扬王休。如：

趞鼎（《集成》2815）：佳（唯）十又九年四月既朢（望）辛卯，王在周康邵（昭）宫，各于大室，即立（位），宰讯右趞入门，立中廷，北鄉（向），史留受王令（命）书，王乎（呼）内史𠭰册易（赐）趞玄衣屯（纯）𧝫、赤市、朱黄（衡）、銮斿、攸勒，用事。趞拜稽首，敢对扬天子不（丕）显鲁休，用乍（作）朕皇考龏白（伯）、奠（郑）姬宝鼎，其眉寿万年，子子孙孙永宝。

膳夫山鼎（《集成》2825）：佳（唯）卅又七年正月初吉庚戌，王才（在）周，各图室，南宫乎（呼）入右善（膳）夫山，入门，立中廷，北鄉（向），王乎（呼）史桒册令（命）山，王曰："山，令女（汝）官司㱃（饮）献人于㬥，用乍（作）宪（宪）司贮（贾），母（毋）敢不善，易（赐）女（汝）玄衣𧝫屯（纯）、赤市、朱黄（衡）、銮斿。"山拜稽首，受册佩以出，反（返）入（纳）堇（瑾）章（璋），山敢对扬天子休令，用乍（作）朕皇考叔硕父𩰬鼎，用祈匃眉寿綽（绰）绾，永令（命）霝冬（终），子子孙孙永宝用。

颂鼎（《集成》2827）：佳（唯）三年五月既死霸甲戌，王才（在）周康邵宫。旦，王各大室，即立（位）。宰引右颂，入门，立

第五章 铭文辨伪的思路及方法（文法）

中廷，尹氏受王令（命）书，王乎（呼）史虢生册令（命）颂。王曰："颂，令女（汝）官司成周贮（贾）廿家，监司新造，贮（贾）用宫御，易（赐）女（汝）玄衣黹屯（纯）、赤巿、朱黄（衡）、銮旂、攸勒，用事。"颂拜稽首，受令，册佩以出，反（返）入（纳）堇（瑾）章（璋）。颂敢对扬天子不（丕）显鲁休，用乍（作）朕皇考龏（恭）叔、皇母龏（恭）始（姒）宝䵼鼎，用追孝祈匄康𧫒屯（纯）右（祐）通录（禄）永令（命）。颂其万年眉寿，畯臣天子霝冬（终），子子孙孙宝用。

整个仪式的位置关系如图5-1-9所示。[①] 宾者的身份应该高于受册命者，并且所司职务与受册命者有关，一般为受册命者的上级。[②] 有史官受王命书，有史官宣读王命，史官职位的高低也与受册命者有关，受册命者职司较高者其史官多为尹氏、作册尹、内史尹等，受册命者职司较低者其史官多为史、内史、作册、作册内史等，但此规律并不十分严格。[③]

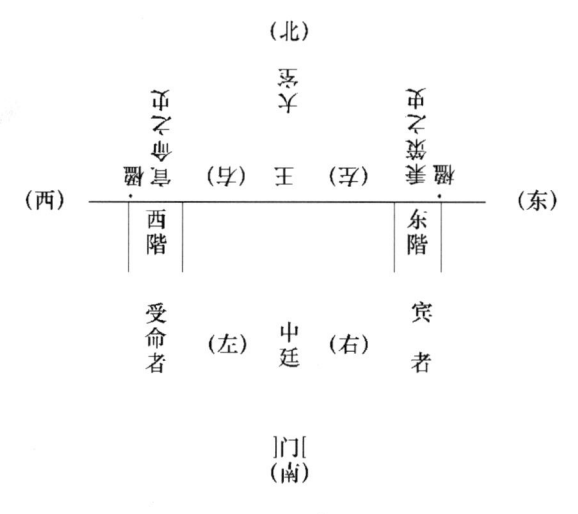

图5-1-9　册命仪式位置

[①] 陈梦家：《西周铜器断代》，中华书局2004年版，第411页。
[②] 陈汉平：《西周册命制度研究》，学林出版社1986年版，第107—110页。
[③] 陈汉平：《西周册命制度研究》，学林出版社1986年版，第107—110页。

册命赏赐早期多为赐人赐土地（如大盂鼎、宜侯夨簋、克罍、井侯簋等），中晚期以赏赐命服、旗帜、车马器为主，其数量、质地、形制、颜色、纹饰及组合不同，应该与受册命者的官爵等级有关。册命金文中反映出，世袭祖考之官爵，往往赐予其祖考之旗帜、命服，如大盂鼎"赐乃祖南公旗"；善鼎"赐汝乃祖旗"；元年师兑簋"赐汝乃祖市、五黄（衡）、赤舄"；▲盨"赐汝秬鬯一卣、乃父市、赤舄……"等。

（5）其他

除了上述赏赐原因之外，还有一些因为飨宴、射猎等其他原因而接受赏赐，如：

> 尹光鼎（《集成》2709）：乙亥，王□，才（在）彙次，王乡（飨）酉（酒），尹光逦，佳（唯）各。商（赏）贝……
>
> 师遽方彝（《集成》9897）：佳（唯）正月既生霸丁酉，王才（在）周康寝，乡（飨）醴，师遽茂历，侑，王乎（呼）宰利易（赐）师遽瑂圭一、环章（璋）四……
>
> 大鼎（《集成》2807）：佳（唯）十又五年三月既霸丁亥，王才（在）蕴侲宫，大以氒（厥）友守。王乡（飨）醴，王乎（呼）善（膳）大（夫）騃召大以氒（厥）友入牧（扞）。王召走马应令取䮷（騅）䮾卅二匹易（赐）大……
>
> 耴簋（《集成》3975）：辛巳，王酓（饮）多亚，耴就逦，易（赐）贝二朋……
>
> 效卣（《集成》5433）：佳（唯）四月初吉甲午，王𦰩（观）于尝公东宫，内（纳）乡（飨）于王，王易（赐）公贝五十朋。公易（赐）氒（厥）涉（世）子效王休贝廿朋……
>
> 穆公簋盖（《集成》4191）：佳（唯）王初女（如）□，迺自商师复还至于周□，夕乡（飨）醴于□室，穆公侑□，王乎（呼）宰□易（赐）穆公贝廿朋……
>
> 遹簋（《集成》4207）：佳（唯）六月既生霸，穆穆王才（在）葊京，乎（呼）渔于大池，王乡（飨）酉（酒），遹御亡遣（谴），穆穆王亲易（赐）遹……

第五章 铭文辨伪的思路及方法（文法）

柞伯簋（《新》76）：佳（唯）八月辰才（在）庚申，王大射才（在）周，王令（命）南宫率王多士，师酓父率小臣，王䢇（迟）赤金十反（钣），王曰：小子、小臣敬又（有）□，隻（获）则取。柞白（伯）十爯（称）弓，无废矢。王则畀柞白（伯）赤金十反（钣）……

义盉盖（《集成》9453）：佳（唯）十又一月既生霸甲申，王才（在）鲁，卿即邦君、者（诸）侯、正、有司大射，义蔑历，眔于王，逑义易（赐）贝十朋……

2. 赏赐物品

（1）贝

贝是殷商时期的主要赏赐物品，现在所见的殷商时期的赏赐铭文中，绝大部分赏赐的物品为贝。西周早期也比较常见，中期以后数量减少，晚期比较少见。

考古资料中，贝最早出现于陕西临潼姜寨遗址，为公元前 4500 年前后的新石器时代晚期。其后，一些墓葬中也屡有贝的发现，直至战国晚期。关于贝的性质和用途，主要有：

其一，用于装饰。金文中有"佣"字即作一人颈佩贝串之形，如 🧍。《说文·贝部》有"䙲"字，云："䙲，颈饰也，从二贝。"段玉裁《注》："骈贝为饰也。"即以连贝以像颈饰。徐锴曰："蛮夷连贝为璎珞是也。婴字从此。"《说文·女部》："婴，颈饰也。从女䙲。䙲，贝连也。"据此可知，贝可为颈饰。又《诗·鲁颂·閟宫》："贝胄朱綅。"毛《传》："贝，贝饰也。"与小盂鼎"贝胄"义同。《穆天子传》"朱带贝饰三十"，是"以贝饰带也"。可知贝可用于多种装饰。在出土实物中，商及商代以前的墓葬中就有用贝装饰人身和车、马的现象，如山西临汾下靳村 M76 人骨右手腕部有一件镶嵌绿松石和贝的腕饰；[①] 二里头遗址 3 号基址院内 O2VM3 人骨颈部佩戴以海贝穿孔而

[①] 下靳考古队：《山西临汾下靳墓地发掘简报》，《文物》1998 年第 12 期。

制作的串饰;① 安阳后冈出土之贝饰或系于手臂，或系于腰部;② 安阳殷墟车马坑也多有贝出土，其中郭家庄车马坑 M52 贝 100 多枚在马的头部排列有序，M146 贝（已发现 40 多枚）作马的络头。③ 西周时期，用贝装饰棺椁、人身、车马等更为普遍，如长安普渡村一西周墓椁顶板放置有贝;④ 上村岭虢国墓地 M2010 有石贝 360 枚散布于椁盖板上东西向横木两侧及其下面，M2006 骨贝和铜鱼等散布于棺外四周，另外 M2012、M2011、M2016、M2013 等墓中也有类似现象;⑤ 陕西长安县张家坡墓地 M152 井叔墓在外棺三面地上都有穿孔的贝，排列整齐，是为原棺罩帷物上悬挂的饰物;⑥ 同样为上村岭虢国墓地中，有贝与其他玉石、陶制物等组成串饰以作为人身的配饰;⑦ 山西绛县横水西周墓地 M1 倗伯夫人毕姬墓中有贝与其他玉石组成的组玉佩;⑧ 陕西长安县张家坡等地的车马坑中有用来装饰车马器的贝。⑨ 凡此均以贝为饰物。

其二，用于丧葬。《仪礼·士丧礼》："贝三实于笄……主人左扱米实于右，三实一贝，左、中亦如之。"《礼记·檀弓下》："饭用米贝，弗忍虚也。"《礼记·杂记下》："天子饭九贝，诸侯七，大夫五，士三。"另外，出土的商周墓葬，贝置于死者的口中习见，如陕西姜寨遗址 M275 有 3 枚贝置于墓主人口中;⑩ 商代墓葬中贝含于口中或握于手中或置于脚部

---

① 中国社会科学院考古研究所二里头工作队:《河南偃师二里头遗址中心区的考古新发现》，《考古》2005 年第 7 期。
② 中国科学院考古研究所安阳发掘队:《1958—1959 年殷墟发掘简报》，《考古》1961 年第 2 期。
③ 中国社会科学院考古研究所:《安阳殷墟郭家庄商代墓葬——1982—1992 年考古发掘报告》，中国大百科全书出版社 1998 年版。
④ 陕西省文物管理委员会:《长安普渡村西周墓的发掘》，《考古学报》1957 年第 1 期。
⑤ 河南省文物考古研究所等:《上村岭虢国墓地 M2006 的清理》，《文物》1995 年第 1 期；河南省文物考古研究所等:《三门峡虢国墓地 M2010 的清理》，《文物》2000 年第 12 期；河南省文物考古研究所等:《三门峡虢国墓地 M2013 的发掘清理》，《文物》2000 年第 12 期；河南省文物考古研究所等:《三门峡虢国墓地》第一卷上，文物出版社 1999 年版。
⑥ 中国社会科学院考古研究所:《张家坡西周墓地》，中国大百科全书出版社 1999 年版。
⑦ 中国科学院考古研究所:《上村岭虢国墓地》，科学出版社 1959 年版。
⑧ 山西省考古研究所等:《山西绛县横水西周墓地》，《考古》2006 年第 7 期。
⑨ 中国社会科学院考古研究所:《沣西发掘报告》，文物出版社 1962 年版。
⑩ 半坡博物馆等:《姜寨——新石器时代发掘报告》，文物出版社 1988 年版。

的非常普遍;① 西周时期依然比较常见。② 此与典籍所记吻合,皆说明贝有陪葬之用。

其三,用于祭祀。殷卜辞中常见以贝用于祭祀,如:

甲申卜,宾贞,霝丁用贝?
贞,霝丁其㞢贝? 《合集》11423 正
壬午☐惠贝☐㞢☐ 《合集》21969
惠贝十朋?吉。
其虘用雋臣贝?吉。 《合集》29694

金文中贝也经常与酒、牺牲、彝器等祭祀用品共同赏赐,如:

王赐吕秬鬯三卣、贝卅朋。　　　　　　　吕方鼎（《集成》2754）
王赐叔德臣嬛十人、贝十朋、羊百。　　　叔德簋（《集成》3942）
王休赐厥臣父荣瓒王祼、贝百朋。　　　　荣簋（《集成》4121）
公赐㠱宗彝一肆,赐鼎二、赐贝五朋。　　㠱簋（《集成》4159）
使尹氏授釐敔圭瓒,☐贝五十朋。　　　　敔簋（《集成》4323）
赏卣鬯、贝。　　　　　　　　　　　　　士上卣（《集成》5421）
王赏裸玉三品、贝廿朋。　　　　　　　　鲜簋（《集成》10166）

---

① 马得志等:《一九五三年安阳大司空村发掘报告》,《考古学报》第9册,1955年;梁思永、高去寻:《侯家庄（第二本）1001号大墓》,"中央研究院"历史语言所1962年版;中国社会科学院考古研究所:《殷墟发掘报告1958—1961》,文物出版社1987年版;中国社会科学院考古研究所:《安阳小屯村北的两座殷墓》,《考古学报》1981年第4期;中国社会科学院考古研究所:《1969—1977年殷墟西区墓葬发掘报告》,《考古学报》1979年第1期;中国社会科学院考古研究所:《安阳殷墟郭家庄商代墓葬——1982—1992年考古发掘报告》,中国大百科全书出版社1998年版。

② 中国科学院考古研究所沣西发掘队:《1960年秋陕西长安张家坡发掘简报》,《考古》1962年第1期;陕西省文物管理委员会:《陕西扶风、岐山周代墓清理记》,《考古》1960年第8期;雍城考古队:《凤翔南指挥西村周墓的发掘》,《考古与文物》1982年第4期;中国社会科学院考古研究所:《张家坡西周墓地》,中国大百科全书出版社1999年版;中国科学院考古研究所:《洛阳中州路（西工段）》,科学出版社1960年版;甘肃省博物馆文物队:《甘肃灵台白草坡西周墓》,《考古学报》1977年第2期;北京市文物研究所等:《1997年琉璃河遗址墓葬发掘简报》,《文物》2000年第11期。

真假铭文

可见商周时期贝也经常作为祭祀用品使用。

其四，用于货币流通。就目前研究状况而言，学者对贝具有货币功能的探讨颇多，但由于各家对材料使用的倾向不同，加之传世文献不能提供很明确的信息，故异说纷纭。究其核心，是对贝充当货币的起止时间的认识上的分歧。一般认为，贝具有货币的性质始于殷后期或殷周之际，而在西周晚期左右结束。由金文中有用所赐之贝去铸器的记载，以及亢鼎对用贝进行购买物品的过程的记录。① 我们认为贝确实充当过货币。同时，这些器铭多为西周早中期，属上述贝具有货币功能的时间范围。

贝大多单独赏赐，偶尔与玉器、酒、金共同赏赐用于祭祀。

修饰贝的量词多为"朋"，如"贝十朋"（旅鼎，《集成》2728）、"贝五朋"（客鼎，《集成》2705）、"贝三朋"（攸簋，《集成》3906）等。比较常见的是以"五朋""十朋""廿朋"为单位赏赐，另外还有以"朋""二朋""三朋""四朋""卅朋""百朋""二百朋"为单位的，目前所见最多为"二百朋"。一朋之数究竟为多少，看法不同。《诗·小雅·菁菁者莪》："锡我百朋。"郑玄《笺》："古者货贝，五贝为朋。"《易·损》："或益之十朋之龟。"崔憬《注》："双贝曰朋。"王国维认为十贝为朋，"余意古制贝玉皆五枚为一系，合二系为一珏，若一朋"。② 郭沫若则认为珏朋为玉贝之单位，在玉贝成为货币之后，其初皆为颈饰，其数可多可少，"谓五贝为朋可，谓二贝为朋亦可。三五之作奇数者，盖连胸坠或项坠而言，此不足为异。至谓珏必十玉，朋必十贝，此于玉贝已成货币之后理或宜然，然必非珏朋之朔也"。③ 就考古出土资料来看，有五贝、十贝、二十贝为一串者，④ 也有以二十二、二十四、二十六贝为一串者，⑤ 并无一定之数。

除此之外，偶尔也见"囊贝"（寝农鼎，《集成》2710；天亡簋，《集

---

① 马承源：《亢鼎铭文——西周早期用贝币交易玉器的记录》，《上海博物馆集刊》第 8 期，上海书画出版社 2000 年版。
② 王国维：《释珏朋》，《观堂集林》卷三，中华书局 1959 年版。
③ 郭沫若：《释朋》，《甲骨文字研究》，《郭沫若全集·考古编》第一卷，科学出版社 1982 年版。
④ 中国科学院考古研究所安阳发掘队：《1958—1959 年殷墟发掘简报》，《考古》1961 年第 2 期。
⑤ 郭宝钧：《濬县辛村》，科学出版社 1964 年版。

成》4261）的说法，"囊贝"的数量当比"朋"多，殷墟后冈圆祭坑曾经出土300枚贝盛于一黄色麻袋中，① 或即殷周一囊贝之数。② 此外，还有"斤贝"（征人鼎，《集成》2674；天君簋，《集成》4020）、"贝卅锊"（稢卣，《集成》5411）的说法，当为以重量计算，比较少见。

（2）玉器

玉为美石之统称，其质刚而色润泽，中国古代社会一直流行崇玉的习俗。自新石器时代到夏商周三代玉器一直作为礼器或饰品用于祭祀及礼仪活动。《周礼·春官·大宗伯》："以玉作六器，以礼天地四方。以苍璧礼天，以黄琮礼地，以青圭礼东方，以赤璋礼南方，以白琥礼西方，以玄璜礼北方。"这种说法或许较为晚起，商周时期的用玉制度并没有如此严格规范。玉器用于祭祀在殷卜辞中习见，如：

酌于河十牛，五人卯五牛于一珏。	《合集》1052
□玉于且丁、父乙。	《合集》3068
其登用三玉犬羊？	《合集》30997
庚申卜，宾贞，南庚玉业凷？	《合集》2019
癸酉贞，帝五玉其□牢？	《合集》34149.1

金文中所见玉器多为赏赐的礼器，种类比较多，有：𣪘簋（玉十玾、璋一）、尹姞鬲（玉五品）、噩侯鼎（玉五瑴）、鲜簋（祼玉三品）、应侯见工簋（玉五瑴）、大夫始鼎（璋）、竞卣（璋）、卯簋（瓒四、璋瑴）、师遽方彝（圭一、环璋四）、庚嬴鼎（瓒）、史兽鼎（瓒）、荣簋（瓒）、多友鼎（圭瓒一）、敔簋（圭瓒）、宜侯夨簋（商瓒一）、毛公鼎（祼圭瓒宝、玉环、玉瑹）、番生簋（玉环、玉瑹）、六祀邲其卣（圭一、玾一）、癫钟（佩）、戱霝卣（玗一）等。

《周礼·春官·鬯人》："凡祼玉，濯之陈之，以赞祼事。"郑玄《注》："祼玉，谓圭瓒、璋瓒。"《正义》云："赞勺以金为之，不用玉，

---

① 中国社会科学院考古研究所：《殷墟发掘报告1958—1961》，文物出版社1987年版。
② 冯时：《天亡簋铭文补论》，《出土文献》（第一辑），中西书局2010年版。

因其以圭、璋为柄,故通谓之裸玉。"由此可见,裸玉是古代裸礼活动中所用的物品。金文鲜簋的"裸玉",王慎行认为是"瓒"的一种称名。①李学勤指出鲜簋的"裸玉三品"是三种裸礼用的玉器。②又谓"用作瓒柄的圭、璋等,要专门洗净陈放,称为裸玉",同时指出鲜簋"铭中王在裸礼后以裸玉赏赐器主,不称瓒而称裸玉,是只赐予瓒的玉制部分,也就是玉柄"③。根据目前所见的古代挹酒器,其柄部和挹取物品的部位多可分为二物,同时文献对"裸玉"指"圭瓒、璋瓒"的说解亦比较明确,我们认为李氏之说更为合理。

鬲,徐同柏释为"瓒",④ 郭沫若从之。⑤ 典籍中对"瓒"类物品的记载颇丰,如《周礼·春官·典瑞》:"裸圭有瓒,以肆先王,以裸宾客。"郑司农云:"于圭头为器,可以挹鬯裸祭,谓之瓒。"《考工记·玉人》:"瓒如盘,其柄用圭,有流前注。"《诗·大雅·旱麓》:"瑟彼圭瓒,黄流在中。"毛《传》:"玉瓒,圭瓒也。"郑玄《笺》:"圭瓒之状,以圭为柄,黄金为勺,青金为外,朱中央也。"《礼记·祭统》:"君执圭瓒裸尸,大夫持璋瓒亚裸。"郑玄《注》:"圭瓒、璋瓒,裸器也。"《礼记·明堂位》:"灌用玉瓒大圭。"郑玄《注》:"瓒形如盘,容五斗,以圭为柄,是为圭瓒。"《礼记·王制》:"赐圭瓒然后为鬯,未赐圭瓒,则资鬯于天子。"这些材料表明,瓒为古代裸礼中用来挹鬯的主要工具,类似今天的勺;其勺部为铜质,柄部为玉质;因其柄部的不同又有圭瓒、璋瓒之分;裸玉指圭瓒和璋瓒。金文所赐之"瓒",毛公鼎铭的"裸圭瓒宝"与秬鬯同赐,显为裸礼之用;称"宝"是指明其珍贵。"商瓒",有学者认为指商代之遗物,⑥ 似不可据。连劭名认为"商"当读为"璋","商瓒"即指璋瓒。⑦ 李学勤从之,并认为此"商"字写法和前"伐商"的"商"不同,是为了在意义上区别。甚确。由于在考古实物中尚未发现文献所云的

---

① 王慎行:《瓒之形制与称名考》,《考古与文物》1986 年第 3 期。
② 李学勤:《鲜簋的初步研究》,《走出疑古时代》,辽宁大学出版社 1994 年版。
③ 李学勤:《说裸玉》,《重写学术史》,河北教育出版社 2002 年版。
④ 徐同柏:《从古堂款识学》卷十六,《金文文献集成》第 10 册,香港明石 2004 年版。
⑤ 郭沫若:《金文丛考》,人民出版社 1954 年版。
⑥ 陈汉平:《西周册命制度研究》,学林出版社 1986 年版。
⑦ 连劭名:《汝丁尊铭文补释》,《文物》1986 年第 7 期。

这种"瓒",故学者对"瓒"类物品形制,以及对一些出土实物的定名等方面问题的认识还有很多分歧。

"圭""璋"同属六种"瑞玉"之列。关于二者的形制,典籍记载颇多。《说文》:"圭,瑞玉也,上圜下方。"《仪礼·聘礼》:"圭与繅皆九寸。"郑玄《注》:"圭,所执以为瑞节也。剡上,象天圜地方也。"《说文》:"剡上为圭,半圭为璋。"《尚书·顾命》:"秉璋以酢。"孔安国《传》:"半圭曰璋。"《仪礼·聘礼》:"受夫人之聘璋。"陆德明《释文》:"璋,半圭。"由此可见,圭为下端平直、上部呈锐形或圆形的扁平长条形玉器;璋为呈"半圭"之形的玉器。古代的圭、璋主要用于祭祀、丧葬、朝聘、通使、除恶惩邪等方面,有学者已作了详细的分析。[①]

《说文》:"环,璧也,肉好若一谓之环。"肉者,谓环直径左右两边有玉之部分,好即孔,谓玉环之孔。据此,环为中空部分与璧肉部分所占比例相同的玉璧。《礼记·玉藻》:"孔子佩象环五寸而綦组绶。"司马彪云:"紫绶以上,繸绶之间得施玉环鐍云。"这说明玉环是系在衡上的玉佩,为古人装饰物之一。[②]

"琮"学者或释为珥,[③] 或释为玦,[④] 与字形不符。刘心源指出此字的右边所从为二"余",乃"余"之籀文,即"琮"字。[⑤] 郭沫若亦释为"琮"。[⑥]《广雅·释器》云:"琮,珽,笏也。"是"琮"乃"笏"之一种。《大戴礼记·虞戴德篇》云:"天子御珽,诸侯御琮,大夫御笏。"以此观之,珽、琮、笏因使用者的不同而产生不同名称,其实为一类器物。铭文中的"琮"当为诸侯所御。又《礼记·玉藻》云:"笏,毕用也,因饰焉。"《礼记》卷九云:"笏,天子以球玉,诸侯以象,大夫以鱼须文竹,

---

① 王辉:《殷墟玉璋朱书文字蠡测》,《文博》1996 年第 5 期。
② 唐兰:《毛公鼎"朱韍、蔥衡、玉环、玉琮"新解——驳汉人"蔥珩佩玉"说》,《唐兰先生金文论集》,紫禁城出版社 1995 年版。
③ 孙诒让:《古籀拾遗》,中华书局 1989 年版;王国维:《观堂古金文考释》,《王国维遗书》第六册,上海古籍书店 1983 年版。
④ 徐同柏:《从古堂款识学》,《金文文献集成》第 10 册,香港明石 2004 年版;吴大澂:《愙斋集古录》,《金文文献集成》第 12 册,香港明石 2004 年版。
⑤ 刘心源:《奇觚室吉金文述》卷二,《金文文献集成》第 13 册,香港明石 2004 年版。
⑥ 郭沫若:《金文余释之余·释非余》,《郭沫若全集》第五卷,科学出版社 2002 年版。

士竹本，象可也。"《注》："球，美玉也。文犹饰也，大夫士饰竹以为笏，不敢与君并用纯物也。"由此可见，笏的使用者阶层比较广泛，同时也以笏上之饰的差别而区分为不同等级。笏之形制，吴大澂《古玉图考》云："有三孔，可以结绳佩于绅带之间，其三孔之外又有一孔，此系组之孔，故居中而向后。"①"琮"的使用与"玉环"相同，亦是插系在衡上的玉佩，为古人装饰物之一。②

"佩"，典籍习见。或释为"带"，《说文》："佩，大带佩也，从人，从凡，从巾。"《广韵》："佩，玉之带也。"或释为"佩玉、玉佩"。《诗·郑风·青衿》："青青子佩。"毛《传》："佩，佩玉也。"《礼记·曲礼下》："立则磬折垂佩。"孔颖达《疏》："佩，谓玉佩也。"在金文中常有"受命册佩以出"之语。对其中"佩"的释读，学者有不同意见：一种认为是玉器，郭沫若云："佩指所赐之朱珩"。③ 于省吾的释读是以分析"佩"前的"册"字为主，揣其文意，把"佩"看作动词表示"佩戴"之义。④ 可以看出，郭说是建立在把"黄"释为"玉珩"的基础上，故谓"所赐之朱珩"。"黄"的释读，唐兰已辨其非而释为"带"。因此，郭文释"佩"为"所赐之朱珩"是无法成立的。由此，结合文献记载，"佩"具有带、佩玉、佩戴等三种含义。我们认为，根据器铭文意，此处的"佩"显系名词，故不得释为动词的"佩戴"。另外，服饰的赏赐常出现于册命类金文，故此处的"佩"似以释为"玉佩"或"佩玉"为妥。

玉器的赏赐并不多见，但出现较早，殷商时期就已出现，整个西周时期都有玉器的赏赐。玉器多作为礼器与贝、金以及牺牲等祭祀用品共同赏赐，用于祭祀。

从玉器赏赐数量上看，一三五较多，除"玉"及"裸玉"外，其他物品不用量词。玉使用的数量词一般为"品"或"毂"。"品"除了用于修饰玉之外，还用来修饰人口，如荣作周公簋（《集成》4241）铭云：

---

① 吴大澂：《古玉图考》，清光绪十五年上海同文书局石印本。
② 唐兰：《毛公鼎"朱韨、蔥衡、玉环、玉琮"新解——驳汉人"蔥珩佩玉"说》，《唐兰先生金文论集》，紫禁城出版社1995年版。
③ 郭沫若：《两周金文辞大系图录考释》，《郭沫若全集·考古编》第七卷，科学出版社1957年版。
④ 于省吾：《双剑誃吉金文选》，中华书局1998年版。

"臣三品：州人、重人、庸人。"在"臣三品"后面明确说明所指为"州人、重人、庸人"三种人，所以"品"应该是种类的意思。所以尹姞鬲铭"玉五品"，鲜簋铭"祼玉三品"当为五种玉、三种祼玉的意思，在这里，"品"是指玉器的种类而并非指数量。"毂"也作"珏"，指双玉。《说文·玉部》："二玉相合为一珏。"又其重文作"毂"。段玉裁注引《淮南子》"元玉百工"云："二玉为一工，工与珏双声，百工即百珏也。不言从二玉者，义在于形，形见于义也"。则许、段两氏均以"珏"为二玉。而唐代陆德明《经典释文》也释"毂"为："音角，双玉为毂，字又作珏。"类似的记载在文献中习见，如《国语·鲁语上》："行玉二十毂，乃免卫侯。"韦昭注曰："双玉曰毂。"《左传·庄公十八年》："虢公、晋侯朝王，王飨醴，命之宥，皆赐玉五毂，马三匹。非礼也。"杜预《集解》云："双玉为毂。"所以"毂"指二玉或一对玉。

（3）金

金是西周早期比较常见的一种赏赐物品，中后期比较少见。古之金即今之铜，由于铭辞中常有受赐者用所获的"金"来"用作宝彝"的记载，可知赏赐物品中的金应该是用来制作礼器。金多单独赏赐，有时也会与酒、牺牲等祭祀用品共同赏赐。

铭辞中所赐之"金"除单言"金"之外，还经常会指明"金"的种类，如"吉金"（鲜钟，《集成》143）、"赤金"（㠱尊，《集成》6008；曶鼎，《集成》2838）、"白金"（叔簋，《集成》4132；䍙钟，《集成》48）等。

赐金多不言数量，偶言数量的量词多为"钧"，如"白金十钧"（䍙钟，《集成》48）、"金一钧"（内史龏鼎，《集成》2696）等。除此之外，还有"孚"，如"金百孚"（禽簋，《集成》4041）；"板"，如"金十板"（柞伯簋，《新》76）；"䂺"，目前仅见于曶鼎"赤金䂺"（《集成》2838），孙常叙释为"石"，是重量单位，四钧为石，一石一百二十斤，[①]可从。赐金的数量目前所见是以一、十、百为单位，其他数量不见。

（4）酒

酒是商周赏赐物品中比较常见的一种，早期多与金、贝、牺牲等共同

---

① 孙常叙：《曶鼎铭文通释》，《孙常叙古文字学论集》，东北师范大学出版社1998年版。

赏赐，用于祭祀，晚期多与命服、车马、旗物等礼制用品共同赏赐，在赏赐的诸多物品中多居于首位。古者谓"国之大事在祀与戎"，祭祀于古代为大典，故用以降神之秬鬯于铭文中列于首项，盖有珍惜、郑重之意。[①]

金文中常见的"酒"除单称为"鬯"外，还有"秬鬯"（吴方彝盖，《集成》9898；智壶盖，《集成》9728）、"鬱鬯"（叔簋，《集成》4132；小子生尊，《集成》6001），其中"秬鬯"比较多见。

《说文》："𩰪，黑黍也。一稃二米以酿，从鬯矩声"，并云"或从禾"，即秬。又"鬯，以秬酿鬱草，芬芳攸服，以降神也。"《诗·大雅·江汉》："釐尔圭瓒，秬鬯一卣，告于文人。"毛《传》："秬，黑黍也，鬯，香草也，筑煮合而鬱之曰鬯。"郑玄《笺》云："秬鬯，黑黍酒也，谓之鬯者，芬香条鬯也。王赐召虎，以鬯酒一尊，使以祭其宗庙，告其先祖。"《易·震》："不丧匕鬯。"李鼎祚《集解》引郑注："鬯，秬酒，芬芳条鬯。"《左传·僖公廿八年》："秬鬯一卣，虎贲三百人。"《注》："秬，黑黍。鬯，香草也。所以降神。""卣，器名。"由此，秬为黑黍，乃谷物的一种；鬯或为一种和秬煮合而成香酒的香草，或可直接指鬯酒。

"鬱鬯"，《周礼·春官·鬱人》："凡祭祀宾客之祼事，和鬱鬯以实彝而陈之。"《注》："筑鬱金煮之，以和鬯酒，郑司农云，鬱，草名，十叶为贯，百二十贯为筑，以煮之镬中，停于祭前，鬱为草若兰"。又《注》："鬱，鬱金香草，宜以和鬯。"不难看出，鬱亦为一种香草，古人取其汁后加于鬯酒，遂成鬱鬯。其不同于秬鬯，为秬鬯的再加工，故典籍有"鬱人""鬯人"之别。

鬯酒的功能主要用于祭祀。文献中多有记载，如：

> 《诗·大雅·江汉》："釐尔圭瓒，秬鬯一卣，告于文人。"
> 《尚书·周书·洛诰》："以秬鬯二卣，曰：明禋，拜手稽首，休享。"

殷卜辞中也有鬯酒用于祭祀之记载，如：

[①] 黄然伟：《殷周青铜器赏赐铭文研究》，《金文文献集成》第39册，香港明石2004年版。

第五章 铭文辨伪的思路及方法（文法）

丁酉卜，贞，王宾文武丁，伐十人，卯六牢，鬯六卣，亡尤。

　　　　　　　　　　　　　　　　　　　　　　《合集》35355.4

癸亥卜，何贞，其登鬯于且乙惠翌乙丑。　　　《合集》27220

其登鬯自小乙。　　　　　　　　　　　　　　《合集》27349

贞且辛岁一鬯？　　　　　　　　　　　　　　《合集》22991.3

在金文中，夨令方尊、夨令方彝器铭"易令鬯、金、小牛，曰：用禘"之言，即指明鬯是用于禘祭。

赐鬯多有数量词修饰，并且鬯的数量多为"一卣"，如"秬鬯一卣"（伯晨鼎，《集成》2816；毛公鼎，《集成》2841）、"鬯一卣"（大盂鼎，《集成》2837）、"卣鬯"（士上卣，《集成》5421）。"卣"为容器名，在这里用为鬯之单位量词。

殷卜辞中有"百鬯"之记载（《合集》301），亦有"十卣""六卣""五卣""三卣""一卣"等记载，而西周铭文目前所见最多为吕方鼎"秬鬯三卣"，其他多为"一卣"。由此也可以看出商周之人对酒的态度的不同。商人尚酒，酒的用量比较大，而周人认为商人因酗酒亡国，"唯殷边侯甸与殷正白辟率肆于酒，故丧师祀"（大禹鼎），所以实行禁酒，酒的使用量比较少。

（5）命服

命服是西周中后期最常见的赏赐物品，在西周中后期的册命铭文中几乎都有命服之赐。命服主要有：冂、衣、巿、黄、舄、裘等。

"冂"，学者或释为"冕"，[①] 或释为"冏"。[②] 从此字的形体和释义上看，应释为"冕"最合理。铭辞中"冂"与"衣"分属两种物品，即"冕"和"衣"。根据衣物在人体的穿着部位，麦方尊、大盂鼎中的"冂"

[①] 刘心源：《奇觚室吉金文述》卷二，《金文文献集成》第13册，香港明石2004年版；徐同柏：《从古堂款识学》，《金文文献集成》第10册，香港明石2004年版；陈汉平：《西周册命制度研究》，学林出版社1986年版。

[②] 吴式芬：《捃古录金文》卷三，《金文文献集成》第13册，香港明石2004年版；杨树达：《积微居金文说》，上海古籍出版社2013年版；黄然伟：《殷周青铜器赏赐铭文研究》，《金文文献集成》第39册，香港明石2004年版。

"衣""市""舄"是受赐者得到的自上而下的各种衣物。此物的赏赐比较少见，仅见于西周早期。

《说文》："衣，依也。上曰衣，下曰裳。"西周金文册命赐服之衣种类较多，主要有：玄衣（䋣屯）、玄袞衣、㦸衣等。

《说文》："黑而又赤色为玄。""玄衣"就是指赤黑色的命服。"玄衣"之赐，金文习见，其后常附有"䋣屯"等修饰词。"䋣屯"的"屯"，乃"纯"之省"糸"而作。孙诒让认为"䋣屯"即《尚书·顾命》"黼纯"之省。① 徐同柏从之。② 屈万里进一步指出："䋣字最初的声音当和黼相同，这不但有《尚书·顾命篇》的'黼纯'和《诗·小雅·采菽》的'玄袞及黼'两个黼字，就是金文中常见的玄衣䋣屯的䋣字也可为其证，同时据'䋣'在曾伯霁簠中与午、武同韵，谓'䋣字应该读为黼的读音，当可确定'。"《说文》"黼，白与黑相次文。"《广雅·释诂》："纯，缘也。"《说文》："缘，衣纯也。""黼纯"即指在衣缘饰以黑白相间的黼纹。甲金文中"䋣"通常作䋣形，与青铜器纹饰中的云雷文相似，可见"䋣"形应该是商周时期比较常见的一种装饰纹样。

《说文·衣部》："袞，天子享先王，卷龙绣于下裳，幅一龙，蟠阿上鄉。"段玉裁《注》："鄉，今向字。蟠阿，曲皃也。上鄉，所谓升龙也。"郑注《觐礼》云："上公袞无升龙。然则惟天子袞有升龙也。龙曲体而卬首，故曰蟠阿上鄉。"又《诗·小雅·采菽》："又何予之，玄袞及黼。"毛《传》："玄袞，卷龙也。"《笺》："玄袞，玄衣而画以卷龙也。"可见，玄袞衣为在玄衣之上绣有卷龙图案的衣服，为天子之服，赐予臣下当为特赐，非常珍贵，因此比较少见。

"㦸"，吴大澂以为是"织"字之省。③ 刘心源从之，并引典籍释为"染缯衣"。④ 郭沫若从吴大澂之说，驳斥了释"㦸"为颜色的说法。⑤ 可

---

① 孙诒让：《古籀拾遗》，中华书局1989年版。
② 徐同柏：《从古堂款识学》，《金文文献集成》第10册，香港明石2004年版。
③ 吴大澂：《说文古籀补》，《金文文献集成》第17册，香港明石2004年版。
④ 刘心源：《奇觚室吉金文述》卷四，《金文文献集成》第13册，香港明石2004年版。
⑤ 郭沫若：《两周金文辞大系图录考释》，《郭沫若全集·考古编》第七卷，科学出版社1957年版。

从。"䙴衣"即以染丝织成的衣服。《礼记·玉藻》："士不衣织。"《疏》云："织者，前染丝后染织者，此服功多色重，故士贱不得衣之也。大夫以上衣织，染丝织之也。"陆德明《释文》云："织，画绣之属。"又清儒宋绵初著《释服》云："士不衣织，织谓织采也，谓合五采丝组织而成文章，如衮衣、鷩衣、毳衣之等。盖大夫以上之衣，经纬五采，组织精好，各有等威，士贱，故不得衣也。"由此可知，"织"为染丝而制，其本身就有颜色的含义。而这些染丝又可能为多种颜色的丝，故"织"又为"织采""画绣"之属，且只有地位较高的人才能穿着。"䙴衣"是用染丝制成的衣，即文献的"丝衣"。《诗·周颂·丝衣》："丝衣其紑，载弁俅俅。"毛《传》："丝衣，祭服也。"由此推知，金文的"䙴衣"可能是祭祀时穿着的命服。言赐"䙴衣"者均为司徒、司马类的地位较高的官职，正合文献的记载。

《说文》："市，韠也，上古衣蔽前而已，市以象之，天子朱市，诸侯赤市，大夫葱衡，从巾，一象连带之形。"又《诗·小雅·采菽》："赤芾在股，邪幅在下。"《笺》云："芾，大古蔽膝之象也，冕服谓之芾，其他服谓之韠，以韦为之。"《广韵》："韠，胡服蔽膝。"由此可见，金文及典籍所谓的"市"，乃指当时服饰中的蔽膝。

金文中"市"是命服中赏赐最多的种类，可与其他命服一同赏赐，也可单独赏赐。在册命铭文中，经常赐以"乃祖市""乃父市"，可见"市"应该是一种身份地位的象征。金文中常见的"市"主要有："朱市""赤市""载市""⊗市""幽市""叔市"等。其中以"赤市"最为常见。"市"前面的修饰语多为颜色。朱市为朱色之市，为天子之市，规格较高，仅见于毛公鼎、番生簋。赤市金文中习见，为赤色之市，文献中称为诸侯之市，但在金文中，诸侯、大夫级别都可以有赤市的赏赐。"载"旧或释为"韦"之繁文，[1] 不确。孙诒让指出，《说文》"纔"为从糸毚声，典籍常以纔为才，故以声推之，载与纔相近。载市即典籍之爵韠。[2] 陈梦家认

---

[1] 周法高等：《金文诂林》，香港中文大学1975年版。
[2] 孙诒让：《古籀余论》卷三，《金文文献集成》第10册，香港明石2004年版。

为"戴"所从的"戈"从"才"声，故此字是"纣"或"缁"，为黑色之义。① 郭沫若进一步申述道："今案载即戴之借字，戴色爵，故戴市即爵韠，戴弁即爵弁，不必是字误。以韦谓之戴，以丝为之谓之纔，字异而义同。故'戴市'即雀色皮革所为之市。"② "幽"，刘心源否定了旧释为"罋"的说法，引《礼记·玉藻》"一命缊绂幽衡"之注"幽读为黝"，指出此处"幽"亦用为"黝"，③ 甚确。《说文》："黝，微青黑色是也。""幽市"即指微青黑色的市。"叔市"郭沫若谓即素市。④《说文》："素，白致缯也。"《礼记·檀弓下》："奠以素器。"郑玄《注》："凡物无饰曰素。"《释名·释采帛》："又物不加饰皆自谓之素。"铭辞中的"叔市"或有两解：一指其为白色之缯；一指其平素无纹饰。

金文赏赐物中的"黄"，旧释为"佩玉"。⑤ 唐兰摒弃前人旧说，认为"黄"为"衡"，指衣带，典籍或作"珩"。⑥ 陈梦家从唐说，并进一步申述其义。⑦ 检金文，师𩛥鼎铭中"黄"字从市作"䩦"，义属市类；害簋铭云"朱带"，此"朱带"与他器"朱黄"对应义同。由此观之，上说释"黄"为"带"甚确。据铭辞文例，金文赏赐物中还有一与"黄"对应的"亢"，见于盠方尊、盠方彝、何簋铭及弭伯师藉簋铭。唐兰在释读作册令尊（彝）铭时，将此字释为"亢"；⑧ 郭沫若从之，并认为此"亢"假为"黄"，与"黄"同义；⑨ 随后孙稚雏根据铭辞内容及各赏赐物的排列规律，认为弭伯师藉簋铭中也是"亢"，⑩ 甚确。上古音中，"亢""黄"二字音近可通。由此可知，金文赏赐物中的"亢""黄"指的是同一物品，

---

① 陈梦家：《西周铜器断代》，中华书局2004年版。
② 郭沫若：《辅师嫠簋考释》，《郭沫若全集》第六卷，科学出版社2002年版。
③ 刘心源：《古文审》卷一，《金文文献集成》第11册，香港明石2004年版。
④ 郭沫若：《两周金文辞大系图录考释》，《郭沫若全集·考古编》第七卷，科学出版社1957年版。
⑤ 郭沫若：《释黄》，《金文丛考》，人民出版社1954年版。
⑥ 唐兰：《毛公鼎"朱韨、蔥衡、玉环、玉琮"新解——驳汉人"蔥珩佩玉"说》，《唐兰先生金文论集》，紫禁城出版社1995年版。
⑦ 陈梦家：《西周铜器断代》，中华书局2004年版。
⑧ 唐兰：《作册令尊及作册令彝铭考释》，《金文文献集成》第28册，香港明石2004年版。
⑨ 郭沫若：《释亢黄》，《金文丛考》，人民出版社1954年版。
⑩ 孙稚雏：《金亢非车辖辨》，《中山大学学报》1979年第3期。

均为系巿的带子。

金文中常见的"黄"有"幽黄""朱黄""冋黄""悤黄"等,当为不同颜色的黄。"幽黄"为青黑色的黄。"朱黄"为朱色之黄,在赏赐铭文中最为常见。"冋黄"为苘麻织成的黄。[①]《诗·小雅·采芑》:"有瑲葱珩。"毛《传》:"葱,苍也。"《礼记·玉藻》:"三命赤巿葱珩。"郑玄《注》:"青谓之葱。"《玉篇》:"葱,浅青色。""葱黄"即青色的黄。

"舄"古代足衣。《集韵》:"舄,履也。"即今天意义上的鞋。"舄"于文献习见。《狼跋》:"公孙硕肤,赤舄几几。"《诗·大雅·韩奕》:"王赐韩侯……玄衮赤舄。"对其形制和功用的说解,典籍颇多。舄的形制,《周礼·天官·屦人》云:"屦人掌王及后之服屦,为赤舄、黑舄。"郑玄《注》:"舄有三等,赤舄为上……下有白舄、黑舄。"但在金文中仅赤舄之赐,或仅言舄,而不见白舄、黑舄。又郑玄《注》:"复下曰舄。"《说文通训定声》云:"汉以前复底曰舄,单底曰屦。"据此可知,屦为单底之鞋,而舄为双层底之鞋。

"裘",《说文》"皮衣也",指用兽皮制成的衣服。裘之产生,可能是古代人们在长期狩猎的过程中,发现所获兽皮不仅可以用来防身,也可以用来蔽体和御寒。由此,人们就用各种兽皮为原料来进行裘的制作,并将之作为穿着的服饰之一。金文赏赐"裘"并不多见,主要有裘、虎裘、豹裘、貂裘、貉裘等。从铭文内容来看,裘应该属于比较贵重的赏赐。

(6) 兵器

兵器是西周赏赐物品中出现频率比较高的一类。最常见的有弓矢、戈,此外还有殳、钺、甲胄等。

最常见的是弓矢,如噩侯鼎(矢五束)、同卣(弓矢)、易伯壶盖(矢束)、晋侯稣钟(弓、矢百)、不嬰簋(弓一、矢束)、小盂鼎(弓一、矢百)、应侯见工簋(矢三千)、应侯见工钟(彤弓一、彤矢百)、虢季子白盘(弓、彤矢)、伯晨鼎(彤弓、彤矢、旅弓、旅矢)、宜侯夨簋(旅

[①] 唐兰:《毛公鼎"朱韨、葱衡、玉环、玉琮"新解——驳汉人"葱珩佩玉"说》,《唐兰先生金文论集》,紫禁城出版社1995年版。

弓十、旅矢千）。其中弓与矢多共同赏赐，其比例多为 1∶100 的关系，从而可以推测，矢束应该为一百支矢。

金文中常见有彤弓、彤矢。《说文》："彡，毛饰画文也。"又"彤，弓饰也。从丹，从彡，彡其画也。"是彤弓、彤矢即有彤漆画文者。《诗·小雅·彤弓序》："彤弓，天子赐有功诸侯也。"郑玄《笺》："诸侯敌王所忾而献其功，王飨礼之，于是赐彤弓一，彤矢百，旅弓矢千。"《荀子·大略》："诸侯彤弓。"结合金文彤弓矢赏赐见于应侯见工钟、虢季子白盘、伯晨鼎等，受赐者多为诸侯等身份高贵者，可见此物应为比较高规格的赏赐。

金文中又见旅弓、旅矢，"旅"文献中或作"卢"（《尚书·文侯之命》），或作"玈"（《左传·僖公二十八年》）。孙诒让谓并从黸字假借，黑色也。① 《说文》："黸，齐谓黑为黸，从黑，卢声。"《尚书·文侯之命》："用赉尔秬鬯一卣，彤弓一，彤矢百，卢弓一，卢弓百。"孔《传》："彤赤卢黑也。诸侯有大功，赐弓矢然后专征伐。彤弓以讲德、习射、藏示子孙。"孔《疏》："卢字作玈，彤字从丹，玈字从玄，故彤赤玈黑也。"故旅弓、旅矢即以黑漆涂饰之弓矢。

还有一种比较常见的兵器就是戈，如师奎父鼎（戈琱㦶）、无叀鼎（戈琱㦶、厚必、彤沙）、伯晨鼎（戈）、袁鼎（戈琱㦶、厚必、彤沙）、小盂鼎（㦶戈二）、小臣宅簋（戈九）、五年师旋簋（戈琱㦶、厚必、彤沙）、害簋（戈琱㦶、彤沙）、王臣簋（戈画㦶、厚必、彤沙）、走马休盘（戈琱㦶、彤沙、厚必）等。

在戈的后面常有"琱㦶"（或"画㦶"）、"厚必""彤沙"修饰语。"㦶"当为戈援，"琱㦶"（或"画㦶"）为有戈援有琱饰花纹者，② 在出土器物中常见戈援有装饰者。甘肃灵台白草坡 M2 中出土一无胡戈，其援基处饰有兽面纹；陕西扶风黄堆 M1 中出土一有胡戈援部近阑处的中脊线上有雕刻的龙纹；甘肃灵台白草坡 M7 中出土一有胡戈，其援本处饰有羊首纹饰，③ 大概就是此种"琱㦶"。"厚必"读为"缑柲"，即有丝线缠绕以

---

① 孙诒让：《古籀拾遗》，中华书局 1989 年版。
② 郭沫若：《戈琱㦶厚必彤沙说》，《郭沫若全集》第六卷，科学出版社 2002 年版。
③ 朱凤瀚：《中国古代青铜器》，南开大学出版社 1995 年版，第 840 页。

供把握之柲（柄）。① 江陵雨台山楚墓出土之戈柲"中间用菱形木条作芯，外用数根细竹片包裹，再用丝线缠绕，外髹漆"②。大概就是此种"缑柲"。"彤沙"为戈内端悬垂的红色的缨饰。③ 目前不见于出土器物中，大概与其材质不易保存有关。"琱䤨、厚必、彤沙"即指戈援有花纹装饰，戈柄有丝线缠绕，且戈内端悬垂红色的缨饰。

除此之外，还有甲、胄、干、钺、殳等，如十五年趞曹鼎［弓、矢、虎盧（櫖）、夬、胄、冊、殳］、遽鼎（甲、胄、干、戈）、师克盨（素钺）等。

（7）车马及车马器

车马及车马器是西周赏赐铭文中非常多的一类，不仅数量庞大，种类也繁多。总的来说，早期仅有车和马，中后期出现种类繁多的车马器。

车为交通工具，西周时期的车多用于田猎、作战。金文克钟铭中，王赐予克的"甸车"，即是田猎所用之车。小盂鼎铭记周人与鬼方之间的战争，盂第一次呈献的战果中就有三十辆车；且金文每言俘获车，所记内容多与战争有关。这不仅表明了西周的车多是作战而用，也说明车确为当时军事行动中的重要装备之一。学者对出土的商周车研究认为，与晚商的车相比，西周的车不仅在动力提供方面发生变化，出现四马驾的车；而且车的细部结构也有一定改进，"晚商车轮的车毂都是木制的，到西周时则在车毂上附加铜饰。"④ 加铜饰于车部件其目的是使车更加坚固，以提高在军事行动中的冲击能力和作战能力。

根据考古出土资料可知西周之车辆结构技术已甚可观。1932—1933年，河南浚县辛村发掘14座车马坑，其时代属西周初期，出土器物虽非完整，然已可知西周车之一般轮廓。⑤ 1955—1957年，陕西张家坡发掘四座西周车马坑，其中部分车辆保存相当完整，西周车制借此得以明了。当时的车辆结构大致为：两轮，轮皆有辐，轮辐之数通常为26辐。有毂

---

① 陈汉平：《西周册命制度研究》，学林出版社1986年版。
② 湖北荆州博物馆：《江陵雨台山楚墓》，文物出版社1984年版。
③ 郭沫若：《戈琱䤨厚必彤沙说》，《郭沫若全集》第六卷，科学出版社2002年版。
④ 杨泓：《战车与车战二论》，《故宫博物院院刊》2000年第3期。
⑤ 郭宝钧：《濬县辛村》，科学出版社1964年版，第28页。

（轴木）横穿两轮，毂上为舆（车厢），为人乘坐驾驭之处。有辀与舆衡相连，衡之左右有轭以御马，轭与衡皆有饰物。① 至于西周晚期至东周初期之车制，则有见于1956—1957年河南三门峡上村岭之发掘，该地区曾出土三座车马坑及一座马坑。此期车之结构与张家坡出土者大同小异，唯此次出土者更见精细，如车厢（舆）四面皆有栏杆，中央有缺口，以为乘者升降之用。其他如辀之形状，其上端向上翘，弯曲程度使辀离地之高度适合于驾驭马匹，② 其结构之精细可见。③

金文中所赐之"车"的结构当与上述出土之车大致相同，其或不同者，或为车上之饰物因地位高低不同而有差别。铭文中有"甸车"（克钟，《集成》204—207）、"驹车"（伯晨鼎，《集成》2816）、"金车"（毛公鼎，《集成》2841；录伯𣪘簋盖，《集成》4302）等几种。"甸车"即"田车"，为古代田猎所用之车。"金车"即以铜装饰之车，在金文中比较常见。

金文中赏赐车并不多见，凡赏赐车，规格都很高，多与马、车马器、旗帜、命服等诸多物品共同赏赐，不单独赏赐。

金文中马的赏赐贯穿整个西周时期，是比较常见的赏赐物之一。所赐之马，其后常有"乘"（克钟，《集成》204—207；公臣簋，《集成》4184）、"匹"（嬎奚鼎，《集成》2729；黄簋，《集成》4099；守宫盘，《集成》10168）、"两"（小臣夌鼎，《集成》2775；小臣宅簋，《集成》4201；繁卣，《集成》5430）、"四匹"（尹姞鬲，《集成》754；噩侯鼎，《集成》2810；毛公鼎，《集成》2841；无㠱簋，《集成》4225；录伯𣪘簋盖，《集成》4302、三年师兑簋，《集成》4318；牧簋，《集成》4343；师克盨，《集成》4467；𦉢盨，《集成》4469；吴方彝盖，《集成》9898；兮甲盘，《集成》10174）、"十匹"（卯簋盖，《集成》4327）等数量词修饰。其中，以"四匹"最为常见，与周代车多为四马之驾吻合。另外，还有"白马"（召卣，《集成》5416）及"大白马"（作册大方鼎，《集成》2758）之赏赐，不多见。

---

① 中国社会科学院考古研究所：《沣西发掘报告》，文物出版社1962年版，第144页。
② 中国科学院考古研究所：《上村岭虢国墓地》，科学出版社1959年版，第42页。
③ 黄然伟：《殷周青铜器赏赐铭文研究》，《金文文献集成》第39册，香港明石2004年版。

第五章 铭文辨伪的思路及方法（文法）

金文中马或单独赏赐（扬方鼎，《集成》2612；作册大方鼎，《集成》2758；伯宿父卣，《集成》5390；召卣，《集成》5416），或与车、车马器、旗帜等共同赏赐（番生簋盖，《集成》4326；牧簋，《集成》4343；师克盨，《集成》4467），其中"马乘""马四匹"多与车共同赏赐。

有车饰赏赐的铭文数量不多，但种类相当丰富，有十几种之多，且一般出现于西周中晚期，具体情况见表5-1-5。

表5-1-5　　　　　　　金文车饰赏赐表

	轸	较	鞃、靳	虎冟熏里	軛	画轉	画轎
毛公鼎		朱绎较（较）	朱鞹鞃靳	虎冟熏里	右厄（軛）	画轉	画轎
番生簋盖	电轸	朱绎较（较）	朱鞹鞃靳	虎冟熏里	右厄（軛）	画轉	画轎
三年师兑簋		朱较（较）	朱虢（鞹）鞃靳	虎冟熏里	右厄（軛）	画轉	画轎
录伯𢦚簋		朱帱较（较）	朱鞃朱虢（鞹）靳	虎冟朱里	金厄（軛）	画轉	画聞（轎）
师克盨		朱较（较）	朱虢（鞹）鞃靳	虎冟熏里			画轎
𤼈盨		朱较（较）	朱虢（鞹）鞃靳	虎冟熏里		画轉	画轎
吴方彝盖		朱较（较）	朱鞃朱虢（鞹）靳	虎冟熏里		画轉	
牧簋		朱较（较）	朱虢（鞹）鞃靳	虎冟熏里			画轎
四十三年逨鼎		朱较（较）	朱虢（鞹）鞃靳	虎冟熏里		画轉	画轎
伯晨鼎	画呻（轸）	帱爻（较）		虎帱冟衰里幽			

— 267 —

真假铭文

续表

	金甬	错衡	金踵	金豙	约𩣡	金簟弼	鱼葡
毛公鼎	金甬	错衡	金踵	金豙	约𩣡	金簟弼	鱼葡
番生簋盖		错衡	金童（踵）	金豙		金簟弼	鱼葡
三年师兑簋	金甬						
录伯㦰簋	金甬						
师克盨	金甬						
𤼈盨	金甬						
吴方彝盖	金甬						
牧簋							
四十三年逨鼎	金甬						
伯晨鼎							

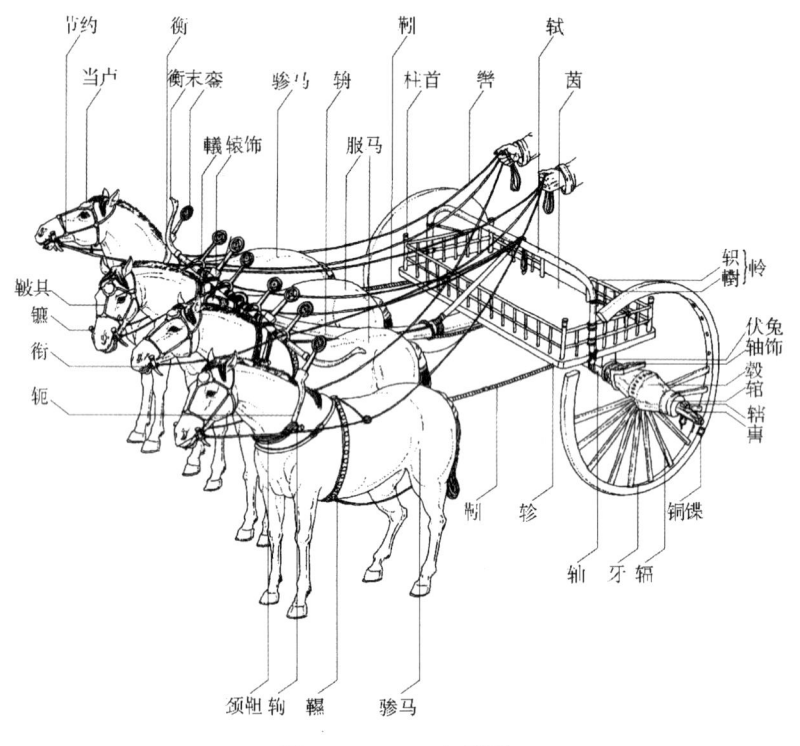

图 5-1-10 车马图

第五章　铭文辨伪的思路及方法（文法）

軫。《说文》："軫，车后横木也。"《周礼·考工记序》："车軫四尺。"郑玄《注》："軫，车后横木也。"《周礼·考工记·舆人》："以一为之軫围。"郑玄《注》："軫，车后横者也。"《诗·秦风·小戎》："小戎俴收。"孔颖达《疏》："軫者，车之前后两端之横木也。"《周礼·考工记·辀人》："軫之方也，以象地也。"《大戴礼记·保傅》："軫方以象地。"孔广森补注："軫，车底也。"对此，钱玄辩之甚详，认为舆底四边有木框，后面的横木就是軫，浑言之则四面的横木都可称作軫。① 金文中所见之軫有"电軫""画軫"两种。铭文的"电"字乃"申"的假借，《淮南子·原道训》："约车申辕。"《注》："申，束也。"《广雅·释诂三》："申，束也。""电軫"即"申軫"，为有束缚之车軫。"画軫"即饰有花纹的车軫。宝鸡茹家庄出土有饰夔龙纹的铜片包于车軫之上，② 当即此种"画軫"。

较。《说文》："较，车輢上曲钩也。"《周礼·考工记·舆人》："以其隧之半为之较崇。"郑玄《注》："较，两輢上出轼者。"《诗·卫风·淇澳》："倚重较兮。"陆德明《释文》："较，车两旁上出轼者。"较的形制，《礼记·曲礼上》云："尸必式。"孔颖达《疏》："于式上二尺二寸横一木，谓之为较。"阮元谓"较"："车輢板通高五尺五寸，其下三尺三寸直立于軫上。"大致相同。金文中所见之较有"桒繂较""桒幬较""桒较""幬较"四种。"桒"读为"贲"。③《易·贲》释文引傅氏云："贲，古斑字，文章貌。""桒较"即有贲饰之较。《说文》："幬，襌帐也。"《广雅·释诂》："幬，覆也。"郑注《礼记·中庸》"覆幬"云："幬，亦覆也。""幬较"即有蒙覆之较。铭文中"幬"字从"韋"，或蒙覆之物为皮革。"桒幬较"即以有贲饰之皮革蒙覆之较。"繂"即"繛"字，从纟从辟省。吴大澂谓："此繂较当系覆较之繂，犹车缦也"④。孙诒让认为此繂"当为

---

① 钱玄：《三礼通论》，南京师范大学出版社1996年版，第190页。
② 卢连成、胡智生：《宝鸡强国墓地》，文物出版社1988年版。
③ 阮元：《积古斋钟鼎彝器款识》，《金文文献集成》第10册，香港明石2004年版。
④ 吴大澂：《愙斋集古录》卷四，《金文文献集成》第12册，香港明石2004年版。

帏饰之义"。① 徐同柏隶之为"𦃇"云："𦃇，所以覆者"。② 刘心源释为"縈"，云："縈即幦，《说文》'幦，㡪布也。'"③ 郭沫若从孙氏之说，云："此（毛公鼎）与番生簋之'朱绰较'与录伯𣪘簋之'朱帏较'同例，言较上有绰若帏以贲饰之也。"④ 此"绰"与"帏"类似，皆为覆较之物，"绰"字从纟，此覆较之物或为丝织品。"朱绰较"即以有贲饰之丝织品蒙覆之较。浚县辛村有出土铜较饰，⑤ 或即此类器物。

圅、靳。"圅"字或作"虢"，郭沫若认为"圅"假为"靶"，又"虢"与"鞹"通。"靶"柔皮也，"鞹"皮也。"朱鞹"或"朱靶"即朱色的皮革。"圅"旧多释为表示车轼之义的"鞁"。⑥ 杨树达认为此字象弓室藏弓之形，释为"韔"。⑦ 裘锡圭、李家浩在对曾侯乙墓竹简简文考释时，以出土实物为参照材料，采用了杨文观点，并以简文中"韔"的形体来进一步证明杨说的正确性。⑧ 所述甚确。《说文》："韔，弓衣也。"《诗·秦风·小戎》："虎韔镂膺，交韔二弓。"毛《传》："虎，虎皮也。韔，弓室也……交韔，交二弓于韔中也。"铭文中的"朱虢圅"即是由朱色皮革制成的韔。此外，录伯𣪘簋和吴方彝盖铭"朱韔"即指有贲饰的韔。"靳"旧多释为"靳"，为马之胸衣，⑨ 但于诸多车饰中出现一马饰，不合金文惯例，学者已指出。⑩ 近来又有不同的释读，⑪ 但都值得商榷。或有学者释为"绥"，即为古代登车时所执的带子。⑫ 此种说法似乎较为合适。

---

① 孙诒让：《古籀拾遗》，中华书局1989年版。
② 徐同柏：《从古堂款识学》卷十六，《金文文献集成》第10册，香港明石2004年版。
③ 刘心源：《奇觚室吉金文述》卷二，《金文文献集成》第13册，香港明石2004年版。
④ 郭沫若：《毛公鼎之年代》，《郭沫若全集》第五卷，科学出版社2002年版。
⑤ 郭宝钧：《濬县辛村》，科学出版社1964年版。
⑥ 郭沫若：《毛公鼎之年代》，《郭沫若全集》第五卷，科学出版社2002年版。
⑦ 杨树达：《积微居金文说》，上海古籍出版社2013年版。
⑧ 裘锡圭、李家浩：《曾侯乙墓竹简释文及考释》，《曾侯乙墓》，文物出版社1989年版。
⑨ 郭沫若：《毛公鼎之年代》，《郭沫若全集》第五卷，科学出版社2002年版。
⑩ 黄然伟：《殷周青铜器赏赐铭文研究》，《金文文献集成》第39册，香港明石2004年版。
⑪ 赵平安：《西周金文中的"靳"新解》，《于省吾教授百年诞辰纪念文集》，吉林大学出版社1996年版；王立新、白于蓝：《释靳》，《于省吾教授百年诞辰纪念文集》，吉林大学出版社1996年版。
⑫ 吴红松：《西周金文赏赐物品及相关问题研究》，安徽大学，博士学位论文，2006年。

虎㡇熏里。"虎㡇"金文习见。杨树达以"㡇"字从冖得声而读为"幦",与典籍䞓、幭等字义同,释"虎㡇"为"浅幭",义指覆轼之物。① 郭沫若指出"由古文字形以推考其义,乃于盛食之器物上加冖以覆之,是与冪字同意。字形同意,同从冖声,且同属明纽,则㡇与冪古殆一字"。② 又读"㡇"为"幦""䞓""幭",并引《说文》训"幭"为"盖幭"及训"幦"为"繠布"的说法,指出"㡇"为车上的盖幂,"虎㡇"为画以虎纹的幂。③ 杨树达在后来的文章中亦从郭氏之说。④ 是。"熏"为"纁"的省写。《说文》:"纁,浅绛也。""熏里"即指浅绛色的虎㡇之里。录伯㺇簋作"㝬里",吴大澂视为"朱"的繁文。⑤ "㝬里"为"朱里",即指虎㡇之里为朱色。《诗·豳风·七月》:"载玄载黄,我朱孔阳,为公子裳。"毛《注》:"朱,深纁也。"可知朱比纁色深。另外,伯晨鼎作"虎帏㡇裏里幽"。郭沫若认为与他铭的"虎㡇熏里""虎㡇朱里"同例,但此处的"㡇"为动词,表示"覆盖"的意思;又铭辞的裏字从衣立声。又"立"为古文"位",则"裏"是坐位字的本字。"虎帏㡇裏里幽"义为"有虎文之车帏,幂覆于车位之上,其里则黝色也。"⑥ 不确。我们认为"虎帏㡇裏"当为三样东西,即虎帏、虎㡇、虎裏。其中虎帏是围在车子周围的,虎㡇是罩在车子上面的。至于"裏"字,陈汉平读为"因""茵""鞇",义指车上之座席。李旦丘释"裏"为"依"字。"依"又作"扆",《说文》:"扆,户牖之间谓之扆,从户衣声。"虎依即安置在车中的斧依。⑦ 似都有欠妥之处,存疑。"里幽"则为青黑色之里。

軶。"厄"今作"軶"。衡前用以系马颈之物也。⑧ 考古实物资料中,

---

① 杨树达:《积微居金文说·跋录伯㺇簋盖铭》,中国科学院 1952 年版。
② 郭沫若:《毛公鼎之年代》,《郭沫若全集》第五卷,科学出版社 2002 年版。
③ 郭沫若:《两周金文辞大系图录考释》,《郭沫若全集·考古编》第七卷,科学出版社 1957 年版。
④ 杨树达:《积微居金文说·伯晨鼎》,上海古籍出版社 2013 年版。
⑤ 吴大澂:《愙斋集古录》卷十一,《金文文献集成》第 12 册,香港明石 2004 年版。
⑥ 郭沫若:《两周金文辞大系图录考释》,《郭沫若全集·考古编》第七卷,科学出版社 1957 年版。
⑦ 李旦丘:《金文研究·释依》,转引自吴红松《西周金文赏赐物品及相关问题研究》,安徽大学,博士学位论文,2006 年。
⑧ 黄然伟:《殷周青铜器赏赐铭文研究》,《金文文献集成》第 39 册,香港明石 2004 年版。

轭或为铜质，^①或以木质材料为主，再加上一些铜构件制作而成。^②铭文中的"金厄"当即此类铜质或含有铜构件的木质轭。另外金文中还有"右厄"。《广雅·释诂》："右，比也。"比，并也。《尚书·牧誓》："比尔干。"《传》："比，并也。""右厄"即衡上左右相比并之轭也。^③

画鞣。"鞣"典籍习见。《说文》："鞣，车下索也。"徐锴《说文系传》："鞣，以革为索，终缚舆底也。"《释名·释车》："鞣，缚也，在车下，与舆相连缚也。"学者或据此释"画鞣"为"缚牢车辕和车舆的彩绘革带"^④。古文字中，从革与从韦常相通，故又可释为"韗"。《说文》："韗，轭里也。""画鞣"或即车轭里侧有纹饰的革制衬垫。两种说法都说得通。

画䩞。《说文》"䩞，车伏兔下革也。"郭沫若指出此字"乃闻字，假为䩞。䩞者，伏兔下之革带，后缚于轴，前缚于衡"。^⑤张长寿指出："画䩞者，是用革带将伏兔缚在轴上，然后髹漆彩绘之谓也。"^⑥伏兔为伏于车轴上的物品，其主要作用为保护轴和舆底的轸木，同时还有减震的作用。^⑦学者对秦始皇陵二号铜马车分析研究："舆与轴之间的伏兔……连用以缠扎的皮条也铸造得很有真实感。因而，可以认为铜车马是按比例缩小了尺寸的实用车马。"^⑧这说明用来捆缚伏兔的"画䩞"在实际中是存在的。出土实物中，这种革带或因散落，或因腐烂而不易觅得。

金甬。"甬"有诸多释法。徐同柏读为"釭"，释为"车䩞"。^⑨吴大澂从之。^⑩薛尚功、阮元释为"钟"。^⑪刘心源释为羽葆。^⑫杨树达释为车

---

① 郭宝钧：《濬县辛村》图版三十七，科学出版社1964年版。
② 中国科学院考古研究所：《上村岭虢国墓地》，科学出版社1959年版，第46页。
③ 黄然伟：《殷周青铜器赏赐铭文研究》，《金文文献集成》第39册，香港明石2004年版。
④ 马承源主编：《商周青铜器铭文选》（三），文物出版社2001年版，第119页。
⑤ 郭沫若：《两周金文辞大系图录考释》第64页，《郭沫若全集·考古编》第七卷，科学出版社1957年版。
⑥ 张长寿、张孝光：《说伏兔与画䩞》，《考古》1980年第4期。
⑦ 朱思远、宋远茹：《伏兔、当兔与古代车的减震》，《考古与文明》2002年第3期。
⑧ 秦俑考古队：《秦始皇二号铜车马初探》，《文物》1983年第7期。
⑨ 徐同柏：《从古堂款识学》卷十六，《金文文献集成》第10册，香港明石2004年版。
⑩ 吴大澂：《愙斋集古录释文賸稿》上，《金文文献集成》第12册，香港明石2004年版。
⑪ 薛尚功：《历代钟鼎彝器款识法帖》卷一，《金文文献集成》第9册，香港明石2004年版；阮元：《积古斋钟鼎彝器款识》，《金文文献集成》第10册，香港明石2004年版。
⑫ 刘心源：《奇觚室吉金文述》卷二，《金文文献集成》第13册，香港明石2004年版。

第五章 铭文辨伪的思路及方法（文法）

上之铃，并以之与番生簋的"金童"为一物。① 郭沫若释为銮铃，且认为属于軏衡之物。② 以郭说为是。张家坡二号车马坑一号车辀顶立有铜铃，大概就是"金甬"。

错衡。《周礼·春官·巾车》："錫面朱緫。"郑《注》："车衡輨亦宜有焉。"孙诒让《正义》："衡，辀前横木缚轭者。"《庄子·马蹄》："夫加之以衡轭。"陆德明《释文》："衡，辕前横木缚轭者也。"金文中言"衡"者，皆为"遣衡"。孙诒让指出"遣，与错通，即《诗》之错衡"。③ 甚确。《诗·小雅·采芑》："约軝错衡。"毛《注》："错衡，文衡也。"又《楚辞》："琼毂错衡。"《注》："金银为错。"浚县辛村出土车马饰有衡之内外饰，④ 亦有衡末饰。⑤ 河南辉县出土之器物中有衡中饰，其上各有花纹。是以知衡以木为之，非但内外有雕花铜饰，衡之末端亦有铜饰。铭文之"错衡"即指有雕花之铜饰之车衡也。⑥

金踵。吴大澂曰："橦即踵，辀末也。"《周礼·考工记·辀人》："五分其颈围去其一以为踵围。"郑玄《注》："踵，后承轸者也。"由此可知，踵为辀的末端接近轸部位的一个部件。从出土实物看，西周时期的踵可分成不同的类型：凹槽形、L形、短筒形、簸箕形等。⑦ 其在车舆中的具体形制亦不同，一种是仅包辀末的踵；一种是一端包辀而另一端套在轸上，使辀和轸联结于一体，从而在根本上有利于整个车舆的稳定。"金踵"即铜质之踵。

金豙。"豙"，徐同柏云："豙，豕怒毛竖。竖从立，有止义，柅为止车物，故假豙为柅。"王国维采用其说，并引《易》："系于金柅。"《疏》："柅者，在车下所以止轮，令不动也。"⑧ 孙诒让认为："'金豙'之'豙'当为'轙'之假借字。《说文》：'轙，车衡载辔者，从车义声。'与豙音

---

① 杨树达：《积微居金文说》，上海古籍出版社2013年版。
② 郭沫若：《毛公鼎之年代》，《郭沫若全集》第五卷，科学出版社2002年版。
③ 孙诒让：《古籀拾遗》，中华书局1989年版。
④ 郭宝钧：《浚县辛村》图版三十四，科学出版社1964年版。
⑤ 郭宝钧：《浚县辛村》图版三十五，科学出版社1964年版。
⑥ 黄然伟：《殷周青铜器赏赐铭文研究》，《金文文献集成》第39册，香港明石2004年版。
⑦ 朱凤瀚：《中国古代青铜器》，南开大学出版社1995年版。
⑧ 王国维：《观堂古金文考释》，《王国维遗书》第六册，上海古籍书店1983年版。

近,故借豙为䡊。亦以金饰之也。"① 以孙说为是。又《尔雅·释器》:"载辔谓之䡊。"郭璞《注》:"䡊,车軛上环,辔所贯也。"劭晋涵《正义》:"辕前横木为軛,軛上著环以载辔者名䡊。""金豙"即附于衡軛上的用来贯辔的铜环。琉璃河西周燕国墓地四号车靠近车衡两端处各有一件铜䡊,长 26 厘米,下部呈半圆形,镶置于车衡之上,上部为两个直径 5 厘米的铜圆环。两环之间放置车軛的軛首,軛首上留有绳子的遗痕,表明车軛是用绳子缚于车䡊之上的。② 可见,䡊不仅是贯马辔的铜环,还是固定车軛的重要构件之一。

"约㡇"。孙诒让释"㸚"为"约",并将㡇连下读,读为"白盛"之"盛"。③ 郭沫若、高鸿缙从孙氏对前一个字的释读。④ 但郭氏认为孙氏将㡇连下读显然有误,并谓"㸚乃古约字,《诅楚文》:'变输盟㸚'即是此字。约者束也,故字从束……'约㡇'紧接'错衡、金踵、金梡'之下,盖言句衡踵梡等物束以革而涂以金也"。

金簟弼。王国维指出"弼"乃"茀"之本字,从西弜声。西象席形,是古文席字。⑤《诗·梁山》:"簟茀错衡。"郑《笺》:"簟茀,漆簟以为车蔽,今之藩也。"《说文》:"簟,竹席也。""金簟弼,错金于簟弼以为饰也。"⑥

鱼箙。"鱼䈞"之"䈞"多读为"犕"。⑦ 方浚益认为此字象"矢"在"箙"中之形。又以典籍"犕""箙"相通,谓"鱼䈞"即"鱼服"。⑧ 甚确。《诗·小雅·采芑》:"簟茀鱼服。"《传》:"鱼服,矢箙也。"《疏》:"其上所载有鱼皮为矢服之器。"《春秋正义》卷十:"《诗》云:象弭鱼

---

① 孙诒让:《籀膏述林》卷七,第十页,《金文文献集成》第 16 册,香港明石 2004 年版。
② 中国社会科学院考古研究所、北京市文物工作队、琉璃河考古队:《1981—1983 年琉璃河西周燕国墓地发掘简报》,《考古》1984 年第 5 期。
③ 孙诒让:《籀膏述林》卷七,第十页,《金文文献集成》第 16 册,香港明石 2004 年版。
④ 郭沫若:《毛公鼎之年代》,《郭沫若全集》第五卷,科学出版社 2002 年版;李孝定等:《金文诂林附录》,香港中文大学 1977 年版,第 1488 页。
⑤ 王国维:《观堂集林》,中华书局 1959 年版,第 288 页。
⑥ 吴大澂:《说文古籀补》,《金文文献集成》第 17 册,香港明石 2004 年版。
⑦ 刘心源:《奇觚室吉金文述》卷二,《金文文献集成》第 13 册,香港明石 2004 年版;徐同柏:《从古堂款识学》卷十六,《金文文献集成》第 10 册,香港明石 2004 年版;吴式芬:《攟古录金文》卷三之三,《金文文献集成》第 11 册,香港明石 2004 年版;孙诒让:《古籀拾遗》,中华书局 1989 年版。
⑧ 方浚益:《缀遗斋彝器款识考释》卷二十六,《金文文献集成》第 14 册,香港明石 2004 年版。

第五章　铭文辨伪的思路及方法（文法）

服，此云鱼轩，则用鱼为饰，其皮可以节器物者，唯鱼兽耳，故云以鱼皮为饰，陆玑《毛诗义疏》云，鱼兽似猪，东海有之，其皮背上有班文，腹下有纯青，今人以为弓鞬。"又《周礼·夏官·司弓矢》："中求献矢箙。"郑《注》："箙，盛矢器也，以兽皮为之。"王国维说："古者矢箙亦在车上。"① 考古实物中，安阳殷墟西区 M43 车马坑车的车厢里有一个内装十支箭的皮质圆筒形矢箙，② 可证王氏之说。

与其他物品相比，这些车饰出现的频率并不高，甚至有的仅见于一器，且不单独赏赐，多与马饰、旗帜、命服等礼仪性物品共同赏赐。可见，车饰应该是一种比较高规格的赏赐。

马饰与车饰相比种类较少，但出现的频率较高。有单独赏赐者，如谏簋（勒）、师瘨簋盖（金勒）、班簋（铃勒），但多数是与命服、旗帜一起赏赐。

马饰中最常见的为攸勒。"攸勒"文献中记载较多。《说文》："攸，铁也，一曰辔首铜。"又"勒，马头络衔也。"段《注》云："络衔者，谓络其头而衔其口，可控制也。"《诗·小雅·蓼萧》："攸革冲冲。"毛《传》："攸，辔也；革，辔首也。"《急就篇》："辔、勒、鞅、䩞、鞯、羁、缰。"颜师古注："羁，络头也，勒之无衔者也。"又金文中有勒的单独赏赐。由此可知，攸、勒为二物，攸指辔，勒指含有衔的马络头。攸、勒二物，同为驾驭马的用具。有学者据秦陵二号铜车马的一马两辔系驾方式，指出驭马的"内辔和外辔的前端分别系于勒的衔环上。辔与勒是一套完整的驭马器具，只有配合起来使用，才能起到驭马的作用。所以金文与《诗》常常攸、勒合称"。③ 铭文中又见有"金勒"，当为饰有铜饰之勒；"铃勒"当为饰有銮铃之勒。

"鋚"，孙诒让读为"鬣"④，王国维谓即"逌"字，假借为"鬣"⑤，

---

① 王国维：《毛公鼎铭考释》，《观堂古金文考释》，《王国维遗书》第六册，上海古籍书店1983年版。
② 中国社会科学院考古研究所安阳工作队：《1969—1977年殷墟西区墓葬发掘报告》，《考古学报》1979年第1期。
③ 杨英杰：《先秦古车挽马部分鞁具与马饰考辨》，《文物》1988年第2期。
④ 孙诒让：《古籀拾遗》，中华书局1989年版，第30页。
⑤ 王国维：《毛公鼎铭考释》，第17页，《观堂古金文考释》，《王国维遗书》第六册，上海古籍书店1983年版。

为马鬣饰。出土的马饰中有马鬣饰，其形不一，常做怪兽状，俱有眼耳口鼻。鬣饰之上下左右边缘各有小孔，以供穿皮条或钉于皮套上之用。① 马鬣饰之装置，据陕西长安沣西乡出土车马坑（二号车马坑一号车）情形观察，该饰物置于马头上，位于马两耳之间。铭文中之"金鬣"当即此物。② 此物的赏赐非常少见，目前仅见于毛公鼎。

《诗·秦风·小戎》："虎韔镂膺。"毛《传》："膺，马带也。"郑《笺》："镂膺，有刻金饰也。""金膺"即为饰有铜饰之马带。又王国维引《说文》："膺，胸也。"指出其为胸饰，③ 进一步确定了马带的位置。学者根据秦始皇陵铜车马对"膺"作了较为详细的分析总结，认为"膺"指约束马胸的带或大带。④ 此种赏赐比较少见，目前仅见于毛公鼎（金膺）和师𩰬鼎（大师金膺），且不单独赏赐，一般与命服、车马器、旗帜共同赏赐。

(8) 旗帜

在西周册命铭文中，常赐予受赐者其祖、父之旗，如大盂鼎（赐乃祖南公旗）、善鼎（赐乃祖旗），可见旗帜是身份地位的象征。文献中旗帜的种类非常多。《周礼·春官·司常》："司常掌九旗之物名，各有属，以待国事。日月为常，交龙为旂。通帛为旜，杂帛为物。熊虎为旗，鸟隼为旟，龟蛇为旐。全羽为旞，析羽为旌。"郑玄《注》："物名者，所画异物则异名也。属，谓徽识也。"实际上为五种旗帜，即常、旂、旗、旟、旐，学者已辨之。⑤ 金文中所见只有"旂"，并没有另外四种。最为常见的为"銮旂"，此外还有"朱旂二铃""朱旂旐金枋二铃""旂五日/四日"等。

其中銮旂出现频率最高。"銮"张政烺读为"銮"，《广雅·释器》："銮，铃也。"《尔雅·释天》："有铃曰旂。"《注》："悬铃于竿头，画交龙与旐。"《说文》："旂，旗有众铃，以令众也。"知旂本系铃，旨在令

---

① 郭宝钧：《濬县辛村》图版四十二至四十五，科学出版社 1964 年版；中国社会科学院考古研究所：《沣西发掘报告》，文物出版社 1962 年版，第 147、153 页。
② 黄然伟：《殷周青铜器赏赐铭文研究》，《金文文献集成》第 39 册，香港明石 2004 年版。
③ 王国维：《毛公鼎铭考释》，《观堂古金文考释》，《王国维遗书》第六册，上海古籍书店 1983 年版。
④ 陕西省秦俑考古队、秦始皇陵兵马俑博物馆：《秦陵二号铜车马》，《考古与文物丛刊》第 1 号，1983 年版。
⑤ 孙诒让：《九旗古义述》，《续修四库全书·经部·礼书》，网络资源。

众。毛公鼎有"朱旂二铃",即朱色之旗配以二铃。

（9）土地人口

土地人口的赏赐在西周赏赐铭文中并不多见,其赏赐原因多与分封以及战功有关,西周早期较多,中后期数量较少。

土地赏赐多为"某土"或"某田"的形式,数量词多用"田",也有少量用"里"。赏赐人口多为"仆"（普通人）或"臣"（官员）,"仆"（大盂鼎称"人鬲""庶人"）一般以个人为单位赏赐,量词用"夫"或"人"来修饰,也有少量是以"家"为单位（几父壶）。"臣"一般以"家"为单位赏赐,组成"臣 X 家"的常见结构,也有以族群为单位赏赐（荣作周公簋：臣三品）,官员以个人为单位赏赐一般不用"夫"或"人"为量词,而用尊称"伯"为量词（大盂鼎、宜侯夨簋）。

（10）其他

在西周早中期,还有一些丝织品的赏赐,如乃子克鼎（丝五十孚）、寓鼎（曼丝）、商尊（丝廿孚）、守宫盘（丝束）、殳簋（帛）、州子卣（帛）、辛宫鼎（帛）等。

西周还有一些彝器的赏赐,如师佳鼎（鼎）、史兽鼎（鼎一、爵一）、多友鼎（汤钟一肆）、公臣簋（钟五）、曶簋（宗彝一肆、鼎二）、遹簋（爵）、縣妃簋（爵）、卯簋（宗彝一肆）、成钟（钟）等。

除此之外,还有一些牺牲类的赏赐,如公姞鬲（鱼三百）、井鼎（鱼）、兴鼎（驹两）、叔德簋（羊百）、叔簋（雏牛）、备簋（牛三）、卯簋（马十匹、牛十）、夨令方彝（小牛）等。

（二）媵嫁及其他

除去各种原因的赏赐铭文外,在记事铭文中数量比较多的就是婚姻嫁娶类的铭文。此外,还有一些司法诉讼、土地纠纷等涉及世俗生活各方面的记事铭文,数量不多,但很有意思。

1. 媵嫁

媵嫁类铭文西周中期就已经出现,主要流行于西周晚期和春秋时期。媵器铭文的构成比较简单,一般为作器者+作器动词+受器者+器名的简单作器句结构,有时后面会加上嘏辞。其中受器者为出嫁的女子,作器者多为女子的父母兄长,器名里多会有修饰语"媵"以说明器物的性质。

(详细分析见后文作器句)。

2. 其他

西周中后期出现了关于世俗生活的一些记事铭文，涉及宗族权利分配（琱生器）、土地纠纷（裘卫器）、经济纠纷（曶鼎）、法律诉讼（𤼈匜）等，虽然数量不多，但内容丰富，极具研究价值。伪铭中一般很少有这类铭文，因为不好伪。

综上所述，记事类铭文商晚时期及西周早期多为祭祀、军事类，西周中晚期多为册命类，西周晚期和春秋时期出现很多涉及世俗生活的内容。从记事铭文内容的转变可以反映出商周人们价值观的转变。早期"国之大事在祀与戎"，祭祀和军事是最重要的事情，中期政权压倒神权，政治生活成为最重要的事，晚期世俗生活越来越受到人们的关注。这个过程与西方哲学从泰勒斯、毕达哥拉斯、德谟克利特等先苏哲学到苏格拉底，从"苏柏亚"到希腊化时期的伊壁鸠鲁、斯多葛等非常相似，从星空到人，从公平正义等政治命题到追求个人幸福的世俗命题。这期间或许发生过什么政治事件或社会变革，促使人们思想发生转变。

三 作器句

作器句是铭文中的核心句型，它出现最早，最初只有一个族徽或人名，如：

> 爰鼎（《集成》987）：〔爰〕。
> 兕鼎（《集成》1022）：〔兕〕。
> 亚疑铙（《集成》380）：〔亚矣（疑）〕。
> 北单铙（《集成》388）：〔北单〕。
> 祖丁甗（《集成》798）：且（祖）丁。
> 父辛鼎（《集成》1267）：父辛。

后来发展出作器者＋受器者的形式，如：

第五章　铭文辨伪的思路及方法（文法）

乌父乙鬲（《集成》476）：〔乌〕。父乙。
祖丁旅甗（《集成》806）：且（祖）丁。〔旅〕。
戈祖辛鼎（《集成》1511）：〔戈〕。且（祖）辛。
冀母鬲（《集成》461）：〔冀〕。母。

再后来又发展出作器者+作器动词+受器者的形式，如：

小子鼎（《集成》2015）：小子乍（作）父己。
弔龟父丙簋（《集成》3426）：〔弔龟〕。乍（作）父丙。
黾作父辛甗（《集成》845）：〔黾〕。乍（作）父辛。
𦫻鼎（《集成》1812）：𦫻乍（作）且（祖）丁。

之后又发展出作器者+作器动词+受器者+器名的完整的作器句的结构，如：

奋作父戊鼎（《集成》2013）：〔奋〕。乍（作）父戊彝。
冀父辛簋（《集成》3434）：乍（作）父辛彝。〔冀〕。
团父辛簋（《集成》3435）：团乍（作）父辛彝。
鱼作父庚尊（《集成》5801）：〔鱼〕。乍（作）父庚彝。
鲁侯鬲（《集成》545）：鲁侯乍（作）姬番鬲。
滕虎簋（《集成》3828）：滕虎敢肁（肇）乍（作）氒（厥）皇考公命中（仲）宝障彝。

这种完整的作器句句型在商代晚期已经形成，并一直是商周铭文中的主流句型。但除此之外，还有一些句子成分不完整的句型，如：

商妇甗（《集成》867）：商妇乍（作）彝。〔冀〕。
子作鼎盟彝鼎（《集成》2018）：子乍（作）鼎盟（盟）彝。
豕马簋（《集成》3458）：乍（作）从（从）簋。〔豕马〕。

伯禾鼎（《集成》2034）：〔亚爰〕。白（伯）禾乍（作）。
作父乙齍鼎（《集成》2008）：乍（作）父乙〈宝〉齍。
作父辛鼎（《集成》1663）：乍（作）父辛。
作障彝尊（《集成》5712）：乍（作）障彝。

（一）作器者

1. 商

族/国名 +（私名）；X 妇/妇 X

商代的作器者一般都用族名或国名，偶尔也用私名，如：

昂鼎（《集成》1812）：昂乍（作）且（祖）丁。
戉作父癸鼎（《集成》1901）：〔戉〕。乍（作）父癸。
小子鼎（《集成》2015）：小子乍（作）父己。
剌鼎（《集成》2127）：剌乍（作）父庚障彝。
何嫊皮甗（《集成》885）：〔何〕。嫊皮乍（作）宝彝。

女性作器者一般称 X 妇或妇 X，如：

商妇甗（《集成》867）：商妇乍（作）彝。〔粪〕。
妇闟甗（《集成》922）：妇闟乍（作）文姑日癸障彝。〔粪〕。
爻癸妇鼎（《集成》2139）：〔爻〕。癸妇戟乍（作）彝。

2. 周

（族/国名）+身份+私名；夫家族/国名+母姓+（排行）+私名

与商人作器者多用族、国名不同，周人多用私名，私名前面一般会有表示身份的修饰语，如表示排行的"伯""仲""叔"等，表示官职的"师""司马""司徒"等，以及表示爵位的"公""侯"等，有时在前面也会有族、国名。

叔作彝鬲（《集成》489）：叔乍（作）彝。

第五章 铭文辨伪的思路及方法（文法）

竟鬲（《集成》497）：竟乍（作）父乙。
北伯鬲（《集成》506）：北白（伯）乍（作）彝。
矢伯鬲（《集成》514）：矢白（伯）乍（作）旅鼎。
虢叔簋（《集成》3244）：虢叔乍（作）。
鲁侯熙鬲（《集成》648）：鲁侯獄（熙）乍（作）彝。
纪侯鬲（《集成》600）：己（纪）侯乍（作）□姜□鬲，子子孙孙宝用之。
季夒簋（《集成》3444）：季夒乍（作）旅簋。
舟虞簋（《集成》3445）：舟虞乍（作）旅簋。
芮公钟钩（《集成》32）：内（芮）公乍（作）铸从钟之句（钩）。
召伯毛鬲（《集成》587）：召白（伯）毛乍（作）王母䐓鬲。

其中，周人的私名多用"X父"的形式。

楷叔㚔父鬲（《集成》542）：楷叔㚔父乍（作）鼎。
师器父鼎（《集成》2727）：师器父乍（作）䐓鼎。
叔皇父鬲（《集成》588）：叔皇父乍（作）中（仲）姜䐓鬲。
函皇父鼎（《集成》2548）：函皇父乍（作）琱妘䐓兔鼎。
辅伯䊆父鼎（《集成》2546）：辅白（伯）䊆父乍（作）丰孟妘媵（媵）鼎，子子孙永宝用。

女名的构成多为"夫家族/国名+母姓+（排行）+私名"的形式，其中周人女性私名多用"X母"的形式。

伯姬簋（《集成》3350）：白（伯）姬乍（作）。〔八〕。
姬趈母鬲（《集成》628）：姬趈母乍（作）䐓鬲，其永用。〔八〕。
吕䧹姬鬲（《集成》636）：吕䧹姬乍（作）䵼鬲，其子子孙孙宝用。

辛仲姬皇母鼎（《集成》2582）：辛中（仲）姬皇母乍（作）隣鼎。

吴王姬鼎（《集成》2600）：吴王姬乍（作）南宫史叔飤鼎。

（二）作器动词

1. 作、用作

"作"和"用作"是出现最早、使用频率最高的作器动词，其中"作"一般出现在没有作器原因的句型中，"用作"一般出现在有作器原因的句型中。如：

季作兄己鼎（《集成》2335）：〔亚醜〕。季乍（作）兄己隣彝。

荣子鼎（《集成》2206）：荣子乍（作）宝隣鼎。

函皇父盘（《集成》10164）：函皇父乍（作）琱妘般（盘）盉尊器，鼎簋一具，自豕鼎降十又一、簋八、两罍、两鑑，琱妘其万年子子孙孙永宝用。

芮大子鼎（《集成》2448）：内（芮）大子乍（作）铸鼎，子孙永用享。

小臣告鼎（《集成》2653）：王易（赐）小臣告渪责（积）五年，告用乍（作）享大子乙家祀隣。〔冀〕。父乙。

命簋（《集成》4112）：隹（唯）十又一月初吉甲申，王才（在）華，王易（赐）命鹿，用乍（作）宝彝，命其永以多友簋飤。

竞簋（《集成》4134）：隹（唯）六月既死霸壬申，白（伯）屖父蔑邥（御）史竞历，赏金，竞扬白（伯）屖父休，用乍（作）父乙宝隣彝簋。

生史簋（《集成》4100）：□白（伯）令生史事（使）于楚，白（伯）锡（赐）赏，用乍（作）宝簋，用事氒（厥）祖日丁，用事氒（厥）考日戊。

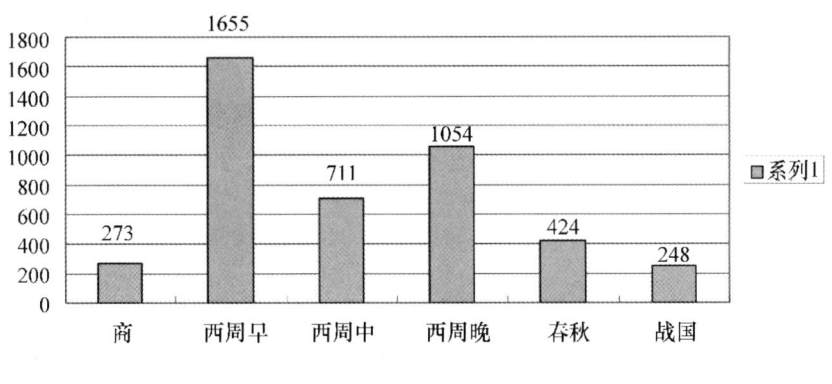

第五章 铭文辨伪的思路及方法（文法）

图 5-1-11 "作"使用情况

2. 自作、用自作

"自作"的说法西周早期就已经出现，但数量非常少，并不流行，到西周晚期开始流行，主要盛行于春秋战国时期。

  鄂侯弟历季簋（《集成》3668）：噩（鄂）侯弟历季自乍（作）簋。

  孟姬诣簋（《集成》4071）：孟姬诣自乍（作）馈簋，其用追考（孝）于其辟君武公，孟姬其子孙永宝。

  仲义君鼎（《集成》2279）：仲义君自乍（作）食繁。

  黄君孟壶（《新》91）：黄君孟自乍（作）行器。

  攻吴王夫差剑（《新》1523）：攻敔（吴）王夫差自乍（作）其元用。

  越王句践剑（《集成》11621）：戉（越）王鸠（句）浅（践）自乍（作）用佥（剑）。

用自作一般用于前面有作器原因的铭文中，西周中期就已经出现，一直到春秋战国时期都有使用，但并不流行，数量不多。这可能与春秋时期的铭文记事性减弱、多不写作器原因有关。

  緐簋（《集成》4192）：唯十又二月既生霸丁亥，王使荣蔑历，令虢邦，乎（呼）易（赐）銮旗，用保氒（厥）邦。辥对扬王休，用自乍（作）宝器，万年以氒（厥）孙子宝用。

楚公逆钟（《新》894）：唯八月甲午，楚公逆祀氒（厥）先高祖考，夫（敷）工（供）四方首。楚公逆出，求氒（厥）用祀四方首，休多禽（勤）。頚（钦）融内（入）鄉（享）赤金九万钧。楚公逆用自乍（作）鈇齐锡钟百肆。楚公逆其万年寿，用保氒（厥）大邦，永宝。

曾仲大父螽簋（《集成》4203）：唯五月既生霸庚申，曾中（仲）大父螽䣄用吉攸，叔乃铸金，用自乍（作）宝簋，螽其用追孝于其皇考，用易（赐）眉寿黄耇需冬（终），其万年子子孙孙永宝用享。

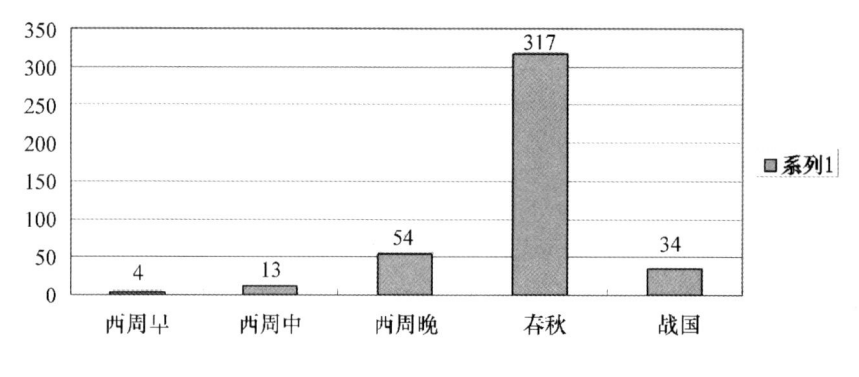

西周早	西周中	西周晚	春秋	战国
4	13	54	317	34

图 5-1-12 "自作"使用情况

"自"组动词与"作""用作"的主要差别在于受器者发生转变。商和西周早中期的受器者一般都是祖、妣、考、母、兄长，主要用于祭祀先人，而"自"组动词的受器者变成了作器者自身，从为先人作器到为自己作器，从一个侧面反映出了社会风气的转变、礼制的解体以及世俗化的开始，人们开始从宗教束缚中解脱出来，关注自身，成为春秋战国百家争鸣的滥觞。

3. 肇作、敢肇作、其肇作、肇其作、用肇作

"肇"组动词使用频率并不高，最早出现于西周早期，主要流行于西周中晚期及春秋早期。

第五章 铭文辨伪的思路及方法（文法）

彈方彝（《集成》9889）：彈肇乍（作）父庚障彝，子子孙孙其永宝。

勑鼎（《集成》2346）：勑肇乍（作）丁侯障彝。〔奋〕。

鲁司徒伯吴盨（《集成》4415）：鲁司徒白（伯）吴敢肇（肇）乍（作）旅簋，万年永宝用。

鲁伯悆盨（《集成》4458）：鲁白（伯）悆用公彝，其肇（肇）乍（作）其皇孝（考）皇母旅盨簋，悆夙兴用追孝，用祈多福，悆其万年眉寿，永宝用享。

伯㦷簋（《集成》4115）：白（伯）㦷肇（肇）其乍（作）西宫宝，隹（唯）用妥（绥）神裏（鬼），虩（效）前文人，秉德共（恭）屯（纯），隹（唯）匃万年，子子孙孙永宝。

长由盉（《集成》9455）：隹（唯）三月初吉丁亥，穆王才（在）下减居，穆王卿（飨）豐（醴），即井白（伯）、大祝射，穆穆王蔑长由以逨即井白（伯），井白（伯）氏弥不奸，长由蔑历，敢对扬天子丕丕休，用肇（肇）乍（作）障彝。

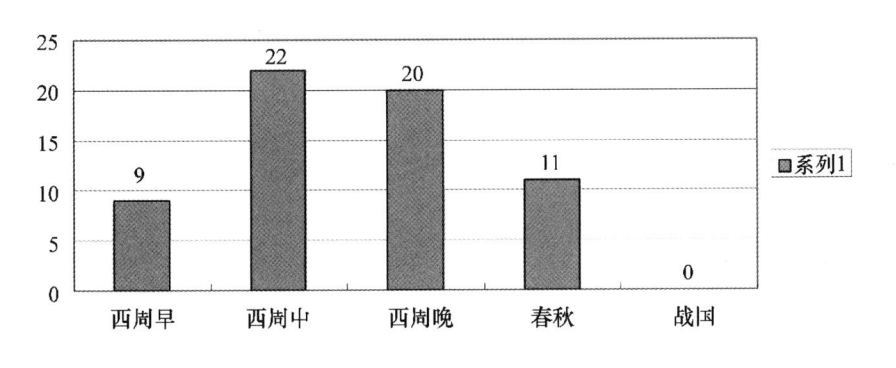

图 5-1-13 "肇"使用情况

柱状图数据：西周早 9，西周中 22，西周晚 20，春秋 11，战国 0

4. 为、用为、作为、作其为、自为、作自为、自作为、为之

"为"组动词最早见于西周中期，主要流行于春秋战国时期，尤其是战国时期后刻款的铜器上使用非常广泛。

立盨（《集成》4365）：立为旅须（盨），子子孙孙永宝用。

东周左官壶（《集成》9640）：廿九年十二月，为东周左官饲（饮）壶。

司寇良父壶（《集成》9641）：司寇良父乍（作）为卫姬壶，子子孙永保用。

萦叔卣（《集成》5382）：萦叔乍（作）其为丕（厥）考宗彝，用匄寿，遭（万）年永宝。

邓公簋盖（《集成》4055）：隹（唯）邓九月初吉，不（薄）故（姑）女夫人始乍邓公，用为女夫人媵諆簋。

弜伯甗（《集成》895）：弜白（伯）自为用甗。

弜伯鼎（《集成》2276）：弜白（伯）乍（作）自为鼎簋。

姞氏簋（《集成》3916）：姞氏自铍（作）为宝媵簋，其万年子子孙孙永宝用。

楚叔之孙途盉（《集成》9426）：楚叔之孙途为之盉。

铸客鼎（《集成》2298）：铸客为集胆（厨）为之。

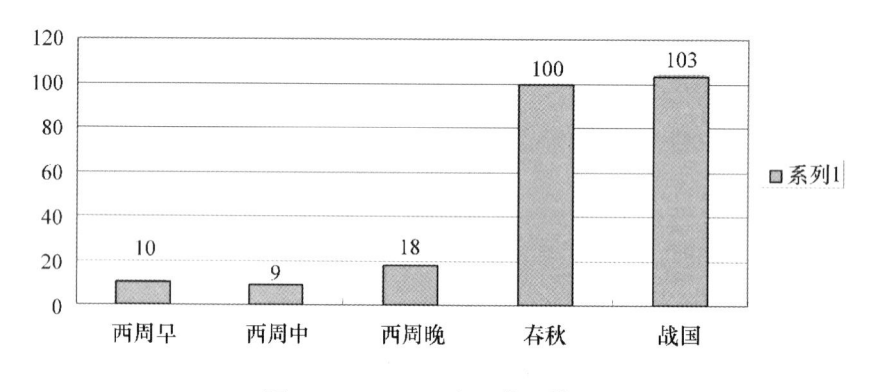

图 5-1-14 "为"使用情况

5. 铸、作铸、用作铸、铸作

"铸"组动词西周早期就已经出现并且使用频率比较高，尤其是大保器中多用铸字，但西周中期不常见，西周晚期又开始流行，春秋战国时期非常盛行，尤其是战国时期后刻款的铜器。战国铜器中，用"作"字的比例下降，更多地使用"铸"和"为"。

大保鼎（《集成》1735）：大（太）係（保）铸。
虢叔盨（《集成》4389）：虢叔铸行盨，子子孙孙永宝用享。
录盨（《集成》4357）：录乍（作）铸盨簋，其永保用。
芮大子白壶盖（《集成》9645）：内（芮）大子白乍（作）铸宝壶，万子孙永用享。
小臣守簋（《集成》4179）：佳（唯）五月既死霸辛未，王吏（使）小臣守吏（事）于夷，宾马两、金十钧。守敢对扬天子休令，用乍（作）铸引中（仲）宝簋，子子孙孙永宝用。
罩鬲（《集成》633）：罩肇（肇）家铸乍（作）鬲，其永子孙宝。

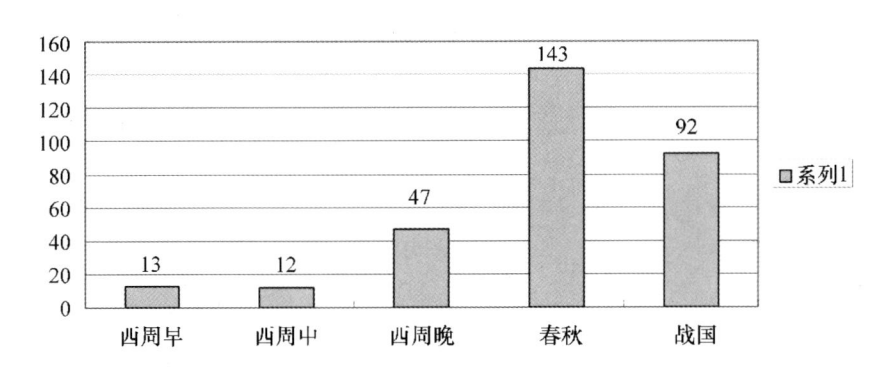

图 5-1-15 "铸"使用情况

6. 作+厥/其/朕

在作器动词与受器者或器名之间经常会加入所有格代词厥/其/朕，形成动词+厥/其/朕+受器者/器名的结构。

"作+厥"的结构主要流行于西周早期，西周中后期使用频率不高，其后面可以接受器者，也可以直接接器名。如：

旟鼎（《集成》2347）：旟乍（作）氒（厥）文考宝障彝。

沫伯疑卣（《集成》5364）：沫白（伯）疑乍（作）氒（厥）考宝旅障。

许仲卣（《集成》5369）：许中（仲）趠乍（作）氒（厥）文考宝障彝，日辛。

竟鼎（《集成》2058）：竟乍（作）氒（厥）宝彝。

"作+其"的结构最早出现于西周早期，主要流行于春秋时期，其后可以接受器者，也可以直接接器名。如：

宋公栾簠（《集成》4589）：有殷天乙唐孙宋公栾，乍（作）其妹句敔夫人季子媵匿。

殷句壶（《集成》9676）：殷句乍（作）其宝壶，用兴甫（夫）人，其万年子子孙孙永宝用享。

射南簠（《集成》4479）：射南自乍（作）其匿。

"作+朕"的结构最早出现于西周早期，主要流行于西周晚期，其后只能接受器者。如：

牺劫尊（《集成》5977）：王征禁（盖），易（赐）牺劫贝朋，用乍（作）朕高且（祖）缶（宝）障彝。

卉鼎（《集成》2755）：隹（唯）王九月既望（望）乙巳，趞中（仲）令卉麒司奠（甸）田。卉拜稽首，对扬趞中（仲）休。用乍（作）朕文考釐叔障贞（鼎），其孙孙子子其永宝。

逨盂（《新》758）：逨作朕皇高且（祖）单公圣考障盂，其万年子孙永宝用。

兑簋（《集成》3955）：兑乍（作）朕皇考叔氏障簋，兑其万年子子孙孙永宝用。

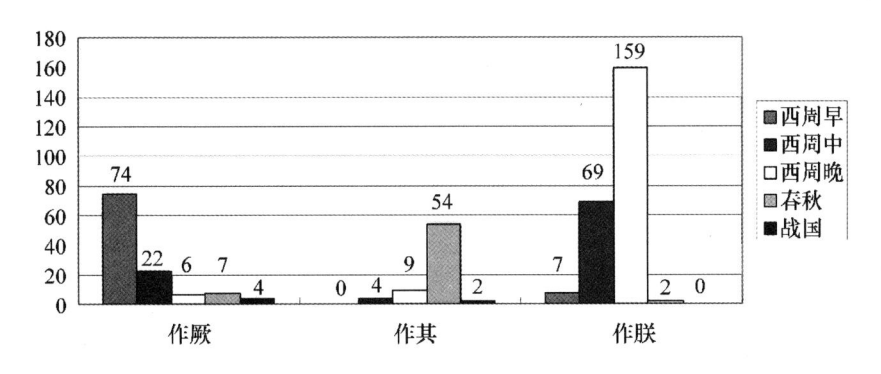

图 5-1-16　"作+厥/其/朕"使用情况

7. 择/用（其/厥）吉金+动词

择用吉金的说法最早出现在西周晚期，主要流行于春秋时期，后面接自作或用自作比较多。

羌仲虎簠（《集成》4578）：隹（唯）羌中（仲）虎择其吉金，用自乍（作）宝匿，其子子孙孙永宝用享。

孟滕姬缶（《集成》10005）：隹（唯）正月初吉丁亥，孟滕姬择其吉金，自乍（作）浴缶，永保用之。

邿叔之伯钟（《集成》87）：隹（唯）王六＜月＞初吉壬午，邿叔之白（伯）□父择氒（厥）吉金，用铸其龢钟，以乍其皇且（祖）皇考，用祈眉寿无疆，子子孙孙永保用享。

仲改卫簠（《新》400）：隹（唯）正月初吉丁亥，中（仲）改卫用其吉金，自乍（作）旅匿，子孙用之。

樊夫人龙嬴鬲（《集成》676）：樊夫人龙嬴用其吉金，自乍（作）行鬲。

中子化盘（《集成》10137）：中子化用保楚王，用正（征）栢（苢），用择其吉金，自乍（作）盥盘。

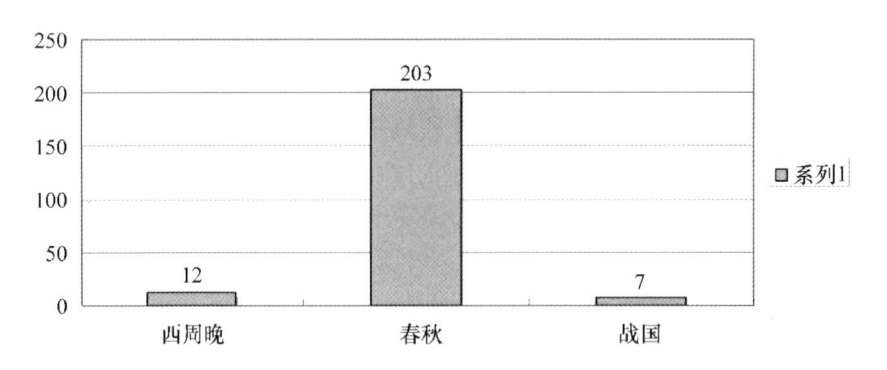

图 5-1-17 "择用吉金"使用情况

表 5-1-7　　　　　　　　作器动词使用情况统计表

	商	西周早	西周中	西周晚	春秋	战国
作	273	1655	711	1054	424	248
自作	0	4	13	54	317	34
肇作	0	9	22	20	11	0
铸	0	13	12	47	143	92
为	0	10	9	18	100	103
择用吉金	0	0	0	12	203	7
作厥	0	74	22	6	7	4
作其	0	0	4	9	54	2
作朕	0	7	69	159	2	0

（三）受器者

商周青铜器主要用于宗庙祭祀，受器者多为祖、妣、父、母、兄长等已故先人，西周晚期和春秋时期为自己、妻子、女儿等生人作器明显增多。

1. 已故先祖

（1）商

亲称＋（日）＋天干＋（私名）

商人的受器者多为祖、妣、父、母、兄长，父亲或父辈都称为父。多为"亲称（祖/妣/父/母/兄）+天干"的形式，有时天干前面会加一个"日"字，有时后面会加受器者的私名。如：

䀠亚祖癸鼎（《集成》1816）：〔䀠亚〕。且（祖）癸。
埶戉句作祖癸觚（《集成》7301）：〔埶戉〕。乍（作）且（祖）癸宝彝。〔句〕。
䡕作妣癸尊（《集成》5893）：䡕乍（作）匕（妣）癸䵼彝。
亚䡢侯疑妣辛觯（《集成》6464）：〔亚疑〕。䡢侯匕（妣）辛。
亚獏父己鬲（《集成》503）：〔亚獏〕。父己。
亚示作父己觯（《集成》6484）：〔亚示〕。乍（作）父己䵼彝。
亚犾母乙鬲（《集成》505）：〔亚犾〕。母乙。
木工册作母辛鼎（《集成》2328）：〔木工册〕。乍（作）母辛䵼彝。
季作兄己鼎（《集成》2335）：〔亚醜〕。季乍（作）兄己䵼彝。
剌作兄日辛卣（《集成》5338）：剌（剌）乍（作）兄日辛尊彝。

在受器者中，父或父辈最多，其次为祖或祖辈，再次为母或母辈，另外还有妣或妣辈以及兄长。其中为兄长作器虽然数量不多，但这是商人的一个特点。西周早期还有少量为兄长作的器，应该都是商遗民作的，周人没有为兄长作器的习俗。

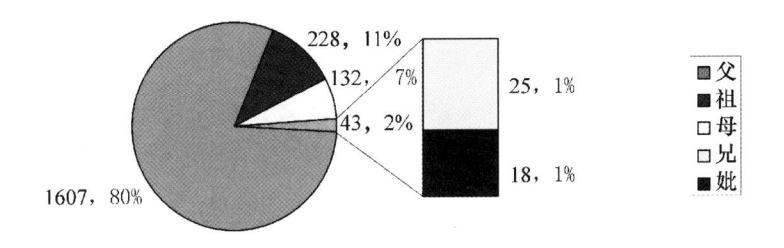

图 5-1-18　商人受器者情况

商人的庙号（天干）不是随机分布的，很明显是有选择的，从下面的柱状图可以看出，乙和丁最多，癸、辛、己次之，壬和甲最少，而且多与少是相间分布的，如果用数字 1—10 表示从甲到癸的话，偶数明显多于奇数。《礼记·曲礼上》："外事以刚日，内事以柔日。"孔颖达《疏》："十日有五刚五柔，甲、丙、戊、庚、壬五奇为刚，乙、丁、己、辛、癸五偶为柔也。"孙希旦《集解》："外事，谓祭外神，内事，谓祭内神。田猎、出兵亦为外事。冠、昏、丧、祭亦为内事。"而铭文中受器者的庙号多为柔日，正合礼书记载。

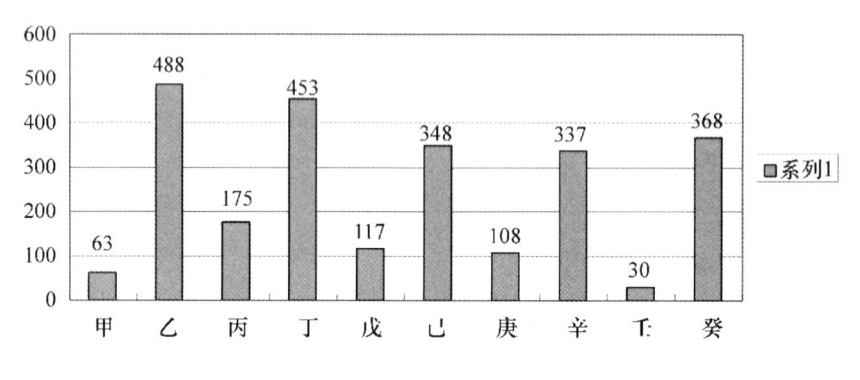

图 5-1-19　商人受器者天干使用情况

（2）周

周人的已故先祖受器者一般为祖妣父母，其中父一般称为考，数量最多，其次为祖，再次为母，妣很少。与商人使用庙号（天干）不同，周人一般使用亲称加美辞，有时后面还会加上表示身份爵位的"公""君""伯""仲"等。主要结构有三种。

美辞 + 亲称 + （私名）

使用美辞是周人的语言习惯。出现最早，使用频率最高的就是"文"，到西周中期"皇"字也开始频繁使用，到西周晚期"烈"字及"丕显"的使用频率也增多，另外还有"武""穆"等。整个西周时期，使用最广泛的美辞就是"文"和"皇"。"美辞 + 亲称"（祖/妣/考/母）是西周铭文中最常见的结构。

敔史鼎（《集成》2166）：敔史乍（作）考障鼎。

伯卣白（《集成》5371）：白（伯）乍（作）氒（厥）文考障彝其子孙永宝。

臣谏簋（《集成》4237）：乍（作）朕皇文考宝障。

徽簋（《集成》3626）：徽乍（作）文且（祖）宝障彝。

大克鼎（《集成》2836）：用乍（作）朕文且（祖）师华父宝鼎彝。

走钟（《集成》54）：走乍（作）朕皇且（祖）文考宝䤣钟。

㷅簋（《集成》4098）：㷅乍（作）文且（祖）考障宝簋。

癲鼎（《集成》2742）：用乍（作）皇且（祖）文考盂鼎。

美辞+亲称+（日）+天干

在西周初期，是商周文化的交流融合时期，庙号（天干）和美辞经常同时存在，这种情况到西周中期之后就比较少见了。

乍父考癸卣（《集成》5335）：乍（作）文考癸宝障彝。〔矢宁〕。

覒方彝（《集成》9892）：用乍（作）高文考父癸宝障彝。

敔簋（《集成》4166）：用乍（作）文考父丙障彝，其万年宝。

作册睘尊（《集成》5989）：用乍（作）朕文考日癸旅宝。〔㚗〕。

服尊（《集成》5968）：乍（作）文考日辛宝障彝。

美辞+亲称+身份

在亲称后面加上表示身份排行的"伯""仲""叔""季"以及爵位的"公""侯""尹"等，西周早期就已经出现，但主要流行于西周中晚期。

录簋（《集成》3863）：录乍（作）氒（厥）文考乙公宝障簋，子子孙其永宝。

牧簋（《集成》4343）：用乍（作）朕皇文考益白（伯）宝障簋。

盠尊（《集成》6011）：余用乍（作）朕文考大中（仲）宝障彝。

卫鼎（《集成》2733）：卫肇（肇）乍（作）氒（厥）文考己中（仲）宝将（䵼）。

师汤父鼎（《集成》2780）：乍（作）朕文考毛叔䵼彝。

师趛鬲（《集成》745）：师趛乍（作）文考圣公、文母圣姬障䵼。

录簋（《集成》4122）：用乍（作）文且（祖）辛公宝䵼簋。

虢叔旅钟（《集成》242）：丕（丕）显皇考更叔。

伯梡虘簋（《集成》4092）：白梡虘肇（肇）乍（作）皇考剌（烈）公障簋。

蒋兑簋（《集成》4168）：乍（作）朕文且（祖）乙公、皇考季氏障簋。

元年师旋簋（《集成》4279）：用乍（作）朕文且（祖）益中（仲）障簋。

訇簋（《集成》4321）：用乍（作）文且（祖）乙白（伯）、同姬障簋。

2. 在世之人

为在世之人作器从商代晚期就已经出现了，受器者多为女性。大量出现是在西周晚期和春秋时期，多为自己作器和为女儿作媵嫁之器。

（1）自己

为自己作器最早出现于西周早期，流行于西周晚期及春秋战国时期，具体例证参见前面作器动词"自作"部分。

（2）女性（妻子、女儿、婆婆）

为女性在世之人作器的情况一般有丈夫为妻子作器，媳妇为婆婆作器，父亲或父辈为出嫁的女儿作器，其中为出嫁女儿所作的媵器数量最多。出现于西周中期，主要流行于西周晚期和春秋时期，就器类而言，鼎、鬲、簠、簋等食器及盘、匜等水器居多。

番匊生壶（《集成》9705）：隹（唯）廿又六年十月初吉己卯，番匊生铸媵壶，用媵氒（厥）元子孟妀㜏，子子孙孙永宝用。

第五章 铭文辨伪的思路及方法（文法）

伯百父盨（《集成》9425）：白（伯）百父乍（作）孟姬媵盨。

嚣伯盘（《集成》10149）：隹（唯）正月初吉庚午，嚣白（伯）媵（媵）嬴尹母沬盘，其万年子子孙孙永用之。

鲁伯愈父鬲（《集成》690）：鲁白（伯）愈父乍（作）邾姬仁朕（媵）羞鬲，其永宝用。

芮公鬲（《集成》743）：内（芮）公乍（作）铸京中（仲）氏妇叔姬朕（媵）鬲，其子子孙孙永宝用享。

邾伯鬲（《集成》669）：邾白（伯）乍（作）媵（媵）鬲，其万年子子孙孙永宝用。

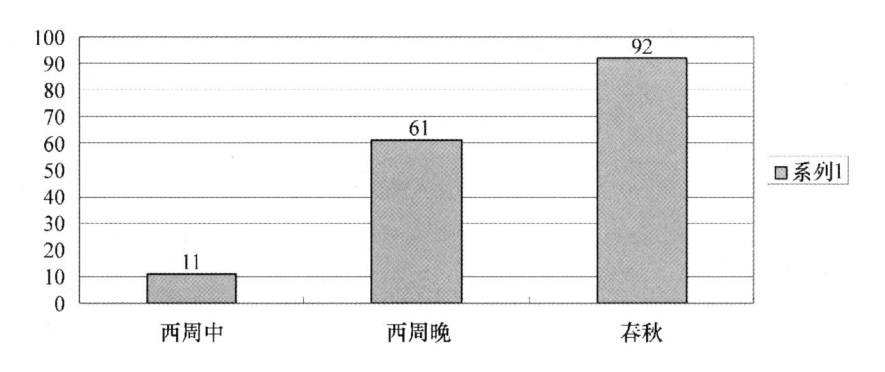

图 5-1-20　媵器流行时间

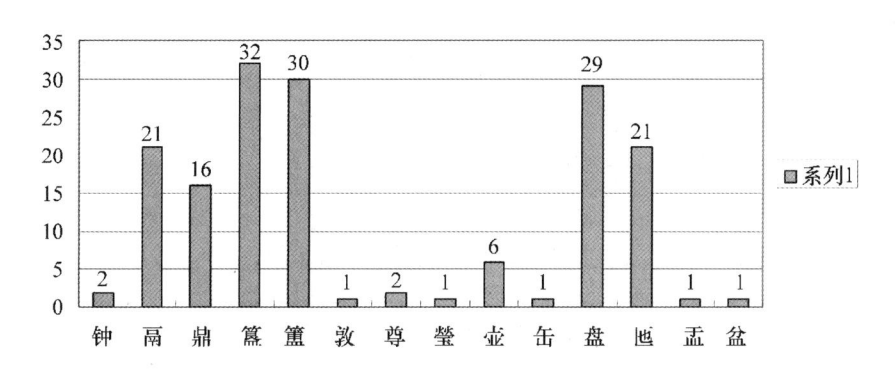

图 5-1-21　媵器常见器类

为婆婆作器一般称为"姑",为妻子作器一般为"夫家族/国名+母姓+(排行)+私名"的结构,具体例证见作器者女性部分。

(四) 器名

器名部分在作器句中算是出现较晚的,但在商代晚期也已经出现并广泛使用。一般为修饰语+器名的结构,到西周时期后面又出现用于追孝、征行、盛实等表示用途的成分。

1. 器名

器名主要有两类,一类是通称彝或器,一类是专称鼎、鬲、甗、簋、盨、簠、敦、豆、盉、壶、盘、匜、钟、镈等。也有一少部分省略器名,只用修饰语,称X宝、X尊等。总体而言,商代和西周早期多用通称,西周中晚期和春秋战国时期多用专称。

(1) 通称:彝、器

最早出现、使用最广泛的通称为"彝",主要流行时间为商代和西周早期,几乎囊括食器、酒器、水器等所有器类,以食器、酒器为最多,乐器除了战国晚期偶见,几乎不称"彝"。通称"器"的使用数量远远低于"彝",出现比较晚,主要流行于春秋战国时期,尤其是战国时期的兵器多称"器"。

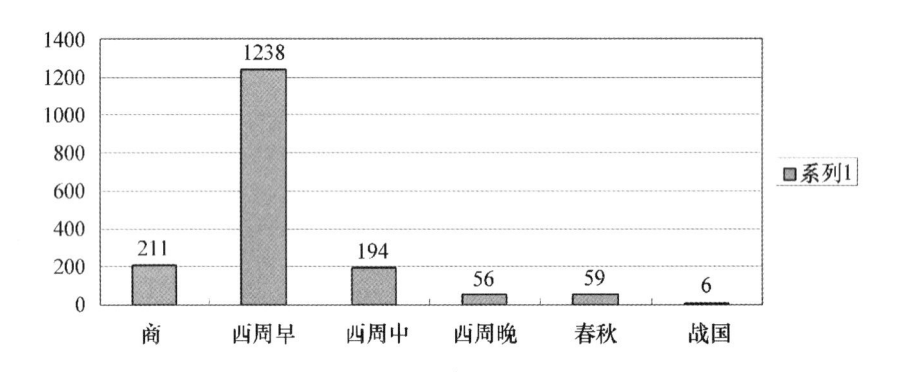

图 5-1-22 通称"彝"使用情况

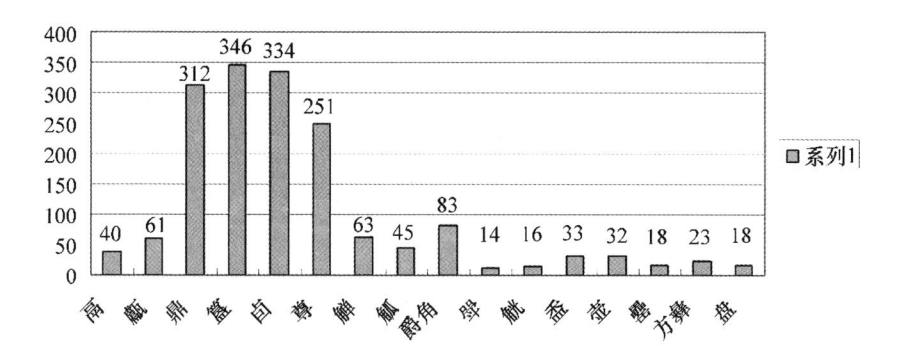

图 5-1-23　通称"彝"的主要器类

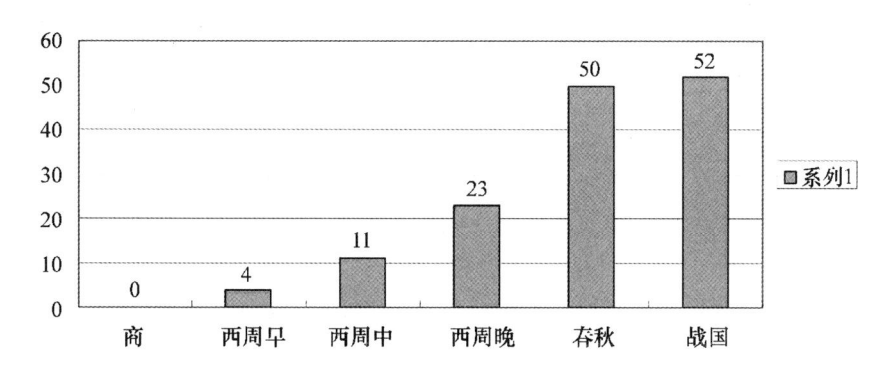

图 5-1-24　通称"器"使用情况

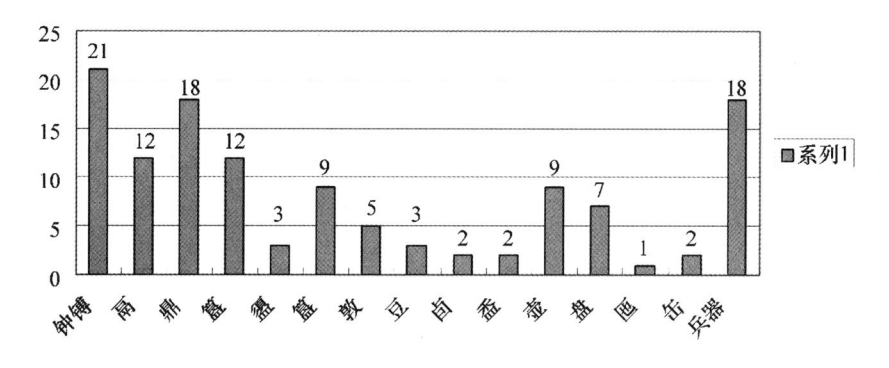

图 5-1-25　通称"器"的主要器类

表 5-1-8　　器物通称使用情况

	通称彝							通称器
	商	西周早	西周中	西周晚	春秋	战国	合计	
钟	0	0	0	0	3	3	6	14
镈	0	0	0	0	6	0	6	7
鬲	1	33	2	3	1	0	40	12
甗	6	50	3	2	0	0	61	1
鼎	37	199	29	27	20	0	312	18
簋	17	267	33	15	14	0	346	12
盨	0	0	1	1	0	0	2	3
簠	0	0	1	1	0	0	2	9
敦	0	0	0	0	1	0	1	5
豆	0	0	1	0	0	0	1	3
卣	47	246	38	3	0	0	334	2
尊	24	176	48	2	1	0	251	1
觯	9	49	5	0	0	0	63	0
觚	16	29	0	0	0	0	45	0
爵角	17	61	5	0	0	0	83	0
斝	7	7	0	0	0	0	14	0
觥	6	9	1	0	0	0	16	0
盉	9	18	6	0	0	0	33	2
壶	4	17	3	1	4	3	32	9
罍	5	12	0	1	0	0	18	0
方彝	3	7	13	0	0	0	23	0
盘	1	12	3	0	2	0	18	7
盂	0	2	0	0	0	0	2	0
匜	0	0	2	0	3	0	5	1

续表

| | 通称彝 ||||||| 通称器 |
	商	西周早	西周中	西周晚	春秋	战国	合计	
鉴	0	0	0	0	2	0	2	0
缶	0	0	0	0	2	0	2	2
其他	2	44	0	0	0	0	46	14
兵器	0	0	0	0	0	0	0	18
合计	211	1238	194	56	59	6	1764	140
通称器	0	4	11	23	50	52	140	/

（2）专称

器物的专称包括鼎、甗、鬲、簋、盨、簠、敦、豆、盉、壶、盘、匜、钟、镈等，出现比通称"彝"要晚，商代出现的专称只有"鼎"，西周早期出现鬲、甗、簋、盉、壶、盘等，到西周中晚期及春秋时期大量出现并使用。

食器种类最多，数量也最多，这与周人重食有关。商代和西周早期多用通称，西周中晚期及春秋战国时期多用专称。西周中期之后出现的器类盨、簠等，多用专称，很少用通称。其中"鼎"除了作为其自身的专称之外，也经常作为鬲、甗等炊食器的通称，如旅鼎（矢伯鬲，《集成》514）、宝尊鼎（虘鬲，《集成》631）、尊鼎（苟鬲，《集成》543）、宝鼎（王人䙜辅甗，《集成》941）等。"簠"除了作为其自身的专名之外，也偶尔作为盨、豆等盛食器的通称，如簠（卫始豆，《集成》4666）、宝簠（瘭盨，《集成》4462）、旅簠（伯鲜盨，《集成》4361）、盨簠（伯庶父盨盖，《集成》4410）。

水器的数量不多，主要器类有盘、盉、匜等，其中匜出现较晚。早期多盘、盉的组合，晚期多盘、匜的组合，商代和西周早期多用通称，西周中期以后多用专称。

由于周人重食轻酒，进入西周以后，酒器数量减少，所以酒器类除了壶以外，其他器类如尊、卣、觯、瓠、爵、角、斝、觥等都没有发展出自己的专称，只用通称"彝"。"壶"除了作为自己的专称之外，也偶尔作为酒器类的通称，如壶（长佳壶尊，《集成》5695）、饮壶（邢叔觯，《集成》6457）等。

商代的乐器主要为铙、铃等，一般不铸器名，在乐器上铸长篇并有器名的铭文是西周中期以后的事。主要器类为钟、镈。基本上都为专称，很少用通称，只有春秋战国时期偶尔用通称"彝"或"器"。

表 5-1-9　　　　　　　　主要器类专称使用统计表

	商	西周早	西周中	西周晚	春秋	战国
鬲	0	4	49	125	46	1
甗	0	16	16	15	7	0
鼎	15	132	149	179	171	49
簋	0	33	42	37	5	0
盨	0	0	12	109	9	0
簠	0	0	0	10	26	0
敦	0	0	0	0	8	3
豆	0	0	0	4	1	0
盂	0	9	22	6	2	2
壶	0	10	28	77	38	16
盘	0	7	16	33	53	3
匜	0	0	2	55	54	1
钟	0	0	20	73	144	54
镈	0	0	0	0	4	0

（3）主要器类通称专称使用情况对比

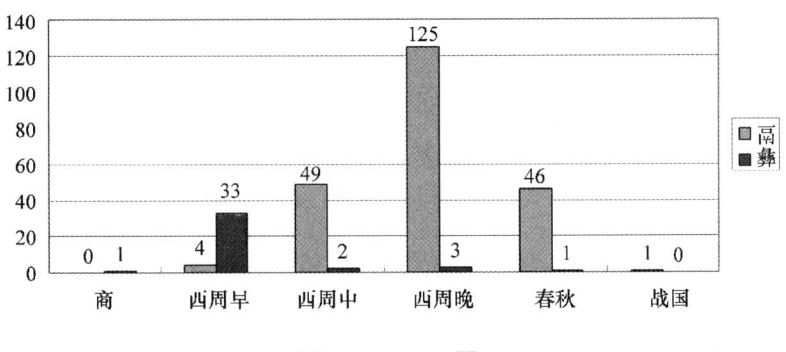

图 5-1-26 鬲

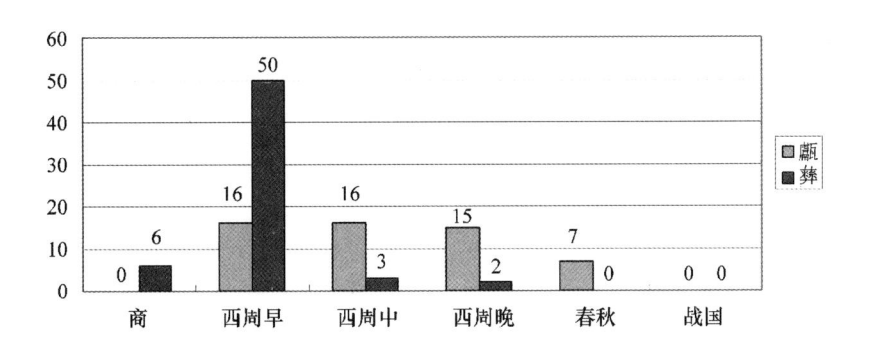

图 5-1-27 甗

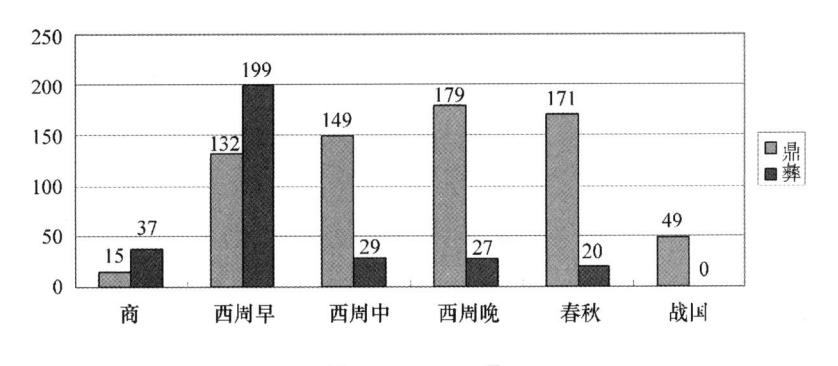

图 5-1-28 鼎

真假铭文

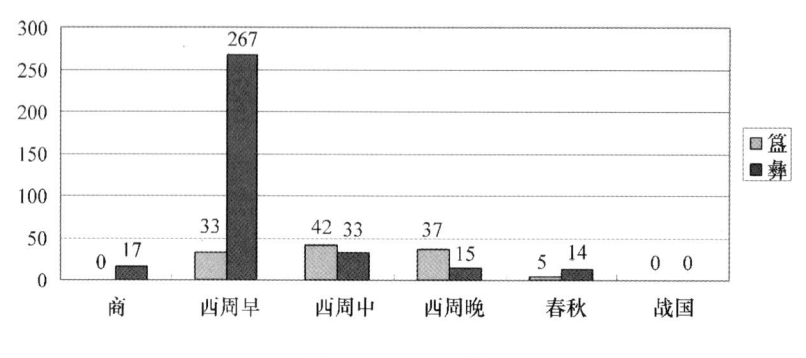

图 5-1-29　簋

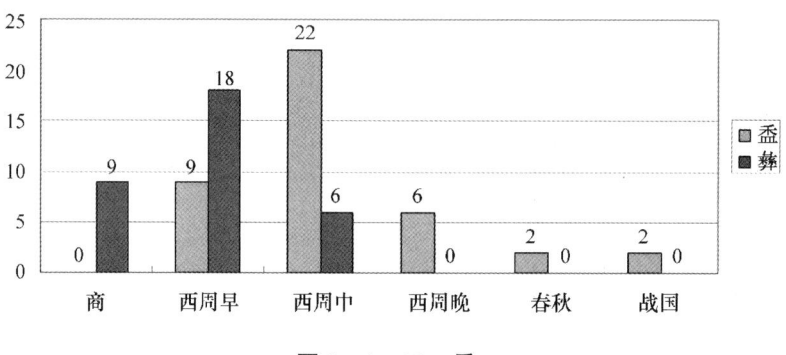

图 5-1-30　盉

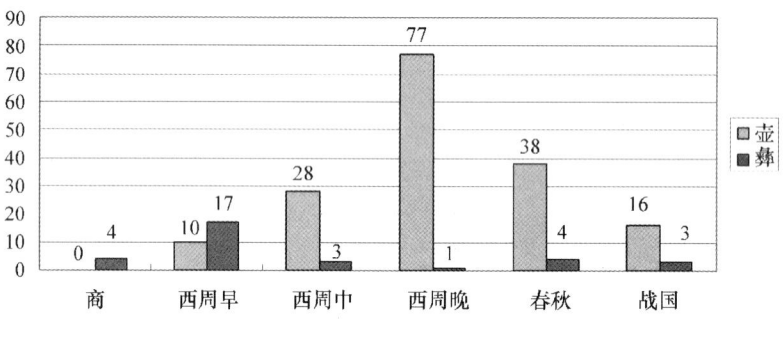

图 5-1-31　壶

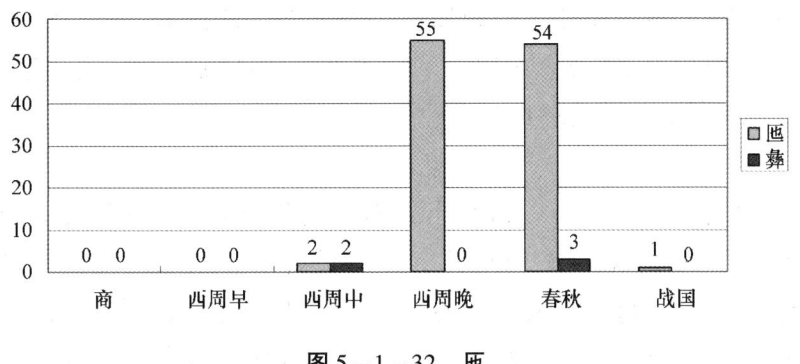

图 5-1-32　匜

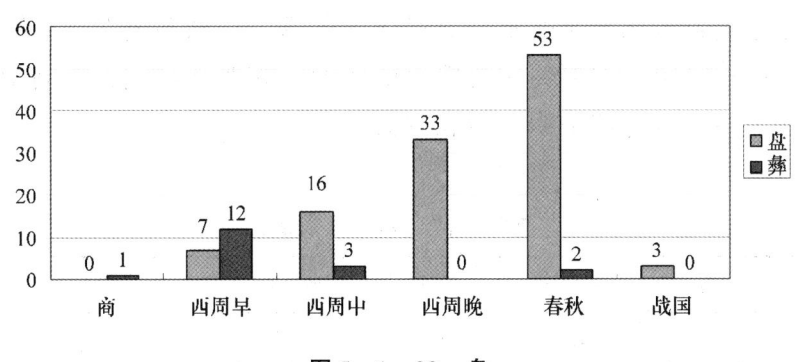

图 5-1-33　盘

2. 修饰语

（1）宝、尊

"宝""尊"以及它们的组合"宝尊""尊宝"是商周铭文中出现最早，使用时间最长和频率最高的器名修饰语，它们可以修饰所有器类，是最普遍的器名修饰语。"宝"为溢美之词，"尊"通"奠"，指放置于宗庙之中的祭器，与"旅"相对。如宝彝（𨛭作父乙簋，《集成》4144）、尊彝（宰㭒角，《集成》9105）、宝尊彝（甗鼎，《新》1566）、宝鼎（戍嗣子鼎，《集成》2708）、宝贞鼎（庚嬴鼎，《集成2748》）、宝盨（遹妘鼎，《集成》2725）、尊鼎（师器父鼎，《集成》2727）、尊簋（大簋，《集成》4165）、宝簋（生史簋，《集成》4100）、宝尊彝簋（竞簋，《集成》4134）、尊鬲（召伯毛鬲，《集成》587）、宝鬲（旗姬鬲，《集成》532）、宝盨（伯夸父盨，《集成》4345）、尊盨（兮伯吉父盨，《集成》4426）、宝尊盨（仲师父盨，《集成》4453）、宝尊盉（义盉盖，《集成》9453）、尊壶（三年𤼈壶，《集成》9726）、宝尊器（作册睘卣，《集成》5407）、宝钟（纪侯虢钟，《集成》14）等。

（2）旅、行、从

"旅""行""从"是一组与出行有关的修饰语。"旅"是除了"宝""尊"之外使用频率最高的修饰语，从商代晚期就已经出现，但是大量使用是在整个西周时期，春秋早期还有少量使用，之后就不见使用了。其修饰的器类几乎包括食器、酒器、水器、乐器等所有器类。"行"是西周晚期才出现的修饰语，主要流行于春秋时期，其修饰的器类主要为食器和兵器，其中盛食器多用于簠而不是数量庞大的簋，比较有特色。"从"是出现比较早的修饰语，主要使用时期为商代晚期和西周早期，西周中期以后较少使用，主要修饰器类为食器和酒器。

表 5-1-10　　　　　　　　"旅""行""从"使用情况

	商	西周早	西周中	西周晚	春秋	战国
旅	3	220	120	177	40	0
行	0	0	0	7	101	11
从	15	42	5	9	2	2

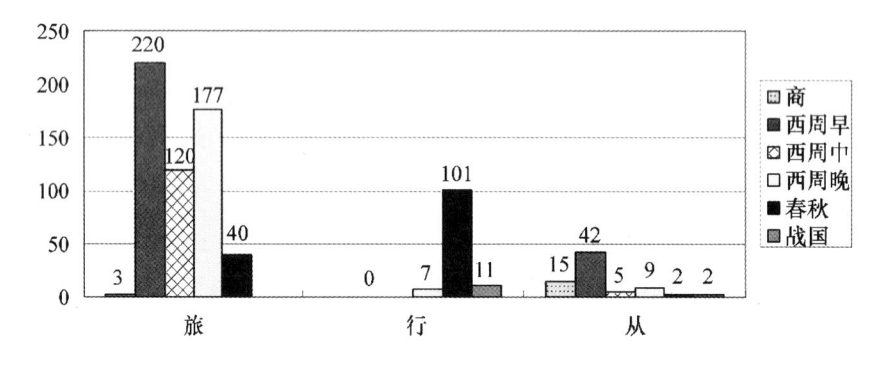

图 5-1-34　"旅""从""行"使用情况

表 5-1-11　　　　　　　"旅""行""从"使用器类

	旅	行	从
钟	8	3	3
鬲	10	6	
甗	41	2	1
鼎	93	24	9
簋	88	1	12
盨	89	6	
簠	38	13	
豆	0	3	1
卣	54	0	9
尊	91	0	13
觯	7	0	1
觚	3	3	9
爵角	8	0	0
斝	0	0	1
盉	6	1	4
壶	10	11	4
罍	1	0	2
方彝	1	0	0
盘	3	5	3
盂	5	0	0
匜	13	8	0
瓶	2	2	
兵器	0	18	1
其他	19	1	2

（3）宗、将

"宗""将"是一组跟祭祀有关的修饰语，在商代晚期就已经出现，整个西周及春秋时期都有使用。其中"宗彝"多指卣、尊、壶、盉、爵、方彝、觚等酒器。此外，小克鼎、秦公簋、楚王熊章镈（钟）也称"宗彝"。如：

作宗彝卣（《集成》5043）：作宗彝。

参卣盖（《集成》5343）：参作甲考宗彝。

豚卣（《集成》5365）：豚作父庚宗彝。

異卣（《集成》5372）：異作厥考伯效父宝宗彝。

縈叔卣（《集成》5382）：縈叔作其为厥考宗彝。

静卣（《集成》5408）：用作宗彝。

伯作蔡姬尊（《集成》5969）：伯作蔡姬宗彝。

黄子鲁天尊（《集成》5970）：黄子鲁天作父己宝宗彝。

蔡尊（《集成》5974）：用作宗彝。

鹰父卣、尊（《集成》5348，5930）：鹰父作妞是（氏）从宗彝肆。

作文考日己方尊、觥、方彝（《集成》5980，9302，9891）：作文考日己宝尊宗彝。

舟轮夒爵（《集成》9097）：舟轮夒作厥祖乙宝宗彝。

冉盉（《集成》9382）：冉作宗彝。

仲追父方彝（《集成》9882）：仲追父作宗彝。

吴王光鉴（《集成》10298，12099）：作叔姬寺吁宗彝荐鉴。

曾姬壶（《集成》9710，9711）：用作宗彝尊壶。

與兵壶（《新》1980）：自作宗彝。

秦公簋（《集成》4315）：作寻宗彝。

小克鼎（《集成》2796—2802）：克作朕皇祖釐季宝宗彝。

楚王酓章镈（《集成》85）：楚王酓（熊）章作曾侯乙宗彝。

而"宗彝"又多用数量词"一肆"来修饰，如：

㝬簋（《集成》4159）：公赐㝬宗彝一肆，赐鼎二，赐贝五朋。

卯簋盖（《集成》4327）：赐汝瓒四、璋瑴、宗彝一肆宝。

繁卣（《集成》5430）：公蔑繁历，赐宗彝一肆。

与"宗彝"相对还有"将彝"，多用来修饰鼎和簋，此外还有甗、盨、簋、卣、爵、盉、钟镈等，如：

阑监鼎（《集成》2367）：阑监□作父己宝🗌彝。
员鼎（《集成》2695）：用作父甲🗌彝。
不栺鼎（《集成》2735）：用作宝🗌彝。
史颂鼎（《集成》2787）：用作🗌彝。
習鼎（《集成》2838）：作朕文考弈伯🗌牛鼎。
元年师兑簋（《集成》4275）：用作皇祖成公🗌簋。
𣪕簋（《集成》4317）：𣪕作🗌彝宝簋。
师望簋、盨（《集成》3682，4354）：大师小子师望作🗌彝。
㝬簋（《集成》4153）：㝬作皇祖益公、文公、武伯、皇考龏伯🗌彝。
渚伯甗（《集成》872）：渚伯作🗌彝。
奋作妇姑甗（《集成》891）：〔奋〕。作妇姑🗌彝。
免簋（《集成》4626）：用作旅🗌彝。
宰甫卣（《集成》5395）：用作宝🗌。
伯卫父盉（《集成》9435）：伯卫父作嬴🗌彝。
索諆爵（《集成》9091）：索諆作有羗日辛🗌彝。
仰子受钟（《新》505—520）：仰子受作🗌彝歌钟。

"宗彝"多用来指尊、卣等酒器，"将彝"多用来指鼎、簋等食器，但并不绝对。钟镈类既可以称"宗彝"（楚王酓章镈），也可以称"将彝"（仰子受钟）。

（4）媵

"媵"是媵嫁的意思，既可以作动词，也可以作形容词，媵器就是女儿出嫁的嫁妆，主要流行时间为西周晚期和春秋时期，多用于修饰食器和水器，具体例证见前面受器者在世之人部分。

（5）饙、飤

"饙""飤"是一组与吃饭有关的修饰语，既可以作动词，也可以作形容词，最早出现于商代晚期，主要流行于西周晚期和春秋时期，一般用来修饰食器。

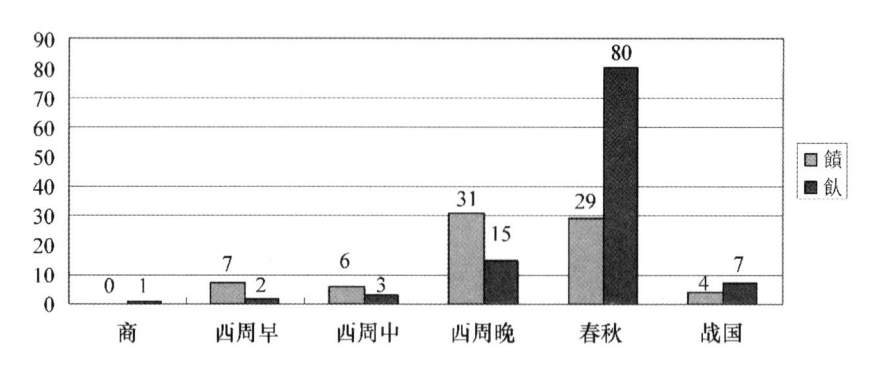

图 5-1-35 "馈""飤"使用情况

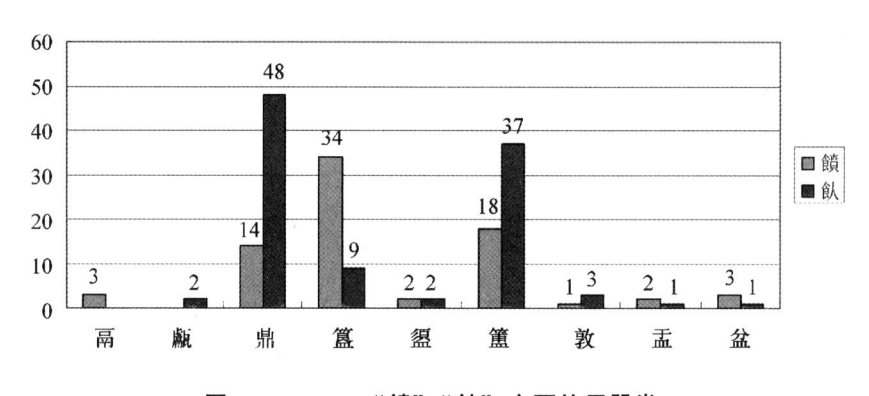

图 5-1-36 "馈""飤"主要使用器类

（6）兔、羊、牛、豕

兔、羊、牛、豕是一组表示鼎实的修饰语，表示鼎的种类，说明是盛放那种食物的鼎，只用来修饰鼎，出现的数量不多，主要在西周中晚期。

函皇父鼎（《集成》2548）：函皇父乍（作）琱妘障兔鼎，子子孙孙其永宝用。

伯庶父鼎（《集成》2535）：白（伯）庶父乍（作）羊鼎，其子子孙孙万年永宝用享。

智鼎（《集成》2838）：智用丝（兹）金乍（作）朕文孝（考）弃（宄）白（伯）䚄牛鼎。

函皇父鼎（《集成》2745）：函皇父乍（作）琱妘般（盘）、盉障

第五章 铭文辨伪的思路及方法（文法）

器，鼎、簋具，自豕鼎降十又簋八、两罍、两壶，瑚妊其万年子子孙孙永宝用。

史兽鼎（《集成》2778）：尹令史兽立工于成周。十又一月癸未，史兽献工于尹，咸献工。尹赏史兽裸，易（赐）豕鼎一、爵一，对扬皇尹不（丕）显休，用乍（作）父庚永宝障彝。

(7) 饮、鬱

饮、鬱是一组与酒有关的修饰语。"饮"既可以作动词，也可以作形容词修饰酒器，"鬱"就是指美酒，用来修饰酒器，西周早期就已经出现，到春秋时期都有使用，数量不多。

邢叔觯（《集成》6457）：井（邢）叔乍（作）㱃（饮）壶。
伯㦰觯（《集成》6454）：白（伯）㦰乍（作）㱃（饮）壶。
叔趯父卣（《集成》5428）：余覭为女（汝）兹小鬱彝。
孟哉父壶（《集成》9571）：孟哉父乍（作）鬱壶。

3. 用途

很多时候，在器名后面会加入作器的用途，如"用事""追孝前文人""用飨朋友"之类，用来说明器物的用途。大致可分为祭祀、飨宴、盛实、征行等几类，这些用途并不是孤立的，很多情况下一件器物同时具备祭祀、飨宴、盛实等多种用途。

(1) 祭祀享孝

青铜器的主要用途就是宗庙祭祀，所以祭祀享孝类的最多，多为"享于××""享孝于××""追孝××""喜侃××"等，对象多为已故先祖，如祖考、前文人、神人等，其中喜侃类句型多用于钟镈等乐器。

生史簋（《集成》4100）：□白（伯）令生史事（使）于楚，白（伯）锡（赐）赏，用乍（作）宝簋，用事毕（厥）祖日丁，用事毕（厥）考日戊。

齡史展壶（《集成》9718）：齡史展（殿）乍（作）宝壶，用禋祀于兹宗室。

㝬簋（《集成》4170）：乍（作）且（祖）考簋，其敦祀大神。

师眉鼎（《集成》2705）：兄（贶）㽙师眉，膺王为周客，易（赐）贝五朋，用为宝器，鼎二、簋二，其用享于㽙帝（嫡）考。

梁其鼎（《集成》2768）：梁其乍（作）䵼鼎，用享考（孝）于皇且（祖）考。

兮仲钟（《集成》65）：兮中（仲）乍（作）大林钟，其用追孝于皇考己白（伯），用侃喜前文人，子孙孙永宝用享。

戲钟（《集成》88）：隹（唯）正月初吉丁亥，虘（戲）乍（作）宝钟，用追孝于己白（伯），用享大宗，用渌（乐）好宾，虘（戲）眔蔡姬永宝，用邵大宗。

(2) 飨宴

祭祀享孝类的对象为已故先祖，用来说明青铜器的祭祀功能，而飨宴类的对象为在世之人，一般为王、公、朋友、兄弟、嘉宾等，用来说明青铜器的实用功能。"飨王逆""出入事人"这种说法多见于西周早期和中期，晚期以后就很少使用了。就器类而言多见于鼎、簋、卣、尊。

仲禹簋（《集成》3747）：用郷（飨）王逆侃。

麦方尊（《集成》6015）：用㸳侯逆迺（造），遟（将）明令。

叔趯父卣（《集成》5428）：用郷（飨）乃辟軝侯，逆迺（造）出内（入）吏（使）人。

小子生尊（《集成》6001）：用郷（飨）出内（入）事（使）人。

卫鼎（《集成》2733）：乃用郷（飨）王出入事（使）人，眔多倗（朋）友。

义叔闻簋（《集成》3695）：用郷（飨）宾。

先兽鼎（《集成》2655）：朝夕郷（飨）㽙（厥）多倗（朋）友。

爷伯归夆簋（《集成》4331）：享夙夕，好倗（朋）友雩百者

（诸）婚遘（媾）。

膳夫克盨（《集成》4465）：隹（唯）用献于师尹、倗（朋）友、𦈢（婚）遘（媾）。

伯康簋（《集成》4160）：用乡（飨）倗友，用馈王父、王母。

命簋（《集成》4112）：用乍（作）宝彝，命其永以多友簋飤。

善鼎（《集成》2820）：余其用各我宗子雩（与）百生（姓）。

(3) 盛实

还有一种用途就是用于盛装某种东西，"用盛稻粱""用盛旨酒"等，多见于西周晚期，主要器形为簋和壶。

弭仲簠（《集成》4627）：用成（盛）秫𪍑（稻）糯粱。

伯公父簠（《集成》4628）：用成（盛）穛（糯）𪍑（稻）需（糯）粱。

叔朕簠（《集成》4620）：以𦩶稻粱。

叔家父簠（《集成》4615）：用成（盛）𪍑（稻）粱。

陈公子叔原父甗（《集成》947）：用蒸稻粱。

㝬季良父壶（《集成》9713）：用盛旨酉（酒）。

(4) 征行

用于征伐也是一种比较常见的用途，多见于西周晚期和春秋时期，尤其是春秋时期，这可能与当时的社会现状有关，器类多为鼎、盨、簠以及壶等。

卫姒鬲（《集成》594）：卫姒乍（作）鬲，以从永征。

尌仲甗（《集成》933）：尌中（仲）乍（作）甗（甗），用征用行。

叔夜鼎（《集成》2646）叔夜铸其馈贞（鼎），以征以行。

麦盉（《集成》9451）：用从井（邢）侯征事。

侯母壶（《集成》9657）：侯母乍（作）侯父戎壶，用征行，用求福无疆。

四 嘏辞

嘏辞是铭文中出现最晚的部分，在西周早期也已经出现。主要流行时间为西周中晚期和春秋时期，进入战国之后就比较少用了。一般结构为"祈求内容+子子孙孙永保用"。最初祈求的内容比较简单，只是"万年"之类或没有祈求内容只有"永保用"或"子子孙孙永保用"。主要祈求的是家族的绵延不绝。西周中后期到春秋时期，祈求的内容越来越多，从家族到自身，祈求长寿、福禄康纯等，到西周晚期和春秋时期形成比较程序化的嘏辞内容。

（一）祈求内容

1. 万年

"万年"是出现最早、使用频率最高的祈求内容。在西周晚期和春秋时期还大量使用"万年无疆"的说法，一般后面搭配"永保用享"，"疆""享"押韵。春秋时期楚系和齐系铜器中还大量使用"万年无期"的说法，后面搭配"永保用之"，"期""之"押韵。

叔枭父簋（《集成》3764，西周早期）：叔枭父乍（作）宝簋，子子孙孙其万年用。

中友父匜（《集成》10224，西周中期）：中友父乍（作）铊（匜），其万年子子孙孙永宝用。

仲辛父簋（《集成》4114，西周中期）：中（仲）辛父乍（作）朕皇且（祖）日丁、皇考日癸噂簋，辛父其万年无疆（疆），子孙孙永宝用享。

棠汤叔盘（《集成》10155，西周晚期）：佳（唯）正月初吉壬午，棠汤叔白（伯）氏择铸其噂，其万年无疆（疆），子子孙孙永宝用之。

陈侯鬲（《集成》706，春秋早期）：陈侯乍（作）毕季妫滕鬲，其万年子子孙孙永用。

奚子宿车鼎（《集成》2604，春秋早期）：佳（唯）奚子宿（宿）车乍（作）行贞（鼎），子孙永宝万年无噩（疆）自用。

王孙寿甗（《集成》946，春秋早期）：隹（唯）正月初吉丁亥，王孙寿择其吉金，自乍（作）飤甗，其眉寿无疆，万年无諅（期），子子孙孙永保用之。

邿大宰簠（《集成》4624，春秋早期）：隹（唯）正月初吉，邿大宰櫋子智铸其匡，曰：余诺恭孔惠，其眉寿，用馈万年无期，子子孙孙永宝用之。

上郜公簠（《新》401，春秋中期）：隹（唯）正月初吉丁亥，上郜公择其吉金，铸叔芈、番改媵匡，其眉寿万年无諅（期），子子孙孙永宝用之。

2. 长寿

祈求长寿也是出现比较多的内容，西周早期已经出现，大量使用是在西周中后期和春秋时期，常用词汇有：眉寿、寿考、三寿、万寿、永命、弥生、令终、黄耇、绾绰、永保其身等。其中眉寿是使用最多的。

静叔鼎（《集成》2537，西周早期）：静叔乍（作）鄪恭旅贞（鼎），其万年眉寿，永宝用。

耳尊（《集成》6007，西周早期）：侯万年寿考黄耇，耳日受休。

师器父鼎（《集成》2727，西周中期）：师器父乍（作）障鼎，用享考（孝）于宗室，用祈眉寿，黄句（耇）吉康，师器父其万年子子孙孙永宝用。

追簋（《集成》4220，西周中期）：用祈匄眉寿永令，畯臣天子霝冬（终），追其万年子子孙孙永宝用。

㢵簋（《集成》3701，西周中期）：㢵乍（作）障簋，其寿考宝用。

曩仲觯（《集成》6511，西周中期）：曩中（仲）乍（作）佣生饮壶，匄三寿懿德，万年。

京叔盨（《集成》4381，西周中期）：京叔乍（作）馈盨，其万寿永宝用。

趞鼎（《集成》2815，西周晚期）：其眉寿万年，子子孙孙永宝。

— 313 —

曾伯文簠（《集成》4053，西周晚期）：唯曾伯文自乍（作）宝簠，用昜（赐）眉寿黄耇，其万年子子孙孙永宝用享。

史伯硕父鼎（《集成》2777，西周晚期）：用祈匃百录（禄）眉寿，绾绰永令（命），万年无彊（疆），子子孙孙永宝用享。

夆叔盘（《集成》10163，春秋早期）：其眉寿万年，永俁（保）其身，它它熙熙（熙熙），寿老无期，永俁（保）用之。

3. 福禄康纯

福禄康纯类的祈求相较万年、长寿要少一些，西周早期已经出现，主要流行于西周晚期和春秋时期。

季怠尊（《集成》5940，西周早期）：季怠乍（作）宝障彝。用羕畐（福）。

宁簋盖（《集成》4021，西周早期）：宁庫（肇）諆乍（作）乙考障簋，其用各百神，用妥（绥）多福，世孙子宝。

癞钟（《集成》249，西周中期）：用追孝敦祀，卲各乐大神，大神其陟降严祐，龏妥（绥）厚多福，其豊豊熏熏，受余屯（纯）鲁，通录（禄）永令（命），眉寿霝冬（终），癞其万年永宝日鼓。

癞钟（《集成》246，西周中期）：用祷寿匃永令（命），绰绾祓录（禄）屯（纯）鲁。

史墙盘（《集成》10175，西周中期）：刺（烈）且（祖）、文考弋（式）窟（贮）受（授）墙尔躖福，裹（怀）福录（禄），黄耇弥生，堪事毕（厥）辟，其万年永宝用。

爯伯归夆簋（《集成》4331，西周中期）：用祈屯（纯）录（禄）永命鲁寿子孙，归夆其迈（万）年日用享于宗室。

伯公父簠（《集成》4628，西周晚期）：用旂眉寿多福无彊（疆），其子子孙孙永宝用享。

伯梁其盨（《集成》4447，西周晚期）：用匃眉寿多福，畯臣天子，万年唯亟，子子孙孙永宝用。

虢姜簋盖（《集成》4182，西周晚期）：虢姜其万年眉寿，受福无疆（疆），子子孙孙永宝用享。

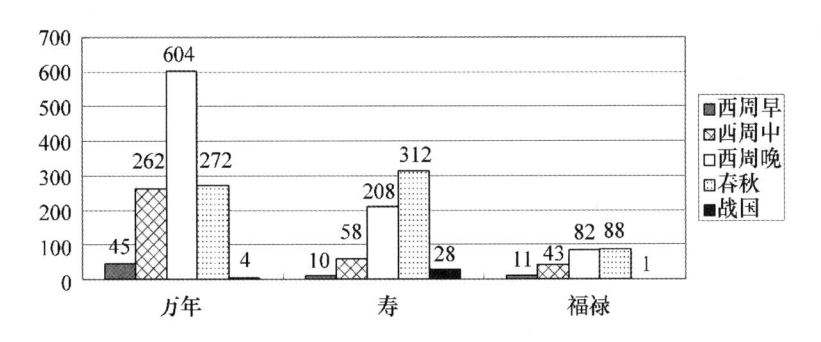

图 5-1-37　祈求内容

表 5-1-12　　　　　　　　　　　　常见嘏辞使用频次

	西周早	西周中	西周晚	春秋	战国
万年（包括万年无期和万年无疆）	45	262	604	272	4
万年无期	0	0	0	37	0
万年无疆	0	5	84	72	0
寿（包括眉寿）	10	58	208	312	28
眉寿	2	37	175	268	9
福禄	11	43	82	88	1

（二）子子孙孙永宝用

除了"子子孙孙"之外，还有"子孙""孙子""子孙"等结构，"子子孙孙"是出现频率最高的。

"永宝（保）用"的"宝（保）"字有两种写法，"宝"用得较多。"保"多用于"永保用之"的结构中。在西周晚期和春秋时期，铭文韵文化比较明显，多用四个字押韵的结构，其中"永宝（保）用享"多用于西周晚期，与"万年无疆"搭配，"永宝（保）用之"多用于春秋时期，与"万年无期"搭配使用，在齐系铭文中"保"字多写作"係"。

— 315 —

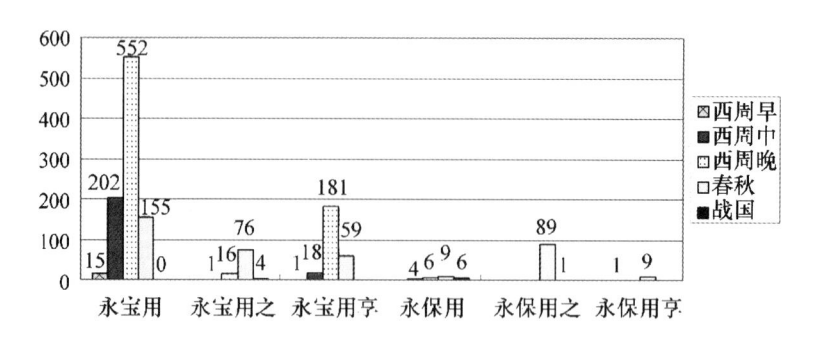

图 5-1-38 "永宝用"使用频次

表 5-1-13　　　　　　　"永宝用"使用频次

	西周早	西周中	西周晚	春秋	战国
永宝用	15	202	552	155	0
永宝用之	0	1	16	76	4
永宝用享	1	18	181	59	0
永保用	0	4	6	9	6
永保用之	0	0	0	89	1
永保用享	0	1	0	9	0

第二节　案例分析

例1　《伪字研究》第三铭　图 5-2-1

"隹王二月既望初吉"不符合周人的纪时方式。在周人的纪时方式里，初吉与表示月相的既生霸、既望、既死霸一般不共存。荣仲方鼎中有"生霸吉庚寅"的说法，但只称"吉"而非"初吉"。"初吉"与月相连用，金文中没有这样的文例。

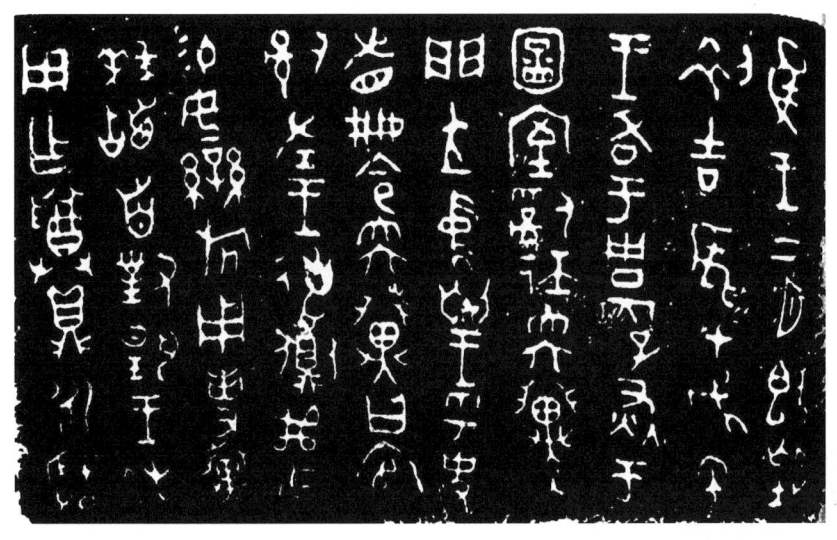

第五章 铭文辨伪的思路及方法（文法）

图 5-2-1 《伪字研究》第三铭

例 2　晋侯盘　图 1-2-1

"隹王一年"不符合金文的纪时方式。金文中某位王的第一年一般称元年，不称一年。

例 3　趞簋甲、趞簋乙《铭图》4419　图 5-2-2；《铭图》4420　图 5-2-3

图 5-2-2　趞簋甲铭 　　　图 5-2-3　趞簋乙铭

— 317 —

释文：趚乍（作）甫（父）庚宝尊簋。

称"父"为"甫"是比较晚才出现的说法，这件东西《铭图》称为西周中期前段，西周中期还没有称"父"为"甫"的说法，不符合这一时期的语法习惯。另外，铭文中"宝"字上面的"宀"明显由四笔写成，这是西周早期的书写风格，西周中期很少出现这种写法。

例4 鄂监簋 《铭图》4441 图5-2-4

释文：噩（鄂）监乍（作）父辛宝彝。

铭文中"监"字的写法不对，前文已有论述。除此之外，"鄂监"这种说法也有问题。"监"有监督、监察之意，引申则为一种官职，《礼记·王制》："天子使其大夫为三监。监于方伯之国。"郑玄《注》："使佐方伯，领诸侯。"王使设监而监临督察之。《周礼·天官·大宰》：邦国"立其监"。

图5-2-4 鄂监簋铭

郑玄《注》："监谓公侯伯子男各监一国。《书》曰：'王启监厥乱为民。'"《史记·五帝本纪》："黄帝置左右大监，监于万国。"在西周早期曾分有"三监"以监殷商旧地，青铜器铭文中也有"应监""阑监"等，如：

应监甗（《集成》883）：应监乍（作）宝隣彝。
阑监鼎（《集成》2367）：阑监□乍（作）父己宝䵼彝。
仲几父簋（《集成》3954）：中（仲）几父事（使）几史（使）于者（诸）侯、者（诸）监，用氒（厥）宾，乍（作）丁宝簋。

第五章　铭文辨伪的思路及方法（文法）

能称为"某监"的一般都是周王信任的诸侯。① 但是鄂并非姬姓亲国，其本姞姓，西周的鄂国应为殷末鄂侯之后裔。② 尽管西周时期的鄂侯驭方鼎铭文反映的周王室与鄂侯的关系尚好，甚至鄂侯作王姞簋铭还说明鄂为周的婚姻旧族，但鄂侯作为异姓诸侯，其叛周的情况也是有的，如西周晚期的禹鼎铭文就记载了鄂侯驭方的一次叛乱：

……噩（鄂）侯驭方率南淮尸（夷）、东尸（夷），广伐南或（国）、东或（国），至于历内。王迺命西六师、殷八师，曰："扑伐噩（鄂）侯驭方，勿遗寿幼。"肆师弥怵匌恇，弗克伐噩（鄂）。肆武公迺遣禹率公戎车百乘，斯（厮）驭二百，徒千，曰："于匡（将）朕肃慕，車（惟）西六师、殷八师，伐噩（鄂）侯驭方，勿遗寿幼。"雩禹以武公徒驭至于噩（鄂），敦伐噩（鄂），休隻（获）氒（厥）君驭方……

从王的命令"勿遗寿幼"中可以看出周天子对鄂侯的态度，对于这样一个时常叛乱的异姓诸侯，周天子不太可能命其为"监"，所以"鄂监"这种说法不甚符合制度。

此外，近年于湖北随州安居羊子山发现大量西周早期鄂国铜器，③ 基本解决了早期鄂国的地望问题，其地位于西周王朝的边鄙，自应由周王室派员设监，应监甗出于江西余干，自有同样的意义。从这一点考虑，"鄂监"的说法也不合情理。

---

① 有关西周初年监国制度的问题，学者多有讨论，或认为是应侯监视本国（郭沫若认为应监"是中央派往应国的监国者"，"即应国之监，犹他器称应公也"。见氏著《释应监甗》，《考古学报》1960年第1期。伍仕谦认为"应监即周王派往应国的监国者"，"先是监国，后来取代了原来殷商的旧统治者，成为姬姓诸侯"，"应公、应监系同一人"。见氏著《论西周初年的监国制度》，《西周史研究》人文杂志丛刊第2辑，1984年版）；或认为是别人监视应侯（耿铁华认为应监"是西周王朝派往应国的官吏"，"监视应侯或应公"。见氏著《关于西周监视制度的几件铜器》，《考古与文物》1985年第4期）；或认为是应侯监视别国（任伟认为"周初监国制度是监之于外"，"即以国监国"。见氏著《西周封国考疑》，社会科学出版社2004年版，第274页）。综观诸说，别人监视应侯之说是无法成立的，应侯监视本国之说也值得商榷，我们比较认同应侯监视别国，即"监之于外"之说。

② 郭沫若：《两周金文辞大系图录考释》，《郭沫若全集·考古编》第八卷，科学出版社2002年版，第108页；徐少华：《周代南土历史地理与文化》，武汉大学出版社1994年版。

③ 黄建勋：《随州出土文物精粹》，文物出版社2009年版。

例 5　杞伯每刃簋　《铭图》4860　图 5-2-5、图 5-2-6

图 5-2-5　杞伯每刃簋铭　　　　图 5-2-6　杞伯每刃簋

释文：杞白（伯）每刃乍（作）鼁（邾）曹圂簋，其万年子子孙孙永宝用。

此铭自称为"圂簋"，《说文》："圂，厕也。从豕在口中也。"又《礼记·少仪》："君子不食圂腴。"郑玄《注》："《周礼》'圂'作'豢'，谓犬豕之属食米谷者也。"孔颖达《疏》："圂，猪犬也；腴，猪犬肠也。"这里的"圂"当取"圂腴"的意思，即指猪犬的下水。这类东西应该是盛放在鼎里的，所以"圂"一般只用来修饰鼎。但这件器物是簋，簋是用来盛稻粱的，不是用来盛肉的，金文中从来没有"圂簋"这种说法。这里却称"圂簋"，不符合历史常识。

另外，杞伯每刃簋传世有多件，如图 5-2-7，《集成》3901（盖）3899.2（器），现藏上海博物馆；图 5-2-8，《集成》3902，现藏武汉市文物商店；图 5-2-9，《集成》3897，现藏国家博物馆；图 5-2-10，《集成》3899.1，现藏上海博物馆等，其形制都为典型的春秋早期簋的形制。但是这件器物形制怪异，不符合时代特点。

第五章 铭文辨伪的思路及方法（文法）

图 5-2-7 上海博物馆藏杞伯每刃簋

图 5-2-8 武汉市文物商店藏杞伯每刃簋

图 5-2-9 国家博物馆藏杞伯每刃簋

图 5-2-10 上海博物馆藏杞伯每刃簋盖

例6 师卫簋 《铭图》5142 图 5-2-11、图 5-2-12

图 5-2-11 师卫簋铭

图 5-2-12 师卫簋

— 321 —

释文：豐公史（使）卫陟于氒（厥）窨临，射于覺（鬱）愚鼒（城），召公赞（赉）卫贝廿朋、臣廿，氒（厥）牛廿，禾卅车。师卫用乍（作）氒（厥）且（祖）宝彝。

在金文中赐臣多以"家"为单位，如"臣三家"（小臣簋，《集成》4042）、"臣五家"（不嬰簋，《集成》4328）、"夷臣十家"（齽簋，《集成》4215），或以"人"为单位，如"臣嫒十人"（叔德簋，《集成》3942），或以"品"为单位，如"臣三品"（荣作周公簋，《集成》4241），或以"伯"为单位，如"夷司王臣十又三伯"（大盂鼎，《集成》2837）等。不管以什么为单位，在数词后面一定会有量词。或者仅言"赐臣"（作册折尊，《集成》6002）后面数词量词都没有。但这件器物云"臣廿"，有数词没有量词，究竟是"廿家""廿品"，还是"廿人"，会让人产生歧义。

在金文中，修饰禾的量词一般为"秭"，如"禾十秭"（曶鼎，《集成》2838），或为"廪"，如"禾二廪"（季姬尊，《新》364），没有用"车"为量词的文例。此件器物言"禾卅车"不合金文惯例。

另外，赏赐的物品贝、臣、牛等数量都为二十，似乎也不太合逻辑。

周人称"祖"，或在前面加以美辞，如"文祖""皇祖""烈祖"等，或在后面加以庙号，如"祖乙""祖丁"等，或二者兼有，如"文祖日辛"等，这件器物仅言"祖"，前面没有美辞，后面没有庙号，这种情况在金文中非常少见。

例7　遣伯簋　《铭图》5213　图5-2-13、图5-2-14；遣伯遣姬簋《铭图》5214　图5-2-15；遣伯盉《铭图》5666　图5-2-16、图5-2-17

第五章 铭文辨伪的思路及方法（文法）

图 5-2-13 遣伯簋铭　　图 5-2-15 遣伯遣姬簋铭　　图 5-2-16 遣伯盨铭

图 5-2-14 遣伯簋　　图 5-2-17 遣伯盨

遣伯簋释文：趩（遣）白（伯）乍（作）覃宗彝，其用夙夜亯（享）卲（昭）文神，用禱旂（祈）眉寿。朕文考其坙（经）遣姬、遣白（伯）之德言，其竞余一子；朕文考其用乍（措）氒（厥）身，念覃弐（哉）！亡匃（害）！

遣伯遣姬簋释文：趩（遣）白（伯）趩（遣）姬易（赐）覃宗彝，眔逆小子羕舺（倗）以付屮（囚）人，其用夙夜亯（享）卲（昭）文神，用禱旂（祈）眉寿。朕文考其坙（经）遣姬、遣白（伯）之德言，其竞余一子；朕文考其用乍（措）氒（厥）身，念覃弐（哉）！亡匃（害）！

遣伯盨释文：趩（遣）白（伯）乍（作）覃宗彝，其用夙夜亯

— 323 —

（享）卲（昭）文神，用祷旂（祈）眉寿。朕文考其坙（经）遣姬、遣白（伯）之德言，其竞余一子；朕文考其用乍（措）氒（厥）身，念禹弋（哉）！亡匄（害）！

这三件器物铭文比较相似，但又矛盾。第一件簋和盨都是遣伯作禹宗彝，其中遣伯是作器者，禹为受器者。第二件簋为遣伯赐禹宗彝，遣伯为赏赐者，禹为受赐者。在金文中，作器者与受器者的关系多为晚辈对长辈，下级对上级，而赏赐者与受赐者的关系多为上级对下级，长辈对晚辈。在第一件簋与盨中遣伯是作器者，处于晚辈或下级的位置，而禹是受器者，当为遣伯的长辈或上级；但是在第二件簋中，遣伯为赏赐者，处于上级或长辈的位置，禹为受赐者，当为遣伯的下级或晚辈，那么遣伯和禹之间到底是什么样的身份关系，看起来自相矛盾。

"宗彝"一般指尊、卣等酒器（见前文器名修饰语部分），而簋、盨等食器一般称"将彝"。这几件簋和盨却称为"宗彝"，不合金文惯例。

此外，"余一子"的说法也不合金文惯例。金文中有"余一人"，但是没有"余一子"的说法。

例8 七年师兑簋盖 《铭图》5302 图5-2-18、图5-2-19

图5-2-18 七年师兑簋盖铭   图5-2-19 七年师兑簋盖

释文：隹（唯）七年五月初吉甲寅，王才（在）康邵（昭）宫，各康庙，即立（位），畢叔右（佑）师兑入门立中庭，王乎（呼）内史尹册易（赐）女（汝）师兑䚄膺，用事。师兑拜稽首，敢对扬天子不（丕）显鲁休。余用自乍（作）宝簋簋，师兑其万年子子孙孙永宝用。

师兑所作之器已有元年师兑簋（图5-2-20）和三年师兑簋（图5-2-21）两件，铭文如下：

图 5-2-20　元年师兑簋铭　　　　图 5-2-21　三年师兑簋铭

元年师兑簋（《集成》4275）：隹（唯）元年五月初吉甲寅，王才（在）周，各康庙，即立（位），同中（仲）右（佑）师兑入门，立中廷，王乎（呼）内史尹册令（命）师兑：疋（胥）师龢父，司左右走马、五邑走马，易（赐）女（汝）乃且（祖）巾（巿）、五黄（衡）、赤舄。兑拜稽首，敢对扬天子不（丕）显鱼（鲁）休，用乍（作）皇且（祖）城公簋簋，师兑其万年子子孙孙永宝用。

三年师兑簋（《集成》4318）：隹（唯）三年二月初吉丁亥，王才（在）周，各大庙，即立（位），睘白（伯）右（佑）师兑入门，

— 325 —

立中廷，王乎（呼）内史尹册令（命）师兑，余既令女（汝）足（疋）师龢父，司左右走马，今余隹（唯）申就乃令，令女（汝）嗣司走马，易（赐）女（汝）秬鬯一卣、金车桼较（较）、朱虢（鞹）、䪇（靳）靳、虎冟熏里、右厄（轭）、画鞞、画𧜰、金甬、马四匹、攸勒。师兑拜稽首，敢对扬天子不（丕）显鲁休，用乍（作）朕皇考釐公𩰫簋，师兑其万年子子孙孙永宝用。

其一，在金文地点状语里，"在A，各（于）B"的结构常见，一般A为相对于B的大地点，B为相对于A的小地点，包含于A。就像"在天坛，各祈年殿""在紫禁城，各太和殿""在颐和园，各仁寿宫"这样的逻辑关系。如：

敔簋（《集成》4166）：王才（在）周，各于大室。
申簋盖（《集成》4267）：王才（在）周康宫，各大室。
敔簋盖（《新》671）：王才（在）康宫，各齐白室。
虎簋盖（《新》633）：王才（在）周新宫，各于大室。
七年趞曹鼎（《集成》2783）：王才（在）周般宫。旦，王各大室。
同簋盖（《集成》4270）：王才（在）宗周，各于大庙。
颂簋（《集成》4333）：王才（在）周康邵宫，旦，王各大室。
裘盘（《集成》10172）：王才（在）周康穆宫，旦，王各大室。
伊簋（《集成》4287）：王才（在）周康宫，旦，王各穆大室。

但七年师兑簋的地点为"王在康昭宫，各康庙"，"康昭宫"是指"康宫"里面的"昭宫"，是"康宫"里面的昭王庙，① 而"康庙"实际就是"康宫"，所以先说在康宫中的昭王庙，又说在康王庙，逻辑混乱。

其二，"王呼内史尹册赐汝师兑"句不通，应为"王呼内史尹册[命师兑，……]，赐汝……"，或也可为"王呼内史尹册赐师兑"，而七年师兑簋则将两句式合二为一，这种文例在金文中是不存在的。

---

① "康宫"问题的解释详见唐兰《西周铜器断代中的"康宫"问题》，《考古学报》1962 年第 1 期。

第五章　铭文辨伪的思路及方法（文法）

金文有关"册赐"的文例常见，如：

趞鼎（《集成》2815）：隹（唯）十又九年四月既朢（望）辛卯，王在周康卲（昭）宫，各于大室，即立（位），宰讯右（佑）趞入门，立中廷，北乡（向），史留受王令（命）书，王乎（呼）内史嚣册易（赐）趞玄衣屯（纯）黹、赤市、朱黄（衡）、銮旂、攸勒，用事。趞拜稽首，敢对扬天子不（丕）显鲁休，用乍（作）朕皇考釐白（伯）、奠（郑）姬宝鼎，其眉寿万年，子子孙孙永宝。

瘐壶（《集成》9724）：隹（唯）十又三年九月初吉戊寅，王才（在）成周司土淲宫，各大室，即立（位），𢼩父右（佑）瘐，王乎（呼）乍（作）册尹册易（赐）瘐画靳、牙（邪）㮨（幅）、赤舄，瘐拜稽首，对扬王休，瘐其万年永宝。

走马休盘（《集成》10170）：隹（唯）廿年正月既望甲戌，王才（在）周康宫。旦，王各大室，即立（位），益公右（佑）走马休，入门，立中廷，北乡（向）。王乎（呼）乍（作）册尹册赐休玄衣黹屯（纯）、赤市朱黄（衡）、戈琱𢧢、彤沙、厚必（柲）、銮旂。休拜稽首，敢对扬天子不（丕）显休令，用乍（作）朕文考日丁障盘，休其万年子子孙孙永宝。

袤盘（《集成》10172）：隹（唯）廿又八年五月既望庚寅，王才（在）周康穆宫，旦，王各大室，即立（位），宰頵右（佑）袤，入门，立中廷，北乡（向），史𣏟受（授）王令（命）书，王乎（呼）史减册易（赐）袤玄衣黹屯（纯）、赤市、朱黄（衡）、銮旂、攸勒、戈琱𢧢、厚必（柲）、彤沙，袤拜稽首，敢对扬天子不（丕）显叚休令，用乍（作）朕皇考奠（郑）白（伯）、奠（郑）姬宝般（盘），袤其万年子子孙孙永宝用。

都是在"册赐"之后直书受赐者的名字，而不加人称代词"汝"字。因此，七年簋所见"册赐汝师兑"的形式不合语法。而册命铭文于金文多见，如果七年簋铭的内容属于册命的完整形式，则又明显在"册"和"赐"间缺少了"命师兑"及册命内容。从元年和三年簋来看，师兑器的语言风格非常程式化，是很典型的西周晚期的册命铭文的结构，所以在"王呼内史尹册"后面应该有"命师兑"，否则这句话是不完整的。还有册命的内容，元年初次册命，三年重申册命，一脉相承，没有道理到七年却省却了册命的内容。如果这种省略的可能性存在，这种省略却又不合金文习见的形式，从而显出了无法掩盖的矛盾。

其三，再看赏赐的物品，仅有"鼠膺"，不成系统。据今所见的两周金文，鼠与膺皆与其他车马旗物共同赏赐，未见单独赏赐区区鼠、膺二物。如：

> 师𩵦鼎（《集成》2830）：易（赐）女（汝）玄袞黼屯（纯）、赤市、朱黄、銮旂、大师金雁（膺）、攸勒。

> 毛公鼎（《集成》2841）：易（赐）女（汝）秬鬯一卣、祼圭瓒宝、朱市（韍）、悤黄（衡）、玉环、玉琮、金车、桒缜较（较）、朱鞹、䪞（靼）靳、虎冟熏里、右厄（軛）、画轉、画幎、金甬、䢔（错）衡、金䤪（踵）、金豙、约䟒、金簟弼、鱼箙、马四匹、攸勒、金巤、金膺、朱旂二铃。

据已有的研究，毛公鼎的"巤"，孙诒让读为"鬣"，① 王国维谓即"邋"字，假借为"鬣"，② 为马鬣饰。学者或指沣西张家坡西周车马坑所出之兽面铜饰即此金鬣，③ 而金膺则即饰以铜饰的马带。④ 《诗经·秦风·小戎》："虎韔镂膺。"毛《传》："膺，马带也。"郑《笺》："镂膺，有刻金饰也。"

---

① 孙诒让：《古籀拾遗》，中华书局 1989 年版，第 30 页。
② 王国维：《毛公鼎铭考释》，《观堂古金文考释》，《王国维遗书》第六册，上海古籍书店 1983 年版，第 17 页。
③ 黄然伟：《殷周史料论集》，三联书店香港有限公司 1995 年版，第 179 页。
④ 黄然伟：《殷周史料论集》，三联书店香港有限公司 1995 年版，第 179 页。

第五章 铭文辨伪的思路及方法（文法）

从上述例子可见鑾和膺从不单独赏赐，只与其他车马旗物共同赏赐。而七年师兑簋只赏赐了鑾和膺，不合制度。再者，金文仅见"金鑾""金膺"，却没有"鑾膺"的说法。铜质之鑾及镶嵌金属或玉石的马带是比较常见的，但仅言"鑾膺"，前面不加材质等修饰语却不合金文惯例。

其四，"余用自作"的说法，金文只有一见：

> 曾伯霖簠（《集成》4631）：隹（唯）王九月初吉庚午，曾白（伯）霖愢（慎）圣元武，元武孔黹，克狄淮尸（夷），印燮繁汤，金道锡行，具既卑（俾）方，余择其吉金黄铝，余用自乍（作）旅匡，以征以行，用盛稻粱，用孝用享于我皇且（祖）、文考，天赐之福，曾白（伯）霖叚（遐）不黄耇万年，眉寿无彊（疆），子子孙孙永宝用之享。

从内容分析，"余用自作"这种说法不用于册命铭文，册命铭文的受器者一般都是已故先人，很少有自作用器。元年和三年师兑簋的受器者分别为"皇祖城公"和"皇考氂公"，都是已故先人，没有理由七年簋就作给自己，这不是师兑器的风格，也不是册命铭文的风格。

此外，元年与三年师兑簋于前后文通言"师兑"或"兑"，曾伯霖簠则于前后文通言"余"，皆逻辑一贯，而七年师兑簋前言"师兑"，次言"余"，后复称"师兑"，忽名忽我，忽实忽虚，称序混乱。

其五，与元年及三年师兑簋对比，很容易看出七年师兑簋通篇字迹呆板，有明显描摹痕迹。如"中""敢""显"等字，与元年、三年二器铭文相比，结体不谐，毫无神采。其行款与元年、三年二器相比也显得散乱无序。

将七年师兑簋与元年师兑簋的铭文对读，可以看出七年器铭文有对元年器明显的模仿痕迹：

> 唯元年五月初吉甲寅（元年器）
> 唯七年五月初吉甲寅（七年器）

此纪月纪时之模仿，只改元年器的"元年"为"七年"，余则照录。

真假铭文

> 王在周,各康庙(元年器)
> 王在康昭宫,各康庙(七年器)

此地点之模仿,改元年器"王在周"为"王在康昭宫",而致使不合金文惯例。同时将其与毛公鼎铭对读,也可看出"鼒膺"明显取自毛公鼎的"金鼒、金膺"。

例9 辛王姬簋 《铭图》5018 图5-2-22

图5-2-22 辛王姬簋铭(左盖,右器)

释文:辛王姬乍(作)叔西父姬西母媵簋,其万年子子孙孙永宝用享。

媵器一般为父亲为出嫁的女儿所作,如:

伯家父鬲(《集成》682):白(伯)家父乍(作)孟姜朕(媵)鬲,其子孙永宝用。

鲁伯愈父鬲(《集成》690):鲁白(伯)愈父乍(作)邾姬仁朕

（賸）羞鬲，其永宝用。

倗仲鼎（《集成》2462）：倗中（仲）乍（作）毕媿朕（賸）鼎，其万年宝用。

辅伯匯父鼎（《集成》2546）：辅白（伯）匯父乍（作）丰孟妘朕（賸）鼎，子子孙永宝用。

陈侯鼎（《集成》2650）：隹（唯）正月初吉丁亥，敶（陈）侯乍（作）铸妫囨母媵（賸）鼎，其永寿用之。

或兄长为出嫁的妹妹所作，如：

宋公欒簠（《集成》4589）：有殷天乙唐孙宋公欒，乍（作）其妹句敔夫人季子媵匜。

鄴伯受簠（《集成》4599）：鄴白（伯）受用其吉金，乍（作）元妹叔嬴为心朕（賸）馈匜，子子孙孙其永用之。

又或夫妻合铸，如：

㱇叔㱇姬簠（《集成》4062）：㱇（胡）叔、㱇（胡）姬乍（作）白（伯）媿朕（賸）簠，用享孝于其姑公，子孙孙其万年永宝用。

再或母亲为出嫁的女儿所作，如：

苏冶妊鼎（《集成》2526）：穌（苏）冶妊乍（作）虢改鱼母朕（賸），子子孙孙永宝用。

觸姬簠盖（《集成》3945）：觸姬乍（作）旃嫘朕（賸）簠，旃嫘其万年子子孙孙永宝用。

苏夫人盘（《集成》10080）：穌（苏）甫（夫）人乍（作）姪改襄朕（賸）般（盘）。

辛王姬簠显然属于母亲为女儿作器，且不论"辛王姬"的称谓是否合乎制度，仅就母亲为女儿作器的通例而言，"辛王姬"既然明其姓姬，从同姓不婚的制度考虑，辛之女便不太可能从母之姓为姬。如苏为改姓，故苏冶妊之女必不从母之妊姓，而姓改；觲虽不知何国，但觲姬之女必不从母之姬姓，而姓嫘，制度十分清楚。所以辛王姬的女儿名为姬西母，是不合周人称名制度的。

媵器的受器者为出嫁的女子，其称谓或冠以行字，如上文所举"孟姜""伯媿"等，或冠以所适之国氏，如"邾姬仁""毕媿""虢改魚母"等，或二者皆有，如"丰孟妘"等，但这件器物所记的出嫁者名为"叔西父姬西母"，不伦不类。"叔西父"是男人之名，如果理解为出嫁女子"姬西母"的丈夫，则矛盾重重。依金文通例，出嫁者仅系所适国名，以明其所嫁之国，并不系以所嫁丈夫的名氏。而"叔西父"作为男子之名，并未体现出国氏，因而不合金文所体现的称名制度。

例10 应侯见工簋 《铭图》5311 图5-2-23

释文：唯正月初吉丁亥，王若曰：应侯见工伐淮南尸（夷）丰，敢尃（搏）氒（厥）众，曐敢加（嘉）兴乍（作），戎广伐南国。王命应侯征伐淮南尸（夷）丰。休克。撲伐南尸（夷）□，孚（俘）戈，余弗敢且（沮），余用乍（作）朕王姑单姬尊簋，姑氏用易（赐）眉寿永命，子子孙孙永宝用享。

图5-2-23 应侯见工簋器铭

现在所见的应侯见工器有鼎、簋、钟，铭文如下：

第五章 铭文辨伪的思路及方法（文法）

应侯见工鼎（《新》1456，西周中期，图 5-2-24）：隹（唯）南尸（夷）毛敢乍（作）非良，广伐南国，王令（命）应侯见工曰：政（征）伐毛。我□令（命）撲伐南尸（夷）毛，我多孚戎，余用作朕剌考武侯障鼎，用祈赐（赐）眉寿永令，子子孙孙其永宝用享。

应侯见工钟（《集成》107—108，西周中期，图 5-2-25）：隹（唯）正二月初吉，王归自成周，应侯见工遗王于周。辛未，王各于康，荣白（伯）内（入）右应侯见工，易（赐）彤弓一、彤矢百、马四匹，见工敢对扬天子休，用乍朕皇且（祖）应侯大林钟，用易（赐）眉寿永命，子子孙孙永宝用。

图 5-2-24 应侯见工鼎铭

图 5-2-25 应侯见工钟铭

真假铭文

图 5-2-26 应侯见工簋铭

应侯见工簋（《新》78，西周中期，图 5-2-26）：隹（唯）正月初吉丁亥，王才（在）羃卿（饗）醴。应侯见工侑，易（赐）玉五瑴、马四匹、矢三千。敢对扬天子休釐，用乍（作）皇考武侯簋，用易（赐）眉寿永令，子子孙孙永宝。

从上述铭文我们可以看出，应侯见工器都属于西周中期，可见应侯见工应该是生活于西周中期的人。中国人讲究避讳，所以不会有两个应侯都叫见工，所以应侯见工应该为一个人。但是这件器物《铭图》书中标明为西周晚期，一个人从西周中期活到西周晚期，而且到了晚期还能去打仗，可能性不太大。

这件器物的时间为"正月初吉丁亥"，与保利所藏的应侯簋时间相同，但所记录的事件却完全不同，一个人怎么能在同一天做这么多事呢？从器形看，保利的应侯簋（图 5-2-27、图 5-2-28）与这件应侯簋（图 5-2-29）也不是一个风格，如果是同一个人同一天所做的器，应该不会是这样。

图 5-2-27 保利藏应侯簋

第五章 铭文辨伪的思路及方法（文法）

图 5-2-28　保利藏应侯簋线图　　图 5-2-29　应侯见工簋

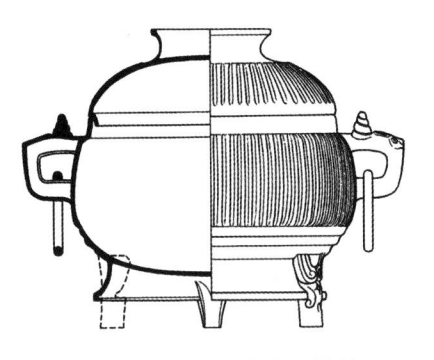

从铭文内容看，这件器物与上博的应侯鼎有些类似，都是有关征伐的，但是上博簋伐的是南夷，这件是淮南夷。金文中有"南夷"、有"淮夷"、有"南淮夷"，但是没有"淮南夷"的说法。

再看受器者，一般记录征伐，铭功烈的铭文，受器者都为祖考，向先祖表功，可这件器物的受器者却为"王姑"。一般为"姑"作器是商人的习俗，流行于商代晚期和西周早期，作器者多为女性，如：

妇闟甗（《集成》922，商代晚期）：妇闟乍（作）文姑日癸障彝。
〔斝〕。

姬鼎（《集成》2333，西周早期）：姬乍（作）氒（厥）姑日辛障彝。

陆妇簋（《集成》3621，西周早期）：陆妇乍（作）高姑障彝。

西周晚期为"姑"作器仅两件，从铭文内容看应该为媵器。

伯庶父簋（《集成》3983，西周晚期）：隹（唯）二月戊寅，白（伯）庶父乍（作）王姑凡姜障簋，其永宝用。

复公子簋（《集成》4011，西周晚期）：复公子白（伯）舍曰：叞新乍（作）我姑邓孟媿媵（媵）簋，永寿用之。

这件器物作器原因为铭功烈，记录征伐，但受器者为"王姑"，非常不合情理。

— 335 —

例11　我簋　《铭图》5321　图5-2-30

释文：唯王七年正月初吉甲申，王命我遗鲁侯，白（伯）頵蔑氒（厥）老父我历，易（赐）圭瓒彝一肆，醤尊以氒（厥）匍；易（赐）小子寽一家，师曰引以友五十夫。我拜稽首，敢对扬朕公子鲁侯不（丕）显休，用乍（作）吕姜□宝噂簋，其用婴（夙）夜亯（享）于宗室，用祈屯（纯）鲁，世子孙孙永宝用。

图5-2-30　我簋铭

这件东西人物关系有点乱。大体意思就是：王命"我"遗"鲁侯"，"伯頵"蔑"我"历，赐了很多东西，"我"扬"鲁侯"休，给"吕姜"作了这件东西。其中"我"是"伯頵"的"老父"，"鲁侯"是"我"的"公子"。如果"鲁侯"是"我"的"公子"，那"我"的"公"是谁呢？如果这个"公"还在世，那这个"鲁侯"就应该是"鲁侯子"了，如果这个"公"过世了，那这个"鲁侯"就应该是"我"的"公"而不是"公子"，这个人物关系是矛盾的。

受器者"吕姜"，从称谓来看应该是个女人，而且是在世之人。一般受器者多为已故之人，祖、考、母、妣等。但这件器物的受器者"吕姜"为在世之人，不合金文惯例。

此外，赏赐的物品也有问题。铭文言"赐圭瓒彝一肆"，金文中有"宗彝一肆"、"锡钟一肆"，但是没有"圭瓒彝一肆"这种说法。

第五章 铭文辨伪的思路及方法（文法）

例12 畯簋 《铭图》5386 图5-2-31

图5-2-31 畯簋铭

释文：佳（唯）十年正月初吉甲寅，王才（在）周［般］大室，旦，王各（格）庙，即立（位），䚘王，康公入门佑畯，立中廷，北乡（向）。王乎（呼）乍（作）册尹册命畯，曰："戋𢼸乃且（祖）考囗有囗于先王，亦弗望（忘）乃且（祖）考䇂（登）襄氒（厥）典封于𦨶（服）。今朕丕显考龏（恭）王既命汝更乃祖考事，乍（作）司徒。今余佳（唯）申先王命女（汝）甗司西𦨶司徒讯讼，取𧵽十锊，敬勿废朕命。易（赐）女（汝）㲲卤、赤芾、幽黄、攸勒。"吮（畯）拜稽首，对扬天子休，用乍（作）𦨶（朕）烈考幽叔宝䵼簋，用易（赐）万年，子子孙孙其永宝。

铭文内容为西周中后期常见的册命文字，并不难懂，但其遣词造句与已知的西周册命文字相比，却显露出诸多矛盾和可疑之处。

其一，铭文言"王在周［般］大室，旦，王格庙"，这种叙述形式与金文常见的情况明显不合。在金文地点状语里，"在 A，格（于）B"的结构习见，一般 A 为相对于 B 的大地点，B 为相对于 A 的小地点，B 包含于 A 中（见前文例七年师兑簋部分）。其句型结构一般为"在某地"（周、宗周、成周等），"格某建筑"（某宫、某庙等）或某建筑的大室、某室，如：

师遽簋盖（《集成》4214）：王在周，格新宫。
善鼎（《集成》2820）：王在宗周，王格大师宫。
敔簋（《集成》4323）：王在成周，……，王格于成周大庙。
师㝨簋（《集成》4253）：王在莽，格于大室。
师酉簋（《集成》4288）：王在吴，格吴大庙。

或为"在某建筑"（某宫、某应等），"各大室"（某室、大庙、某庙），如：

走马休盘（《集成》10168）：王在周康宫，旦，王格大室。
虎簋盖（《新》633）：王在周新宫，格于大室。
卫鼎（《集成》2831）：王在周驹宫，格庙。
趩鼎（《集成》2815）：王在周康昭宫，格于大室。
寰鼎（《集成》2819）：王在周康穆宫，旦，王格大室。
此鼎（《集成》2821）：王在周康宫夷宫，旦，王格大室。
十三年𤼈壶（《集成》9723）：王在成周司土滮宫，格大室。
蔡簋（《集成》4340）：王在雝应，旦，王格庙。

但这篇铭文却是"王在周［般］大室，旦，王格庙"，前后逻辑关系恰好相反，其先述王在宗庙中的大室，然后再述王至于庙，错误是明显的。

其二，"蒿王"一词又见于小盂鼎，铭作"雩若翌日乙酉，□三事

第五章 铭文辨伪的思路及方法（文法）

□□入服酒，王格庙，鬲王邦宾"。小盂鼎铭文启首则谓："唯八月既望，辰在甲申，昧爽，三左三右多君入服酒。明，王格周庙，[鬲王]邦宾。"或云"鬲邦宾""即位，鬲宾，王呼鬲盂"。陈梦家《西周铜器断代》读"鬲"为"赞"。《左传·僖公二十八年》："晋侯献楚俘于王，……王享醴，命晋侯宥。"其事确与小盂鼎铭所记相合。郭沫若《两周金文辞大系图录考释》以鬲王邦宾为归而饮至之礼。在小盂鼎铭中，"鬲王邦宾"皆在"入服酒"之后，可明陈、郭之说近是。而与小盂鼎所记的相关内容，在畯簋铭文中是绝对没有的。因此，畯簋铭文于王即位及康公佑宾前突然出现一句"鬲王"，人无主语，事无因果，极不合理。

事实上，在西周的册命活动中根本没有献酒的仪节。西周的册命仪式仪节比较固定，一般为王即位，宾者佑受册命者入门，立中庭，北向，史官受王命书，颁布册命，进行赏赐，受赐者拜稽首，对扬王休。如趩鼎铭云："唯十又九年四月既望辛卯，王在周康昭宫，格于大室，即位，宰讯佑趩入门，立中廷，北向。史留受王命书，王呼内史□册赐趩玄衣纯黹、赤市、朱黄、銮旂、攸勒，用事。趩拜稽首，敢对扬天子丕显鲁休，用作朕皇考鳌伯、郑姬宝鼎。"又膳夫山鼎铭云："唯卅又七年正月初吉庚戌，王在周，各图室，南宫呼入右膳夫山，入门，立中廷，北向。王呼史桊册命山，王曰：'山，命汝官司饮献人于冕，用作宪司贮（贾），毋敢不善，赐汝玄衣黹纯、赤市、朱黄、銮旂。'山拜稽首，受册佩以出，反（返）入（纳）瑾璋，山敢对扬天子休命，用作朕皇考叔硕父尊鼎。"从这些规范的西周册命文字可以看出，与"鬲王"有关的饮至之礼或仪节是不存在的。不仅如此，礼书中也从未见过册命活动中有献酒的环节。古礼以饮至属军礼，小盂鼎铭述献俘而言饮至，其礼甚合。而畯簋册命铭文中竟出现"鬲王"的环节，不合西周礼制是显而易见的。

其三，"康公入门佑畯立中廷"，此句次序错误。在册命铭文中，宾佑引导受册命者入门立中廷习见，其结构常为"佑某人入门"，意为宾佑引受册命者入门，而畯簋铭文却说"入门佑畯"，意为宾佑入门而后佑，都已经入了门，又何谈"佑"？显然这里将词序颠倒了，如果铭文作"康公佑畯入门立中廷"，那才是正确的。金文虽习见宾"入佑"受册命者，意即佑其入，却绝不见"入门佑"的说法。

— 339 —

其四,"亦弗望(忘)乃祖考……"句缺少主语。前文已说"戈甾乃祖考□有□于先王",主语当然是"乃祖考",而后文紧接"亦弗望(忘)乃祖考……",文意应该是周王不忘"乃祖考"辅佐先王之功,但这里却缺少了作为主语的周王的自称"余",以至于造成行文逻辑的混乱。

其五,"今朕丕显考龏(恭)王既命汝更乃祖考事,作司徒。今余唯申先王命汝粦司西艅司徒讯讼。"此句在前后称引时间上有明显的错误。前文既言"既命汝",显然一定是已经完成的事情,从中国传统的时间观念考虑,应该称为"昔",也就是"昔朕丕显考恭王既命汝更乃祖考事"云云,但畯簋铭文却错误地写成了"今"。"今"为现在时,与"既"呈现出明显的矛盾。

西周册命铭文中这种前后两次册命的实例并不少见,其时称的运用非常严格,如师瘨簋盖铭云:"先王既命汝,今余唯申先王命,命汝官司邑人、师氏。"谏簋铭云:"先王既命汝粦司王宥,汝某不又闻,毋敢不善,今余唯或嗣命汝。"师颖簋铭云:"才先王既命汝作司徒,官司沥闈,今余唯肇申乃命。"善鼎铭云:"昔先王既命汝佐胥𤽄侯,今余唯肇申先王命,命汝佐胥𤽄侯。"鄘簋铭云:"昔先王既命汝作邑,粦五邑祝,今余唯申就乃命。"师毁簋铭云:"才昔先王小学汝,汝敏可事(使),既命汝更乃祖考司小辅,今余唯申就乃命,命汝司乃祖旧官小辅。"卯簋铭云:"鼠乃先祖考死司荣公室,昔乃祖亦既命乃父死司莘人,……今余唯命汝死司莘宫莘人。"很明显,与今命相对的过去先王的任命多写为"才先王既命""昔先王既命";或者"才""昔"连用;抑或可以没有时间状语,仅言"先王既命"。但畯簋铭文却是"今朕丕显考龏(恭)王既命",过去的任命却用表示现在的时间状语"今"来修饰,错误十分明显。

此外,据规范的册命文字分析,"今余唯申先王命汝"也有不通,应该为"今余唯申先王命,命汝……",这里缺少了一个重文符号。

其六,"勿废朕命"所处的位置不合西周金文惯例。此句文字于金文习见,其位置一般都在赏赐物品的后面与拜稽首的前面,如师毁簋铭云:"赐汝叔(素)市、金黄、赤舄、攸勒,用事,凤夜勿废朕命。师毁拜手稽首,敢对扬天子休。"蔡簋铭云:"赐汝玄衮衣、赤舄,敬夙夕,勿废朕命。蔡拜手稽首,敢对扬天子丕显鲁休。"伯晨鼎铭云:"赐汝秬鬯一卣、玄衮衣、幽夫、赤舄、驹车，……用夙夜事，勿废朕命。晨拜稽首，敢对扬王休。"大克鼎铭云："赐汝叔（素）市、参冋（絅）、萆（中）恖（葱）。赐汝田于野，……敬夙夜用事，勿废朕命。克拜稽首，敢对扬天子丕显鲁休。"大盂鼎铭云："赐汝鬯一卣、冂衣、市、舄、车马。赐乃祖南公旂，……若敬乃正，勿废朕命。盂用对王休。"很清楚，"勿废朕命"是册命仪式完成后周王对受册命者的告诫和希望，而赏赐物品实为册命活动的重要部分，因此这样的告诫之辞并没有出现在此之前的道理。显然，畯簋铭文的"勿废朕命"出现在赏赐物品的前面，不合金文惯例。况且金文习称"敬夙夕，勿废朕命""敬夙夜，勿废朕命""若敬乃正，勿废朕命"，但没有"敬勿废朕命"的说法。

此外，作为"废"字假借所用的本字"法"，其写法也有错误。畯簋铭文作从"水"从"廌"的结构，与金文习见的"法"字明显不同。

例13 古鼎 《铭图》2453 图5－2－32、图5－2－33；古盨盖 《铭图》5673 图5－2－34；古盉 《铭图》14798 图5－2－35、图5－2－36

图5－2－32 古鼎　　　　　　图5－2－33 古鼎铭

:::: 真假铭文

图 5-2-34　古盨盖铭

图 5-2-35　古盉　　　　　图 5-2-36　古盉铭

鼎释文：隹（唯）正月初吉庚寅，王才（在）康宫，各（格）于大室，荣白（伯）入右古，即立（位）。王乎（呼）入（内）史尹册令（命）古。王曰："古，令（命）女（汝）乍（作）服。易（赐）女（汝）金车、旂、❽火（市？）、幽黄（衡）。"古敢对扬天子不（丕）显休，用乍（作）朕考簋，古其万年子子孙孙永宝用。

第五章 铭文辨伪的思路及方法（文法）

盨释文：隹（唯）正月初吉庚寅，王才（在）康宫，各（格）于大室，荣白（伯）入左古，即立（位）。王乎（呼）入（内）史尹册令（命）古。王曰："古，令（命）女（汝）乍（作）服。易（赐）女（汝）金车、旂、⊗火（市？）、幽黄（衡）。"古敢对扬天子丕（丕）显休，用乍（作）朕考簋，古其万年子子孙孙永宝用。

盉释文：隹（唯）正月初吉庚寅，王才（在）康宫，各（格）于大室，荣白（伯）入右古，即立（位）。王乎（呼）入（内）史尹册令（命）古。王曰："古，令（命）女（汝）乍（作）服。易（赐）女（汝）金车、旂、⊗火（市？）、幽黄（衡）。"古敢对扬天子丕（丕）显休，[用乍（作）]朕考簋，古其万年子[孙永]宝用。

古器《铭图》中共收录三件，分别为鼎、盨、盉，铭文大致相同。从内容看，为西周中后期常见的册命赏赐类铭文。但遣词造句之间却有多处不合金文惯例。

其一，在金文中没有"作服"这一说法。在册命铭文中，册命某人某官职，在"作"后面一般接的都是具体的职司，如：

哉簋（《集成》4255）：令女（汝）乍（作）司土（徒），官司耤（藉）田……

趞簋（《集成》4266）：命女（汝）乍（作）齫师冢司马，啻（適）官仆、射、士，讯小大又（右）邻，……

鄦簋（《集成》4296）：昔先王既命女（汝）乍（作）邑，翱五邑祝……

师颖簋（《集成》4312）：才先王既令女乍（作）司土（徒），官司汸阘……

蔡簋（《集成》4340）：昔先王既令女（汝）乍（作）宰，司王家……

而"服"在金文中一般并不指具体的职司。在册命铭文中常有"更某某

服"之说,如:

> 班簋(《集成》4341):更虢城公服。
> 趞觯(《集成》6516):更乃(厥)且(祖)考服。

又有:

> 大盂鼎(《集成》2837):女(汝)妹(昧)辰(晨)又(有)大服。
> 班簋(《集成》4341):登于大服。
> 荣作周公簋(《集成》4241):葊(割)井(邢)侯服。
> 番生簋盖(《集成》4326):勖于大服。
> 毛公鼎(《集成》2841):女(汝)母(毋)敢荩(弛)在乃服。
> 大克鼎(《集成》2836):勖克王服。
> 逨钟(《新》772):天子巠(迳)朕先且(祖)服。
> 逨盘(《新》757):逨肈䌛(纂)朕皇且(祖)考服。

就金文中所见"服"的用法来看,并不确指某一具体职司。"作服"这一说法不合金文语法。

其二,赏赐物品的顺序有问题。这篇铭文中赏赐的物品包括车、旗帜、命服。而这几类物品在赏赐铭文中的顺序一般为命服、车马及车马饰、旗帜,如:

> 毛公鼎(《集成》2841):易(赐)女(汝)秬鬯一卣、祼圭瓒宝、朱巿(芾)、恖黄(衡)、玉环、玉瑹、金车、桼缏较(较)、朱鞹𩊠(靳)靳、虎冟熏里、右厄(轭)、画𦎫、画𨏥、金甬、造(错)衡、金曈(踵)、金豙、约䡅、金簟弼、鱼箙、马四匹、攸勒、金𪊽、金𦩻、朱旂二铃。

番生簋盖（《集成》4326）：易（赐）朱市、恩黄（衡）、鞞革、玉瞏（环）、玉琮、车、电轸、桒缪较（较）、朱鞹䪜（靳）、虎冟熏里、造衡、右厄（轭）、画𨍸、画𨍱、金童、金豙、金簟彌、鱼箙、朱旗旂金枋二铃。

伯晨鼎（《集成》2816）：易（赐）女（汝）秬鬯一卣、玄衮衣、幽夫、赤舄、驹车、画呻（绅）、幬爻（较）、虎帏冟衰里幽、攸勒、旅（旂）五旅（旂）、彤弓、彤矢、旅弓、旅矢、□戈、皋胄。

录伯𢒖簋盖（《集成》4302）：易（赐）女秬鬯一卣、金车、桒幬较（较）、䧹朱虢（鞹）靳、虎冟朱里、金甬、画闻（𨍱）、金厄（轭）、画𨍸、马四匹、攸勒。

但这篇铭文赏赐物品的顺序却是车、旗帜、命服，不合金文惯例。而且在金文赏赐物品中，金车属于比较高规格的赏赐，一般后面还会共同赏赐很多车饰，像前面所举毛公鼎、录伯𢒖簋盖等，但这篇铭文仅有"金车"，后面没有车饰，这在金文中是非常少见的。

其三，受器者的称谓不合金文惯例。金文言"考"前面一般都有修饰语，如"文考""皇考""烈考"等，但这篇铭文仅言"考"，前面没有修饰语，不合金文惯例。

其四，这三件器物分别为鼎、甗、盉，但铭文中却都自称为"簋"，错误是显而易见的。

第六章 铭文辨伪的思路及方法（其他）

铭文辨伪主要是从铭文入手，除了文字本身以及铭文的遣词造句之外，铭文的铸造工艺以及位置、大小比例关系等都可以成为铭文辨伪的辅助手段。本章将分析、研究铭文的铸造工艺以及一般的铸造位置、大小比例关系等，提供铭文辨伪的思路和方法。

第一节 工艺

了解商周青铜器铭文的铸造工艺及特点和常见的伪铭铸造工艺及特点，真伪对比，是非常重要的辨伪方法。本节主要从字口、锈色、垫片几个方面梳理真铭和伪铭各自的特点，从工艺的角度建立铭文辨伪的框架。

一 字口

一般传统观点都认为铸造铭文的字口应该是"上窄而下宽"，呈凵形，确实很多器物的铭文都具有这一特点，如安阳大司空村 M303 出土的卣（图 6-1-1，04ASM303：120）、簋（图 6-1-2，04ASM303：79）以及后冈出土的戍嗣子鼎（图 6-1-3，《集成》2708）等都可以清楚地看到这一特征，如果用手摸，感觉会更明显。

图 6-1-1　04ASM303：120 铭文 　　图 6-1-2　04ASM303：79 铭文

图 6-1-3　戍嗣子鼎局部铭文

但并不是所有的铭文都呈现这一特征，如本文第二章第二节所举的几件考古出土的例子（图 2-2-1、图 2-2-2、图 2-2-3）就不是这样。是否呈现这一特征其实与铭文的铸造工艺有关。所以，首先我们要了解商周时期铭文的制作工艺以及其与现代伪铭制作工艺的区别，才可以更好地从工艺的角度进行真伪的辨别。

（一）商周铭文的铸造工艺及特点

商周青铜器铭文的制作方法大致可分为铸造和錾刻两大类。铸造即铸前作铭，系在陶模、范、芯上完成铭文的制作，而后浇注出铭文。錾刻即铸后作铭，系青铜器浇注后，在器体上刻画出铭文。殷商、西周及春秋的有铭铜器，铸铭占绝大多数，战国的有铭铜器，錾刻占大多数，这大概与战国时期铁器的普遍使用有关。

1. 铸造

商周青铜器的一般制作工艺为：先用细泥塑出器形及主体纹饰，然后翻外范，待外范阴干后雕刻细纹，然后将内芯表面刮去一层，厚度为所铸器物的厚度，然后嵌入或印入铭文，按压固定，阴干后焙烧至850℃，最后合范浇铸，脱范，打磨成器。有关商周青铜器铭文的铸造工艺，学者多有研究，归纳总结大致有如下几种方法。

（1）木板刻字印范法

阮元认为："刻字于木，范为阴文，以泥抑之成阳文，然后以铜铸之成阴文。"① 这一说法，容庚予以否定，他认为"如先刻木范，则一范必可成数器"，但是"所见古器及铭文无一同范者"。② 今按，阮氏之论，对于少字之铭，或可一用。没有发现同范之铭，还不足以否定它的可能性。③

（2）泥浆书写成模法

阮元推测说："调极细泥以笔书于土范之上，一次书之不高，则俟其燥而再加书之，以成阳文，以铜铸之，成阴文矣。"④ 容庚认为这一说法"未必然"。用泥浆修补润饰个别文字未尝不可，倘若整篇铭文由多次重叠书写而成，各层泥浆的结合必不紧密，因此在技术上难以行得通。⑤

（3）内范直接刻字法

阮元说："刻土范为阴文，以铜铸之，成阳文矣。"⑥ 郭宝钧也认为："以骨锥反划在泥内范上成阴文，铸成就成阳文了。"⑦ 我们今天所见的阳

---

① 转引自容庚《商周彝器通考》，中华书局2012年版，第158页。
② 容庚：《商周彝器通考》，中华书局2012年版，第158页。
③ 陈初生：《殷周青铜器铭文制作方法评议》，《暨南学报》（哲学社会科学版）1998年第1期。
④ 转引自容庚《商周彝器通考》，中华书局2012年版，第158页。
⑤ 陈初生：《殷周青铜器铭文制作方法评议》，《暨南学报》（哲学社会科学版）1998年第1期。
⑥ 转引自容庚《商周彝器通考》，中华书局2012年版，第158页。
⑦ 郭宝钧：《商周青铜器群综合研究》，文物出版社1981年版，第158页。

文，大多书写比较随意，直接在内范上刻画的可能性极大。容庚对此法进行了补充："曾见上虞罗氏所藏《交作父乙卣》盖范（《雪堂所藏古器图》页三三，图二八二），殆是刻土范为阳文反书者。"① 在内范上又是阳文，又是反书，短铭或许可行，长篇铭文如用此法刻制，难度相当大，② 所以容氏的补充应属个别情况。

（4）活字印范法

容庚云："罗振玉先生谓秦公敦之文每字为一范，合多范而成文，以证活字之始，远在东周之世。"并补充说："庐江刘氏所藏奇字钟亦为一字一范若秦瓦量则为四字一范，合十范而成全文。"③ 瓦量虽非铜器，但青铜器制作前期之陶范工序，与陶器制作有直接关系。有实物为证，活字印范法是存在过的，但也应属个别情况。

（5）泥板刻字印范法

郭宝钧认为："先照刻铭的地方，制一同凹度的泥片，由善书的书史，以朱墨书之，契刀刻之，俟干反印在内范上成阳文，再浇铸成阴文。"④ 郭先生所主张的用泥板刻字后再印到内范上去，短小的铭文应为可行，但是那些长达几百字的铭文，如大盂鼎、毛公鼎、大克鼎、墙盘、散盘等，面积那么大，用整块泥板刻好以后再印到内范上，恐怕是不太可能的。

（6）单独置范镶嵌法

马承源认为有铭铜器的制作方法为：先做一个与真器外观相同的模型，然后利用它翻出外范，外范完成以后，就在原先的模型表面进行刮削，刮削的厚度大约就是待铸铜器的厚度，然后另置一块铭文范镶嵌在内范的底上或壁上，有的嵌在圈足的内范上，铭文在器外的则镶嵌在外范上。⑤ 这是传统青铜器修复行业的看法，很多青铜器修复复制专家都持此种观点。⑥ 巴纳（Noel Barnard）也认为阴文铸铭多为模作，设想先制铭文

---

① 容庚：《商周彝器通考》，中华书局 2012 年版，第 159 页。
② 陈初生：《殷周青铜器铭文制作方法评议》，《暨南学报》（哲学社会科学版）1998 年第 1 期。
③ 容庚：《商周彝器通考》，中华书局 2012 年版，第 158 页。
④ 郭宝钧：《商周青铜器群综合研究》，文物出版社 1981 年版，第 158 页。
⑤ 马承源：《中国古代青铜器》，上海人民出版社 1982 年版，第 9 页。
⑥ 程长新、程瑞秀：《古铜器鉴定》，北京工艺美术出版社 1993 年版，第 26 页；贾文熙：《历代铜器鉴定与辨伪》，人民出版社 2011 年版。

模，将模上的铭文翻印到独立的铭文范上，再将铭文范嵌入芯范，即完成铸前的铭文制作。[①] 此种观点较之其他观点，不仅可操作性比较强，而且也可以很好地解释很多铭文字口上窄下宽的现象，[②] 但是也仅适用于短小的、比较平整的铭文，长篇的、所处位置弧度比较大的（如毛公鼎）或者所处位置比较散，遍布器物周身的（如国家博物馆所藏驹尊）就不太可能是这种方法制作的。

（7）皮模法

松丸道雄针对长篇阴文铸铭，提出了另一种模作方式：是先用笔书写在皮革上，然后将字镂刻成阴文，再用此皮模在内范上（趁未干时）拍印，铭文即在内范上呈阳文形式显露出来。[③] 由于皮革的柔韧性，确实可以解决长篇铭文以及铭文所处位置不平整、弧度比较大的问题，但这也只是一种推测，很难在考古上得到证实。

（8）泥条堆塑法

陈初生提出另外一种可能：先用肉雕法把内范主体作出，在上面按铭文字数刻画好阴文的格子，再在他处画一块同样规格大小的格子，在那格子上面书写铭文，然后用黏土范泥捏成条状，照字形做字，做好以后，再按格逐个反向粘贴到内范上。这样，内范上的阴文格中就有阳文的字了，一浇铸，铭文是阴文，格线就成了阳文。[④] 这种说法乍看是可以解释某些铭文笔画断裂、错位的现象的，但是仔细想来，可操作性并不大。如果用泥条捏出字形，那么笔画的粗细就应该是一样的，泥条是不可能捏出"肥笔""钉头""出锋"来的；从书法的角度看，泥条捏的字也不可能达到自然书写、刻画的顺畅感；更重要的是，按这种说法，先在模上写字，然后按字形做字，那么字应该是粘在模上的，如果不固定在模上，字就会变形，那么固定在模上的字怎么粘到陶范上去呢？这种说法明显讲不通。但

---

① Noel Barnard, *Ancient National Bronze Casting and Bronze Alloys in China*, Australian University, 1961, pp. 157–161.

② 由于是单独置范再镶嵌进去，在镶嵌时会有按压，范上凸起的铭文就会上宽下窄，浇铸出的铜器就会上窄下宽。

③ [日] 松丸道雄：《试说殷周金文的制作方法》，蔡哲茂译，《故宫文物月刊》1991年第5期。

④ 陈初生：《殷周青铜器铭文制作方法评议》，《暨南学报》（哲学社会科学版）1998年第1期。

是张昌平提出另外一种泥条堆塑法：就是直接在陶范上刻画出阴文的底稿，然后在凹入的底稿上堆塑出阳文，浇铸后得到阴文的铭文。① 这种说法确实讲得通，可操作性比较强。仔细观察西周晚期和春秋战国时期的铸铭，有很多笔画确实不太连贯，如盠叔壶（《集成》9625，图6-1-4）、曾都尹定簠（《新》1214，图6-1-5）等，很有可能就是运用这种方法。但是这种方法出现的时间应该比较晚，早期的铭文从笔法和结体来看，应该不是这种方法制作出来的。

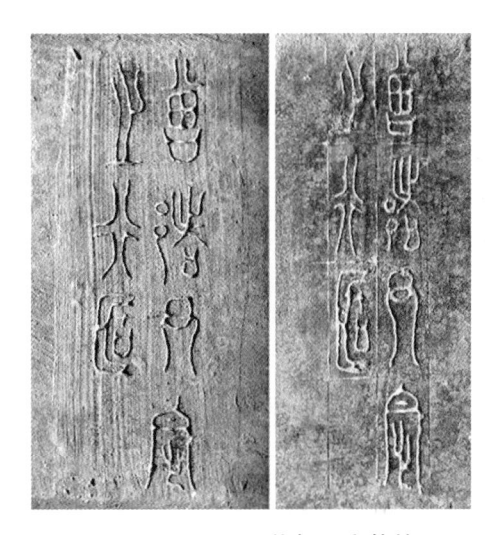

图6-1-4　盠叔壶铭　　　　图6-1-5　曾都尹定簠铭

(9) 假范法

李峰在他的《西周青铜器铭文制作方法释疑》中提出一个"假范"的概念，就是先做一个假内范，刻上方格，再翻到假外范上，于是假外范上就有了阳线的方格，在上面印刻上文字，再翻到内范上，于是内范上就有了阴线的方格和阳线的文字，再铸造铜器，就有了阳线的方格和阴线的文字。具体流程如图6-1-6所示。

---

① 张昌平：《商周青铜器铭文的若干制作方式——以曾国青铜器材料为基础》，《文物》2001年第8期。

真假铭文

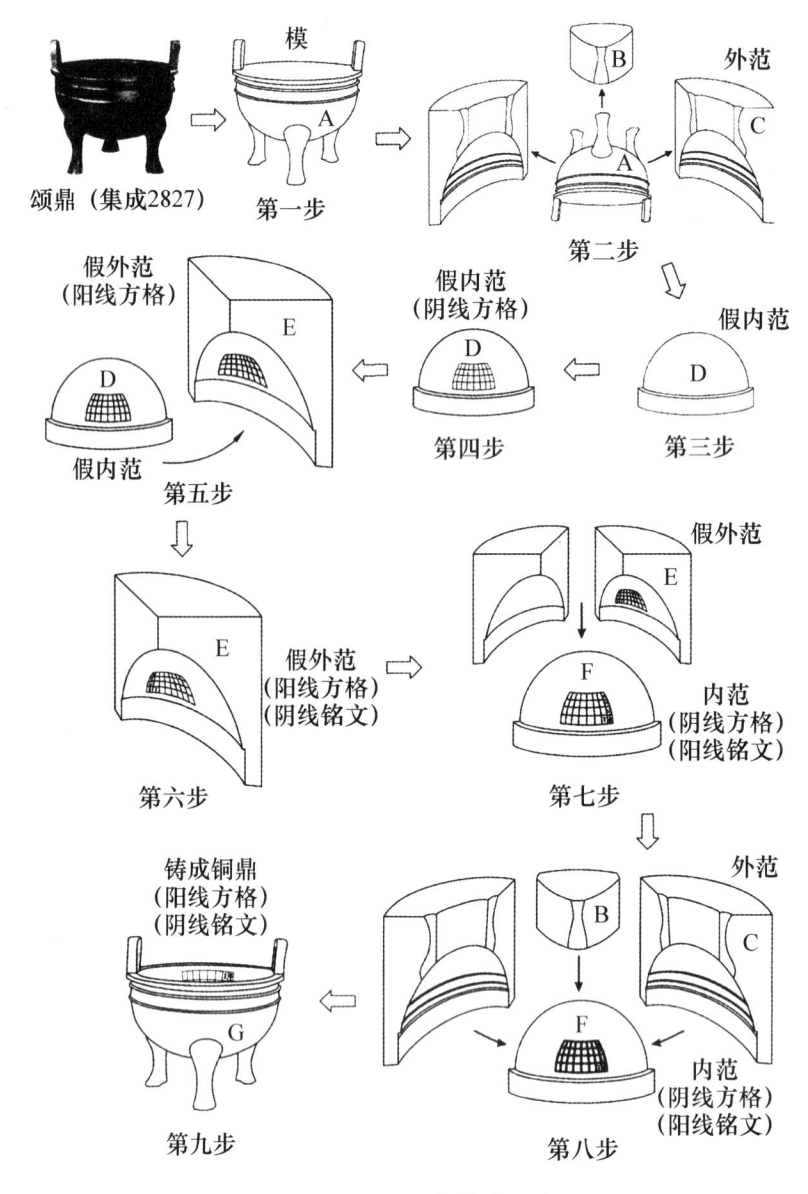

颂鼎（集成2827） 第一步

模 A

第二步

外范 B C A

第三步

假内范 D

第四步

假内范（阴线方格） D

假外范（阳线方格） E D 假内范

第五步

第六步

假外范（阳线方格）（阴线铭文） E

第七步

假外范 E F 内范（阴线方格）（阳线铭文）

第八步

外范 B C F 内范（阴线方格）（阳线铭文）

第九步

铸成铜鼎（阳线方格）（阴线铭文） G

图 6-1-6 假范法示意图

综观以上诸说，阳文应为直接在陶范上刻画，学术界观点比较一致，阴文的铸造方法，看法不一。综合上述观点，笔者认为大致有三种可能。

其一，独立范法。

就是制作独立的铭文芯范，然后镶嵌入主体陶范。这种制作方法已在考古出土的实物中得到印证。殷墟孝民屯东南地出土一块铭文范（2001AGH2∶2 图 6-1-7①），为铭文芯范：

> 1. 胎呈淡红色，表面呈青灰色，表面的青灰色是浇注时与铜液接触所致，故它已使用过是没有疑问的。②
> 2. 是一块独立的铭文芯范，从其弧度、形状、背面光滑程度以及上部有一凸榫等特征判断，此铭文芯范应当是镶嵌在一件器物主体芯范上的，它与主体芯范组成复合范。③
> 3. 此芯表面文字应该是阳文，看似阴文的原因是浇注后文字脱落所致。④
> 4. 由文字脱落后的线条底部均为毛面判断，此芯的阳文字体笔画和地芯应是一体的，不是堆塑上去的，因为文字若是堆塑的，脱落后文字底部应较光滑，非毛面。⑤
> 5. 铭文两侧的底面非常光滑，说明铭文不是刻画的，因为刻画阳文，必须剔除文字以外的部分，剔除部分不可能处理得如此光滑，这与我们判断殷墟陶范上的花纹是否为堆塑、刻画的标准相同。⑥

由此可以判定，此铭文芯范应该是从铭文模上翻印下来，然后镶嵌入主体芯范上的。另外，洛阳北窑西周铸铜遗址也出土两块嵌于范芯的铭文

---

① 中国社会科学院考古研究所安阳工作队：《2000—2001 年安阳孝民屯东南地殷代铸铜遗址发掘报告》，《考古学报》2006 年第 3 期。
② 岳占伟、岳洪彬、刘煜：《殷墟青铜器铭文的制作方法》，《中原文物》2012 年第 4 期。
③ 李永迪、岳占伟、刘煜：《从孝民屯东南地出土陶范谈对殷墟青铜器的几点新认识》，《考古》2007 年第 3 期。
④ 岳占伟、岳洪彬、刘煜：《殷墟青铜器铭文的制作方法》，《中原文物》2012 年第 4 期。
⑤ 岳占伟、岳洪彬、刘煜：《殷墟青铜器铭文的制作方法》，《中原文物》2012 年第 4 期。
⑥ 岳占伟、岳洪彬、刘煜、内田纯子：《殷墟陶范的施纹方法》，《考古学集刊》，2010 年版，总第 18 期。

:::::: 真假铭文

芯范,均阳刻反文,阴刻方块线格①,这些都可以证明使用独立铭文范的铸造方法在商周时期是确实存在的。

图 6-1-7 铭文芯(2001AGH2:2)

汉阳纱帽山出土的晚商时期的天御尊(《集成》5687,图 6-1-8),可以更清楚地看到独立范的使用。该尊圈足内铭文周边与周边器壁有明显区别,形成一个长方形区域,显示曾经使用过一个独立的活块范。铭文中部凸起一条画线,画线两端延伸到铭文区域之外,中部贯穿铭文区域上下,而被阴文铭文叠压。从这些现象可以推测此件器物铭文的制作步骤:第一,在圈足芯范上画出一条纵向阴线,可能作为记号;第二,以纵线为大体的中轴切出一小块独立范块;第三,在独立范块上制作出凸起的铭文;第四,将独立范块嵌入芯范归位。浇铸后形成凸起的画线和凹入的铭文。此外,从安阳大司空村 M303 出土的罍的盖铭也可以看出独立范的使用痕迹。(图 6-1-9,04ASM303:59)

---

① 洛阳市文物工作队:《1975—1979 年洛阳北窑西周铸铜遗址的发掘》,《考古》1983 年第 5 期。

第六章　铭文辨伪的思路及方法（其他）

图6-1-8　天御尊铭文独立范痕迹　　　图6-1-9　04ASM303∶59铭

　　这种制作方法出现比较早，从殷商到东周时期都有使用，只是适合短小的铭文，长篇的铭文像墙盘、毛公鼎之类，就不太可能用这种方法了。

　　其二，模印法。

　　就是先在模上刻出阴文，然后将模直接翻印在主体范上形成阳文，浇铸后得到阴文铭文。至于模具的材质，笔者认为陶模的可能性更大一些，因为陶模可塑性比较强，可以更切合器物的弧度。至于其他的木模、泥模、活字、皮模等，也都是推测，还有待考证。

　　其三，泥条堆塑法。

　　就是前文提到的张昌平的说法。用泥条堆塑器物纹饰，早在殷墟时期就已经出现，苗圃北地发现的方彝范以及周公庙遗址发现的陶范，其上可见某些纹饰以阴线为底稿线，再用泥条在上面堆塑阳线纹饰的痕迹。[①] 所以说用泥条堆塑铭文也是完全可行的，而且这种方法比之模印法及独立范法操作要简便很多。但是这种方法应该出现得比较晚，早期铭文笔法比较顺畅有张力，有很强的刀笔的感觉，不像是泥条堆出来的，春秋战国时期那些笔画不连贯的铸铭，就很可能是使用的这种方法制作的。

[①] 张昌平：《商周青铜器铭文的若干制作方式——以曾国青铜器材料为基础》，《文物》2001年第8期。

■■■■■ 真假铭文

在诸多铸造方法中，泥条堆塑法和独立范法会有一道按压的工序，使铭文在主体范上粘得更牢固，于是凸起的阳文范就会上宽而下窄，从而铸出的阴文铭文就会上窄而下宽。但是模印法不需要这道工序，所以铸出的铭文就不具备这一特征。现代青铜器铸造多用失蜡法，也不会具备这一特征。所以说具备这一特征的应该是三代真器，但是不具备这一特征的不一定就是伪器，还需要通过其他方法进一步辨别。

综上所述，铭文的铸造方法应该是多元的，而且在漫长的发展过程中也应该是有变化的。我们现在不可能完全还原古人的铸造方法，所有的这些说法也只是推测，但是合理的推测会有助于我们更好地从工艺的角度进行辨伪。

2. 錾刻

錾刻是在铜器铸好之后再在上面刻写铭文，这种制作方法在殷墟时期就已经出现，但数量极少，[1] 大量使用主要出现在战国时期，这应该与铁器的普遍使用有关。

錾刻其实包含錾和刻两种不同方式。錾铭系利用刃口钝而较平的凿子之类的工具，将器表面打压凹入而成形。这种做法在曾侯乙尊（图6-1-10）铭文上非常清楚，该尊铭文"曾侯乙乍持用终"两行7字分列于尊腹外壁一处蕉叶纹的两侧，字均系錾制。铭文中的横笔和一些竖笔系一刀錾出，字口宽而圆。铭文的曲笔则由多道较短的錾槽连接而成，每刀的手法是用力于凿子的一侧，錾出的凹槽一侧较深而另一侧较浅。[2] 此类錾铭使用了刃口宽窄不同的工具，在铭文上有清楚的反映。此类铭文最大的特点就是在转折处无法一刀完成，有很多道錾痕（图6-1-11）。这种方法不是完全由刻刀完成，还要借助外力，所以不一定非要使用铁制工具，早期的錾刻铭文应该是用这种方法制作的。

---

[1] 岳占伟、岳洪彬、刘煜：《殷墟青铜器铭文的制作方法》，《中原文物》2012年第4期。
[2] 张昌平：《商周青铜器铭文的若干制作方式——以曾国青铜器材料为基础》，《文物》2001年第8期。

第六章 铭文辨伪的思路及方法（其他）

图 6 – 1 – 10　曾侯乙尊錾制铭文 　　　　图 6 – 1 – 11　曾侯乙尊錾制铭文

完全意义上的刻铭是不借助刻刀以外的工具完成，战国时期的铜器多为此类刻铭。此类铭文由于是用刀尖在器表刻画，字口细而浅。其与錾铭在形态上的差别，是所有笔画都是一刀刻成，各个笔画的刻画过程既无停顿，也无须像錾铭那样以多刀拼凑出完整的一笔。如王后鼎（《新》1629，图 6 – 1 – 12）、十五年相邦春平侯剑（《新》1779，图 6 – 1 – 13）、王后中官鼎（《集成》936，图 6 – 1 – 14）、右廪公鼎（《集成》2307，图 6 – 1 – 15）等。

图 6 – 1 – 12　　　图 6 – 1 – 13　十五年　　图 6 – 1 – 14　　　图 6 – 1 – 15
王后鼎铭　　　　相邦春平侯剑铭　　　　王后中官鼎铭　　　右廪公鼎铭

(二) 伪铭的铸造工艺及特点

伪铭的铸造方法大致有錾刻、腐蚀、翻砂、失蜡、3D 打印等几种。其中前两种主要见于晚清民国时期,现在已很少使用;翻砂和失蜡法是使用比较广泛的方法,翻砂法多用于文物复制,失蜡法是现代作伪最常用的方法;3D 打印是近些年新兴的工艺,在实践中使用还不是很广泛。

1. 錾刻

錾刻是民国时期陕西工匠常使用的作伪手法。一般常用的方法是先将器物浸泡在酸性溶剂中,使其表面软化,然后在上面錾刻文字。通过这种方法錾刻出来的铭文笔画一般比较细弱,字口比较浅,经常会有崩茬,会留下"斧凿之痕","以铜丝刷去之,则又有刷痕,而字锋又失",比较粗糙,与铸造的明显不同。属于比较初级的作伪手段,很容易辨认。如晋侯盘(图 6-1-16)、遂肇諆鼎(图 6-1-17)、淮伯鼎(图 6-1-18,《小校》3.3.1)、郑虢仲鼎(图 6-1-19,《小校》2.81.3)、毛伯簋盖(图 6-1-20)[①] 等。

这种方法缺点比较多,容易辨识,现在已经很少使用。

图 6-1-16　晋侯盘局部铭文　　　　图 6-1-17　遂肇諆鼎局部铭文

---

① 罗福颐:《商周秦汉青铜器铭文辨伪录》,《古文字研究》第十一集,插图二十四。

第六章 铭文辨伪的思路及方法（其他）

图 6-1-18　淮伯鼎铭　　图 6-1-19　郑虢仲鼎铭　　图 6-1-20　毛伯簋盖铭

2. 腐蚀

由于錾刻有诸多毛病，比较容易辨别，清末又发明了一种化学腐蚀的方法。这种方法是在青铜器需要刻铭的部位涂上蜡，在蜡上刻好字，然后用三氯化铁在刻好的字口上咬蚀，最后将蜡去掉，就会出现凹陷的字口。故宫藏有一件春秋时期的鼎（图 6-1-21），此鼎缺失耳足，器盖对铭，铭文皆用三氯化铁咬蚀而成（图 6-1-22、图 6-1-23），咬蚀的铭文字不成体，字口深浅不一，这是三氯化铁溶化后流动不匀造成的。[①] 用这种方法制作伪铭，较之用刀錾刻要方便很多，效果也好很多。但是要腐蚀得恰到好处并不容易，腐蚀不够，笔画就会断续、不连贯，字口深浅不一，笔画粗细不一（图 6-1-24，《小校》2.20.4）；腐蚀过了就会笔画过粗（图 6-1-25[②]）。

[①] 程长新、王文昶、程瑞秀：《铜器辨伪浅说》下，《文物》1989 年第 12 期。
[②] 罗福颐：《商周秦汉青铜器铭文辨伪录》，《古文字研究》第十一集，插图十一。

真假铭文

图 6-1-21　故宫藏春秋鼎 　　　图 6-1-22　春秋鼎伪器铭

图 6-1-23　春秋鼎伪盖铭 　　图 6-1-24　伪铭 　　图 6-1-25　伪铭

3. 翻砂

在真器上翻砂清末就已经出现，民国时期普遍使用，当时已经出现了翻模使用的石膏粉。与现代失蜡法最大的区别是只能翻一模铸一件。所用内外范土仍是传统的黄土、白细沙、白灰膏、三合土、炭泥等。

具体做法是：用极细的澄浆泥充分捣柔，擀成泥片。器物表面先涂抹一层滑石粉，然后刷净，用泥片贴满器面，压实。再贴第二层泥，泥中加入细沙、草茎、兽毛、纸浆、盐等，增加可塑性，防止泥范干燥时缩裂。再贴第三层沙，稍粗，并用稠泥包糊。待阴干后分块脱出。然后合范，绑紧，模内逐层填入三合土，填满夯实，呈内芯型。之后脱去外模，将内芯刮去一层，所削厚度即器壁厚度。最后合范浇铸，脱范，打磨成器。

这种方法做出的器物最大的问题就是铭文及纹饰不清晰。如天亡簋（图 6-1-26① 潍县仿），与真铭对比（图 6-1-27，真铭《集成》4261），一目了然。

这种方法一模只能铸一件，效率不高，而且需要在真器上翻范，在现代作伪中使用并不广泛。

图 6-1-26　潍县仿天亡簋铭　　　图 6-1-27　天亡簋真铭

4. 失蜡

传统的失蜡工艺主要有拨蜡（捏蜡）法、贴蜡法和涮壳法几种。② 现代失蜡法在继承传统的基础上又有所创新，是现代高仿铜器最常用的方法。

（1）拨蜡法

也称捏蜡法。蜡模靠手工和一些辅助工具通过拨、拉、捏、塑、雕等

---

① 罗福颐：《商周秦汉青铜器铭文辨伪录》，《古文字研究》第十一集，插图九。
② 周卫荣：《失蜡工艺与青铜器鉴定》，《收藏家》2011 年第 5 期。

操作成形，故而得名。拨蜡法是失蜡工艺的基本技法，也是最古老的蜡模工艺技法，其主要的铸造对象就是神、人和动物的造像。我国古代乃至近现代，铸造佛像等类似物件，一直沿用这一方法。由于此法属无模具造型，所铸物什，无一相同。

这种方法属于早期失蜡法，适合铸造小型器物，在现在商周青铜器的仿制中很少使用这种方法。

（2）贴蜡法

或称贴蜡片法。是用模具和工具制作蜡片，然后贴于预制内芯上的一种制模工艺。通常先用辅助工具将蜡料碾压至待铸器物的壁厚，然后裁剪成需要的尺寸。纹饰部位，先用硬质木料雕制出纹饰模板，然后用碾压好的蜡片压印，再剥出蜡片拼于既定部位，故此法又称"剥蜡法"。贴蜡法主要就是因铸造高仿青铜器的需要而发展起来的，由于这一方法兴起于民国时期苏州周梅谷青铜器仿制作坊，所以，后人又称"苏州片"法。[①] 据说，民国时期，苏州周氏作坊制作的青铜器蒙了不少外国藏家（图6-1-28、图6-1-29、图6-1-30）。

图6-1-28 贴蜡法模具及此法仿的商代方卣

---

① 谭德睿：《灿烂的中国古代失蜡铸造》，上海科学技术文献出版社1989年版，第15页；潜伟、何伟俊、梁宏刚：《"苏州派"青铜文物保护修复传统技术的调查研究》，《中国文物科学研究》2008年第2期。

图6-1-29　贴蜡法仿战国提梁壶　　图6-1-30　贴蜡法仿商代觚

这种方法是现代高仿青铜器制作中最常使用的方法。先在模具上阴刻出铭文，然后翻印在蜡片上形成阳文，浇铸后得到阴文。通过这种方法得到的铭文清晰、连贯，足可乱真。但是仔细观察，还是可以发现此法的一些特点：第一，由于蜡模本身柔软的特性，所铸出的器物也整体偏软，铭文、纹饰及器物轮廓不挺、不锋，不鲜明、无力度；第二，蜡模在熔化流动过程中会产生气泡，因此铸出的器物会有砂眼，不平整；第三，内壁上会有蜡流动的痕迹。

（3）涮壳法

也称"搪蜡法"。是伴随近代工业发展起来的一种复制青铜器或铸造其他中小型金属工艺品的方法，与古代的间接失蜡铸造相似。其基本工艺过程是：从原器物或器物模上翻制凹模，组合凹模并扎紧即为涮壳，注入熔化的蜡液，当凝固至所需厚度时，倾出多余蜡液，脱去涮壳，即可获得整体蜡模。涮壳法的优点是快捷，适合工业化批量生产，但要求蜡料的流动性要好。缺点是：一是蜡模成形过程缺乏压力，铸出的器物往往纹饰不够清晰；二是由于蜡模厚度不易控制，铸造的器壁常常厚薄不一；三是表面会留有蜡液流动的痕迹。这种方法做出的器物比较粗糙，一般只应用于普通工艺品的制作，高仿品很少使用这种方法。

（4）现代失蜡法

现代失蜡法应用于青铜器铸造，最早是在"文化大革命"后期，从北

真假铭文

京故宫文物修复工厂开始。继而 20 世纪 70 年代末到 80 年代初,北京、上海、河南、陕西、山西等一些大型文博单位开始与当地精密铸造企业合作,复制了一批青铜器。在这一过程中,一些企业见有利可图,就开始搞副业,一些老技师也开始扶植一些民间作坊,很快各地都开始用现代失蜡法仿制、伪造古代青铜器。这期间确实练就了一批作伪高手,有些高仿品足可乱真。

现代失蜡法只要做出一个模型来,就可以翻出很多蜡模,相比较其他方法,效率提高了很多,所以现在也是有史以来伪器数量增长最快的时期。现代失蜡法对传统的方法做了一些改进,传统的贴蜡法比较烦琐,现代一般采用内外硅胶模注胎法制作蜡模,这种方法做出的蜡模纹饰精细,器壁与原器厚薄相似。做好的蜡模还要修整,然后涂抹石英砂(一般使用玻璃水和细石英粉,精细的器物也可使用硅酸乙酯和刚玉),石英砂由细到粗涂抹多层,然后放在氯化铵水中使其硬化,形成模壳,然后加热熔出蜡模,焙烧模壳,最后浇铸,打磨成器。

这种方法制作的器物仿真度很高,但仔细观察还是可以找出破绽:其一,器物表面有蜡液流动的痕迹以及修蜡模时留下的刮痕,如图 6-1-31、图 6-1-32;其二,容易留下石英砂或刚玉的残留物,如图 6-1-33;其三,在器内弯凹处及器底足根部等后期加工处理不到的地方容易留下铸造砂眼等缺陷,如图 6-1-34。

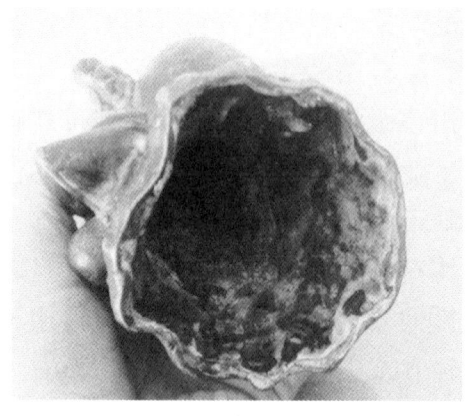

图 6-1-31　现代失蜡法铸造器物表面残留的蜡液流动痕迹

图 6-1-32　现代失蜡法铸造器物表面残留的刮痕

图 6-1-33　现代失蜡法铸造器物表面遗留的残余物

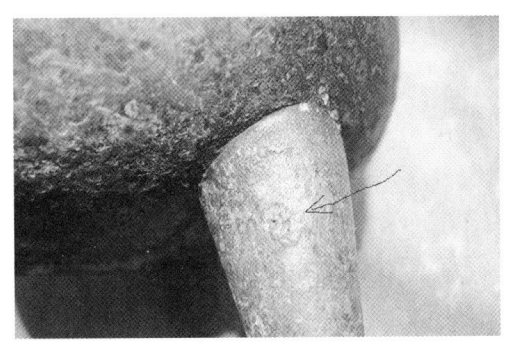

图 6-1-34　现代失蜡法铸造器物表面形成的砂眼

5. 3D 打印

3D 打印确切地说并不是一种制作伪器的方法，而是制作模具及蜡模的方法，一般与失蜡法配合使用。通过 3D 打印技术制作的模具及蜡模仿真度更高，是近年来新兴的技术。

二　锈色

（一）锈蚀的成因及特点

在自然界中，绝大多数的金属都是以矿物形式存在。这种状态很稳定，但经一番复杂的冶炼过程之后，原有的稳定被破坏了。随着时间和环境的变化，金属就会出现向原构成的矿物状态转化的倾向，这种矿变，就是我们常见到的锈蚀现象。生锈是金属腐蚀的一种最普遍的形式。腐蚀的形态有：均匀腐蚀、缝隙腐蚀、孔洞腐蚀、脱层腐蚀、晶间腐蚀等。所谓腐蚀就是金属在其所处环境物质的侵蚀下，依据自身条件，按照化学定律转变成化合物的必然过程。因此，也可以说金属表面产生的锈，是在腐蚀生成物无法溶解的环境中产生的。只是当条件不同时，这一过程的进行速度会不同。

青铜是一种合金。是用两种或两种以上经冶炼提纯的金属，再经过高温使它们熔合在一起，制造出的合金体。其主要成分是铜、锡、铅。一般以青铜这样的结构，应具有较高的化学稳定性。但限于当时冶金技术的局限性，古代冶金术尚未达到精炼金属的程度，使得成品中含有许多杂质，如极少量的铁、镍、锌、锰、硅、砷、磷等及一些未熔融的矿物。因古铜

> 真假铭文

器本身存在的这些缺陷，引起的化学成分的不均匀性，会造成铜器表层的不连续，使结构的晶粒界面处产生差异，形成电位差。所以，在长期地下埋藏的环境中，因受潮湿、氧化和各种腐蚀介质的影响，以及不同金属之间电化学反应的作用，都可能对青铜器产生不同程度的腐蚀。特别是在一些含氧或氧化剂的酸性介质中，则尤为腐蚀严重。

青铜器腐蚀产物的形成，是青铜器根据自身耐腐蚀能力的程度，长期不断地与腐蚀环境中的氧、水分、二氧化碳、含氧的酸类、氯或氯离子、硫和硫化物等，逐渐在化学和电化学的反应中形成的，这样的组成是一般制造假青铜锈的制作者无论怎样刻意模仿也难以达到的。

对于锈层的成分，曾有许多专家在不同种类青铜器的锈层上取样，运用荧光分析、激光显微光谱、X 射线粉晶衍射、扫描电镜、化学分析等方法，做了大量分析检测，发现青铜器上所形成的锈非常复杂，常见到的大致有：[1]

氧化铜：CuO，黑铜矿，黑色；
氧化亚铜：Cu_2O，赤铜矿，红色；
硫化铜：CuS，靛铜矿、方蓝铜矿，靛蓝色；
硫化亚铜：Cu_2S，辉铜矿，黑色；
碱式碳酸铜（有三种）：
　　$CuCO_3·Cu(OH)_2$，孔雀石、石绿，暗绿色；
　　$2CuCO_3·Cu(OH)_2$，蓝铜矿、石青，蓝色；
　　$2CuCO_3·3Cu(OH)_2$，蓝色；
碱式氯化铜[2]（有两种同分异构体）：
　　$Cu_2(OH)_3Cl$，氯铜矿，绿至墨绿色；
　　$Cu_2(OH)_3Cl$，副氯铜矿，淡绿色；
硫酸铜：$CuSO_4·5H_2O$，胆矾，蓝色；
碱式硫酸铜：$CuSO_4·3Cu(OH)_2$，水硫酸铜矿，绿色；
氯化亚铜：Cu_2Cl_2，氯化亚铜矿，白色。

---

[1] 马清林：《中国文物分析鉴别与科学保护》，科学出版社 2001 年版，第 131—132 页。
[2] 碱式氯化铜有 3 种同分异构体，其化学式相同，但分子结构各异，即羟氯铜矿、副氯铜矿和氯铜矿。羟氯铜矿（β型）最不稳定，氯铜矿（α）较稳定，副氯铜矿很稳定。

其中氧化亚铜、氧化铜、硫化铜、碱式碳酸铜、氯化铜为层状锈，是无害的，氯化亚铜和碱式氯化铜呈粉末状，为有害锈。[①]

（二）真伪辨别

1. 实体显微镜观察

对于一般的青铜器，从实体显微镜下观察其铜锈结构和铜锈分布即可断定其锈蚀产物是自然生长还是人工制作。由于青铜器的腐蚀是在多种因素、多种腐蚀形式的交替作用下逐渐形成的，所以青铜器上产生的锈层，犹如矿藏一般都有明显的层状结构。这种层状锈，或紧贴表面，或深入青铜合金体内部形成局部深孔，或形成在缝隙中。有的锈层坚固致密不易剥落，而有的由于膨胀凹凸不平或龟裂成锈块，还有的在局部凹孔中形成絮状的粉末。这些经历几千年自然形成的锈是难以伪造的，更不是在短期内用化学方法所能形成的。

作伪者一般采用化学腐蚀的方法，或采用高分子材料调和矿物原料的方法制作假锈。有的制作水平较高，很难用肉眼发现其中破绽，但是在显微镜下却可以发现其缺乏立体层次感，没有自然形成的锈蚀物的矿物特征（如图6-1-35真锈，图6-1-36假锈[②]）。

图6-1-35 自然生成的锈层　　图6-1-36 后人仿制的锈层

[①] 贾文超：《从锈蚀辨别铜器的真伪》，《北京文物报》1996年10月。
[②] 孙晓强：《带锈青铜器的真伪鉴别》，《东南文化》2001年第9期。

2. 有机溶剂浸泡

一般青铜器埋于地下或通过化学处理在短时间内很难达到比较真实的自然锈色效果，作伪者多用高分子材料调和矿物颜料作锈的方法以期达到其目的。但这些高分子材料（除环氧树脂、聚酰胺树脂）在混合有机溶剂中会发生溶解和溶胀。而真器其表面的矿化物为无机物，一般不溶于水，更难溶于有机溶剂。用有机溶剂（乙醇、醋酸丁酯、二甲苯、环己酮、丙酮混合液）来擦拭、浸泡青铜器上的锈蚀，可辨明是否为自然生长之铜锈。对多数作假锈青铜器可借此方法进行鉴别。

3. 成分及物相分析

从物质结构来说，每一种化合物都有自己的红外光谱，不同物质其红外光谱是有差别的；每一种晶体都有自己的特征 X 射线衍射图，不同晶体其衍射图也不同，所以可以通过 X 射线衍射和红外光谱分析技术鉴别铜锈的成分。尤其是红外光谱图，对有机官能团有很强的识别性，可用来鉴别器物是否经过现代高分子材料处理，与 X 射线衍射分析配合，可以对无机物和有机物做出鉴别。作伪者在作假锈时往往只注重视觉效果，其对真器铜锈成分缺乏了解或一时难以买到所需的矿物原料，而代之以颜色相近的其他矿物颜料，通过上述两种方法很容易识别。如本书第二章第三节第三部分科技手段中所举的例子。

三 垫片

用传统的陶范制作青铜器，在外范和内范之间一般会用铜片支撑，以固定器壁的厚度，这种铜片留在器物上，就称为垫片，铸出的器物上往往会看到垫片的痕迹。垫片的数量及分布规律在本书第二章第三节中已有介绍。作伪者往往也会在伪作的青铜器中加入垫片，或者做出类似垫片的痕迹，以期达到乱真的效果，但他们不了解垫片的分布规律，反而画蛇添足，闹出笑话。如黄仲父簠（图6-1-37[①]，现藏故宫），第二行第三个字"彝"就刻在了垫片上。一般垫片都是出现在铭文的周边，如黄仲酉簠（图6-1-38），长篇铭垫片会出现在行间，如兮甲盘（图6-1-39），绝

[①] 程长新、王文昶、程瑞秀：《铜器辨伪浅说》中，《文物》1989年第11期。

对不会出现在字上。这也很容易理解，如果把铜片支撑在范芯凸起的字上，那就把字压扁了，也就铸不出铭文了。

图6-1-37　黄仲父簠铭　　图6-1-38　黄仲酉簠铭　　图6-1-39　兮甲盘铭局部

第二节　其他

一　钟铭位置及顺序

徐中舒在他的《论古铜器之鉴别》中曾提出钟铭的位置及顺序可以作为真伪判断的一个标准。一般铭文在钟上的位置为钲间及鼓左、鼓右。排列顺序多数从钲间开始，依次为：钲间→鼓左→背面鼓右→背面钲间→背面鼓左→鼓右，如虢叔钟、兮仲钟、井人钟、宗周钟、王孙钟等；也有从鼓右开始，依次为：鼓右→钲间→鼓左→背面鼓右→背面钲间→背面鼓左，如郘公华钟、郘公牼钟、子仲姜镈等；还有少部分从鼓左开始，依次为：鼓左→背面鼓右→背面钲间→背面鼓左→鼓右→钲间，如邵钟（这种情况很少见）。但无论从哪儿开始，其顺序都是从右至左依次排列，不会忽左忽右。

从现有材料看，西周时期的钟的确有这一特点，但仅限于西周时期，东周的钟就没有这种秩序了。如敬事天王钟（《集成》73—81，春秋晚期，河南省淅川县下寺墓葬乙 M1：20）就是钲间→鼓右→鼓左→背面钲

真假铭文

间→背面鼓右→背面鼓左的顺序，忽左忽右。这件器物是考古出土的，真实性毋庸置疑。另外，还有齐巢氏钟（《集成》142，春秋晚期）是从左向右依次排列的：钲间→鼓右→背面鼓左→背面钲间→背面鼓右→鼓左。所以说徐氏的观点有局限性，其适用范围仅限于西周时期，春秋战国的钟不能用这种方法辨别。

二 大小比例关系

一件器物其自身铭文、纹饰、器形的风格应该是统一的、自洽的、和谐的，其铭文的字体大小也应该与器物大小比例相和谐。但是䍐伯丰鼎（《铭图》2426）就表现得非常不协调。这是一件小方鼎，高18厘米，口横12.3厘米，口纵9.5厘米，腹深6.8厘米，非常小巧（图6-2-1）。但是这件小方鼎内却密密麻麻写了51个字，而且字形都比较大（图6-2-2），和这件小方鼎的大小完全不成比例，非常不和谐。

图6-2-1 䍐伯丰鼎

第六章　铭文辨伪的思路及方法（其他）

图6-2-2　觲伯丰鼎铭

结　语

第一，铭文辨伪无外乎从真铭和伪铭两方面入手，既要了解伪铭的铸造工艺及特点，更要深入了解真铭。随着科技的高速发展，作伪技术不断提高，仅通过对作伪技术的了解和对伪铭特点的分析并不能从根本上解决辨伪的问题，在实际操作中意义不大。而从真铭入手，研究真铭的特点，才是行之有效的做法。

第二，铭文辨伪不是一门专学，而是杂学，需要丰富的相关学科知识。首先需要具备古文字学的知识，才能知道铭文书写是否正确，是否符合时代特征；还要具备一定的书法功底，才能看懂铭文的书写风格及章法布局；还要了解金文的词汇语法，才能在遣词造句中找到伪铭的问题；还要对商周的历史文化常识有所了解，才能从内容中找到伪铭的矛盾之处；还要对化学等自然科学知识有一定了解，才能更好地运用技术方法进行鉴别；此外，考古类型学、标准器断代法一直是辨伪中非常重要的方法。

第三，铭文辨伪没有一定之规，任何具体的方法都有其时代局限性，都会过时，只有持续不断研究真铭，发现总结真铭的特点和规律，才能更好地发现伪铭的破绽。

第四，铭文辨伪的具体思路就是注意器物的统一性和完整性。要以时间、地点、条件的关联性去考察其真伪，根据具体的条件深入分析其间的矛盾，发现问题。

后　　记

　　2009年，因为工作需要，我报了社科院研究生院的一个考古与文物鉴定培训班。当时的初衷只是想培养一个高雅的兴趣爱好，同时拓展人脉，提升社交能力。在这个班上，结识了我的老师冯时先生，第一次听他的课就为他的学问人品所折服，几年接触下来，让我对考古学、古文字学产生了浓厚的兴趣。于是，2013年，在培训班结业的时候，我申请硕士学位并正式成为他的弟子。在老师的指导下，我选择了商周青铜器铭文辨伪作为我硕士学位论文的选题。

　　商周青铜器是上古重要的物质文化遗存，是研究商周社会的直接史料，具有无可替代的学术价值、艺术价值和收藏价值，历来受到人们的重视。正因如此，伪器伪铭层出不穷，为学术研究、机构收藏带来极大的困扰。因此，对其进行真伪鉴别成为考古学、古文字学和历史学研究最重要的基础工作。我选择从研究相对薄弱的铭文的角度切入，通过对真器真铭的分析，总结归纳其规律，从而初步建立起青铜器铭文辨伪的框架和规则。

　　这篇硕士学位论文能够顺利完成最要感谢的是我的老师。从零基础走到今天，老师为我付出了大量的心血和极大的耐心，从最基础的认字开始一点一滴地传授，从治学方法到治学态度的教导，为我的学习和研究打下了扎实的基础。还要感谢唐际根老师，在安阳的实习是我真正认识考古学、了解青铜器的开始，这篇论文的框架也完成于那段时间，唐老师给予我极大的鼓励和帮助。

　　本书最终得以出版，要感谢古文字与中华文明传承发展工程的资助，

后　记

还要特别感谢中国社会科学出版社赵剑英社长、王茵副总编辑和郭鹏主任，是他们的大力支持使本书得以早日问世。

金石之学博大精深，辨别真伪虽说基础，但也并非易事。本人才学、能力有限，不足之处在所难免，祈请学界同人、读者朋友批评指正。

王沛姬

2022年秋于北京